# SITGES
## DESAPAREGUT

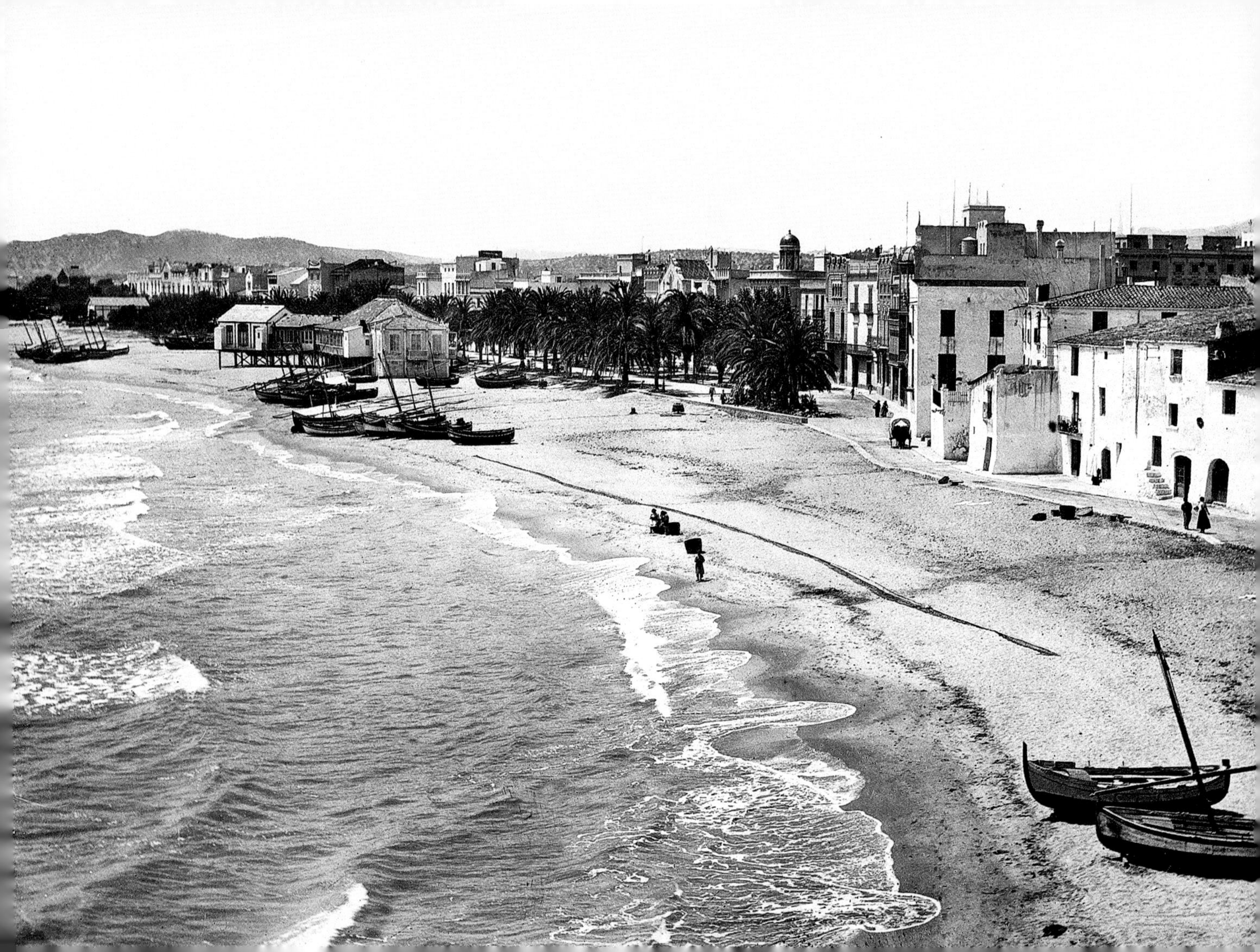

Roland Sierra

# SITGES DESAPAREGUT

efadós®

Ajuntament de Sitges

# SITGES
## DESAPAREGUT
Col·lecció Catalunya Desapareguda

Primera edició: març 2018

Primera reimpressió: juny 2021



EDITORIAL EFADÓS

Carrer d'Edison, 3 - Nau A
Polígon industrial les Torrenteres
08754 El Papiol (Baix Llobregat)
Telèfon 93 673 12 12
efados@efados.cat
www.efados.cat

Idea original, disseny i fotocomposició:

Editorial Efadós

Col·laboració:

Ajuntament de Sitges

Amb el suport:

Generalitat de Catalunya
**Departament**
**de Cultura**

Assessorament lingüístic:

M. Neus Doncel Saumell

Fotografia de portada:

Autor Desconegut / IEFC - Col·lecció Roisin

Fotografia de la portadella:

Autor Desconegut / Fons Jordi Mirabent Castiel

Acrònims:

AFCEC (Arxiu Fotogràfic del Centre Excursionista de Catalunya)
ANC (Arxiu Nacional de Catalunya)
ICGC (Institut Cartogràfic i Geològic de Catalunya)
IEFC (Institut d'Estudis Fotogràfics de Catalunya)

ISBN 978-84-16547-99-9
DL B 2771-2018
Imprès a Catalunya

# Índex

# PRÒLEG

## JOAN YLL MARTÍNEZ

*Cronista oficial de la vila*

Els carrers de Sitges són el punt de partida que ens permet avançar fins als nostres dies. Els camins que conduïen a una masia, a l'ermita, al bosc... han acabat convertits en carrers i en ells hi campa el progrés. Testimonis de l'anar i venir de la gent, dels entreteniments de la mainada i lloc de trobada. Així, a les nits d'estiu, el veïnat els freqüentava per acomodar-se a la fresca, cosa que propiciava tertúlies que enfortien lligams d'amistat.

De bon matí, la gent s'abraçava a la rutina diària. Les dones escombraven el seu tros de carrer i damunt la terra hi espargien uns regalims d'aigua perquè no s'aixequés pols; aquests carrers de casa nostra per on transitaven els carros tirats per cavalls. La majoria d'ells tenien la quadra en els baixos de les cases; alguns havien de travessar l'entrada i el menjador per arribar a l'estable. I, quan les primeres feines eren enllestides, les mestresses de casa tancaven la porta i deixaven la clau posada al pany. Un senyal de confiança i d'hospitalitat.

Un d'aquells entreteniments de la jovenalla era jugar a *cuit i amagar*. A qui li tocava *parar* es concentrava tancant els ulls i comptava fins al número acordat, i tot seguit s'afanyava a trobar els «amagats». Quan et giraves i obries els ulls, feia la sensació que l'entorn s'havia transformat.

Aquesta percepció la podríem assimilar a la contemplació de l'obra que tenim a les mans. En un tancar i obrir d'ulls ens trobem amb un Sitges oblidat, el qual, gràcies a la sensibilitat de Roland Sierra Farreras, hem recuperat. I, amb ell, la blancor que tant caracteritzava al poble de pescadors i pagesos. Un blanc tan nostre que els veïns el retenien permanentment en el fons de la galleda de la calç que era darrere la porta del cancell. I així, quan els baixos de la paret s'embrutaven, simplement els retornaven la pulcritud amb una passada d'escombreta.

A remolc de la modernitat, aquesta, la seva empremta, és el testimoni d'un pas endavant. Quan en Roland es dedica a tornar a desfer el camí recorregut, el resultat és un treball d'orfebre farcit d'enyorança. Un valuós document gràfic que ha de servir per tafanejar en el passat i per poder reflexionar sobre si el Sitges actual és com se l'imaginaven els nostres avis...

L'historiador Roland Sierra, de la mà de l'Editorial Efadós, ens presenta aquest tresor: *Sitges desaparegut* i ens ofereix, així, l'oportunitat de poder guaitar-hi, quan ja es trobava lluny i amagat. *Desaparegut*. Com molt bé ho escriu l'autor.

JOSEP SALVANY BLANCH / BIBLIOTECA DE CATALUNYA

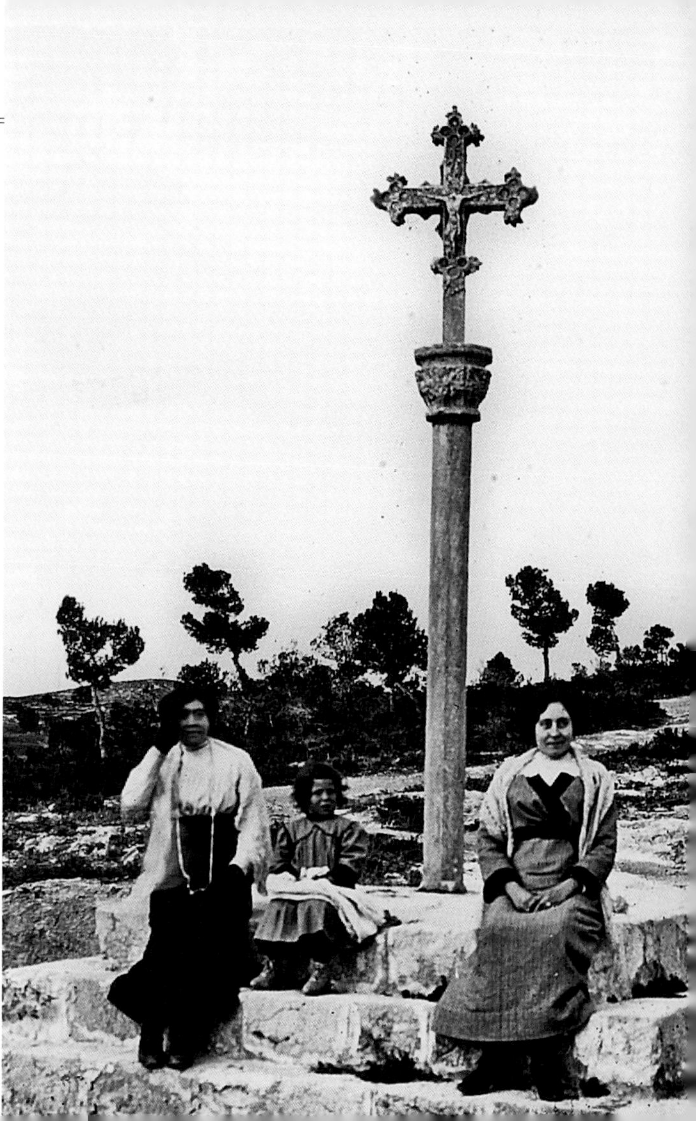

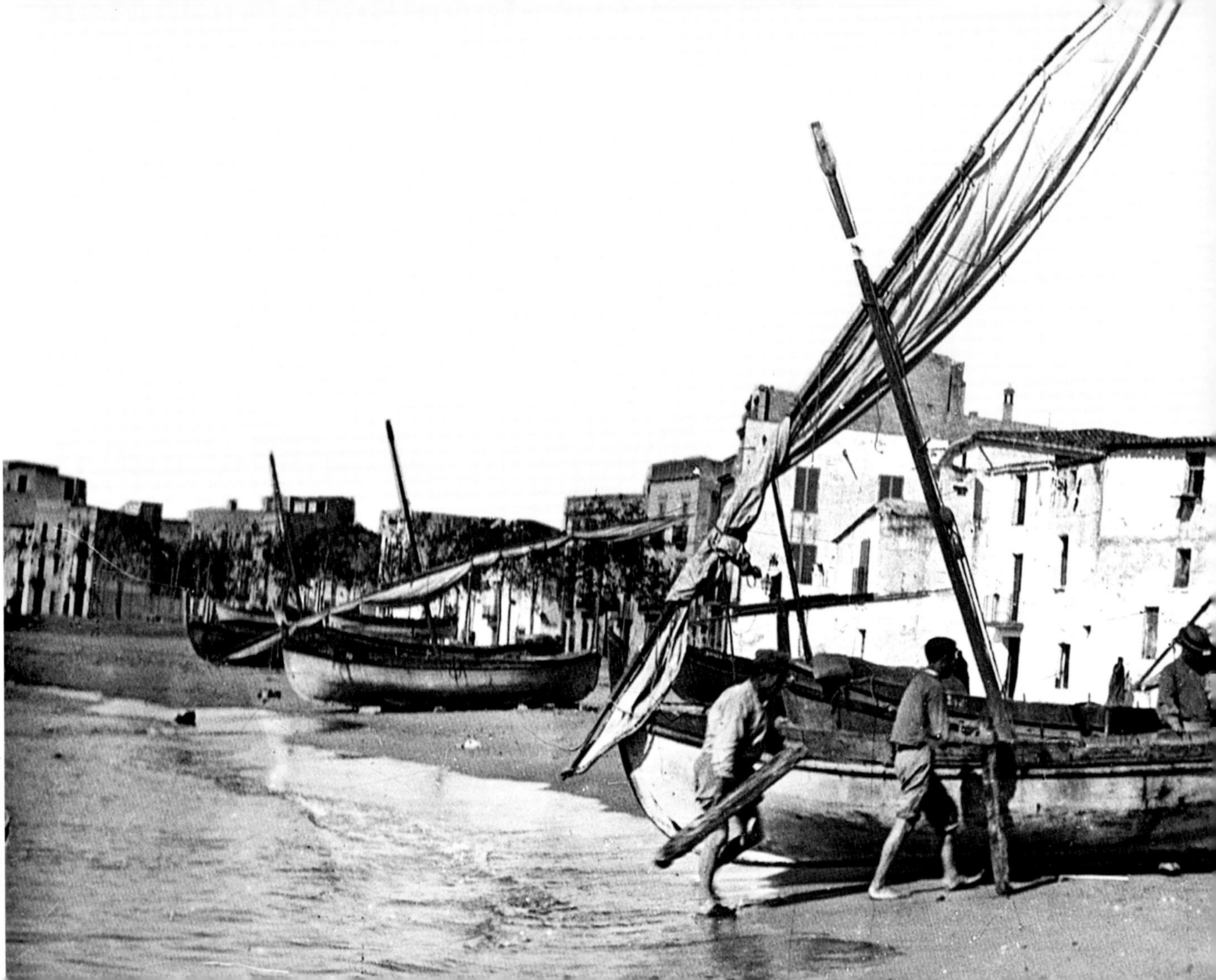

AUTOR DESCONEGUT / Fons AGUSTÍ FERRER PINO

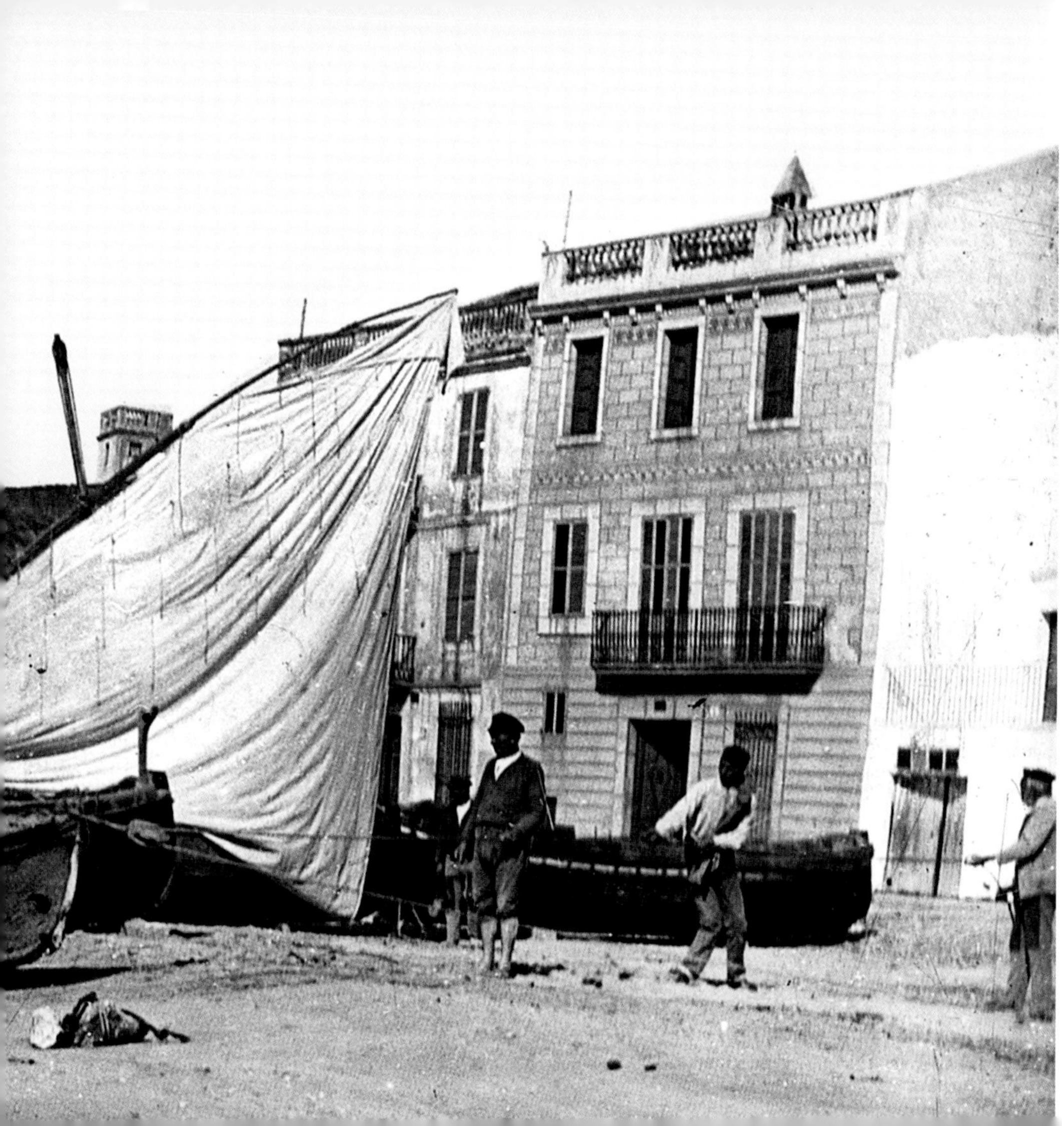

## CREU DE RIBES

-----

Als afores de les poblacions solia haver-hi antigament uns monuments en forma de creu que servien per indicar on començava i finia el terme municipal. Eren les anomenades *creus de terme*. A Sitges, una de les que encara es conserven és la creu de Ribes, a la pàgina anterior en una imatge del 1914.

## ESCENA MARINERA

-----

En aquesta pàgina, típica estampa marinera del 1890. Dos pescadors estiren la corda, mentre uns altres dos col·loquen sota l'embarcació unes fustes –que estaven untades amb greix animal– per facilitar l'operació de treure la barca de l'aigua.

# INTRODUCCIÓ

## ROLAND SIERRA

*Historiador i escriptor*

A l'estiu del 2004, i gràcies a la llavors regidora de Cultura, Àngels Parés, vaig entrar en contacte amb els responsables d'Efadós, els quals em proposaren d'elaborar *L'Abans* de Sitges. L'experiència va ser una de les més gratificants de la meva vida. Dues tardes per setmana visitava la Biblioteca Santiago Rusiñol per recollir les fotografies que, com per art de màgia, anaven sorgint d'àlbums, calaixeres i capses de sabates. Al final es recolliren prop de 4.000 imatges procedents de dos centenars i mig de particulars i famílies. D'aquestes, se'n va publicar un miler en 54 fascicles, un per setmana al llarg d'un any.

Com a continuació de *L'Abans*, el 2013 començà a editar-se *Sitges yeyé*. Malgrat que abastava un període molt més curt –a penes dues dècades–, el volum contenia tants documents gràfics com l'anterior. D'altra banda, ha estat l'únic llibre de la col·lecció en què s'ha combinat el blanc i negre amb el color, la qual cosa el converteix en una curiosa raresa dins de la nombrosa família dels *Abans*.

Han passat quatre anys més i, mentrestant, Efadós ha endegat la col·lecció Catalunya Desapareguda, de la qual han vist la llum una trentena de títols, entre ells un de Vilafranca del Penedès i dos de Vilanova i la Geltrú, per esmentar dues poblacions properes amb les quals tenim estrets vincles històrics i culturals.

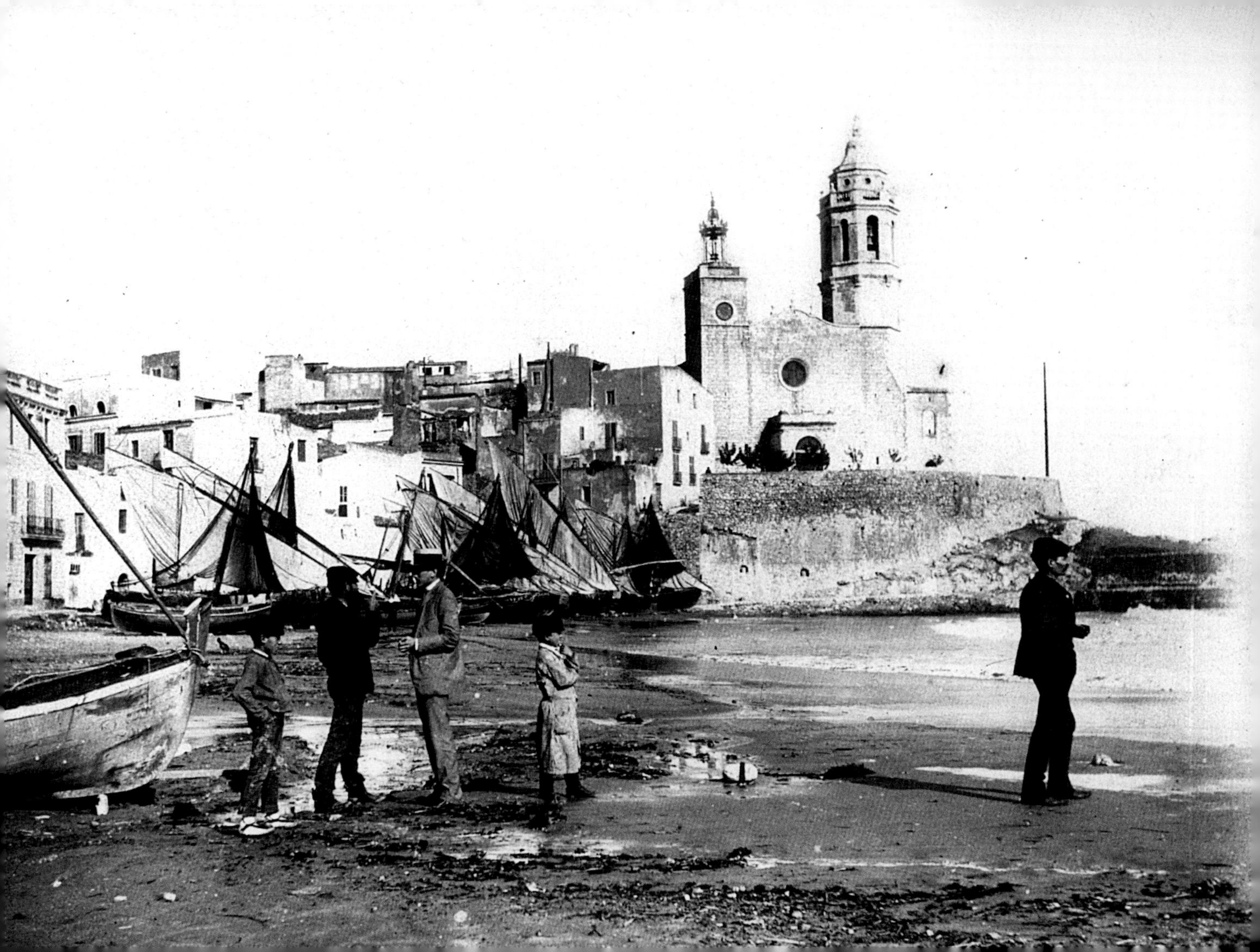

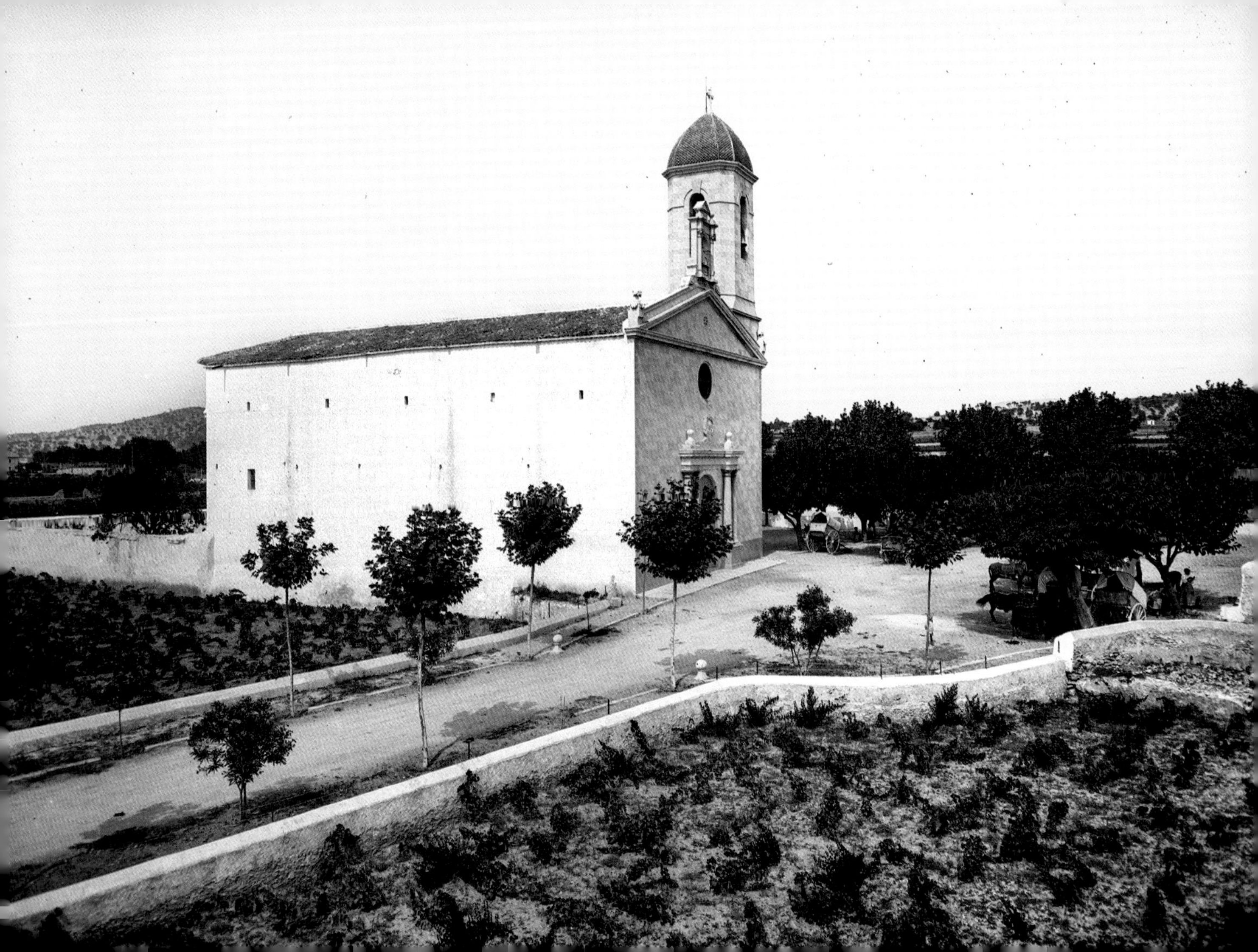

I ara toca el torn a Sitges. Aquest és el primer volum dels quatre dedicats a la nostra vila que és previst que surtin els pròxims anys. Els carrers del poble i els paisatges que l'envoltaven són els principals protagonistes del llibre. És una passejada per un Sitges que ja no existeix, sovint molt difícil de reconèixer. A través d'una selecció de 160 imatges, el llibre proposa un viatge pel municipi entre les dècades del 1870 i del 1960. Un Sitges que en gairebé un segle passà de 3.500 habitants a 10.500. Un Sitges que veié l'arribada del tren i dels primers estiuejants, juntament amb la creació de nous barris, però que, en canvi, visqué la decadència de la població marinera i la destrucció de nombroses vinyes, hortes i sínies que hi havia escampades arreu de la localitat.

He dividit *Sitges desaparegut* en tres capítols geogràfics ben diferenciats: el primer engloba el nucli antic, el centre històric de la vila i els barris que, amb el pas del temps, s'han integrat al teixit urbà; el segon recorre la façana marítima; i el tercer inclou Vallcarca i Garraf, sense oblidar l'emblemàtica ermita de la Trinitat.

Quant a les imatges, la majoria són inèdites i desconegudes per al gran públic. Una part prové del fons de *L'Abans* –dipositat a la Biblioteca Santiago Rusiñol– i són fotografies que al seu dia no van aparèixer, tant perquè no encaixaven en el discurs narratiu com perquè se'n desconeixia algun aspecte. Una altra part prou important procedeix de l'Arxiu Fotogràfic del Centre Excursionista de Catalunya, l'Institut d'Estudis Fotogràfics de Catalunya i l'Arxiu Nacional de Catalunya. La resta les han cedit col·leccionistes particulars, entre els quals voldria destacar Josep Maria Alegre –que m'ha ajudat molt a situar en l'espai i el temps diverses imatges–, Sebastià Giménez Mirabent i Jordi Mirabent Castiel, malauradament ja traspassat.

*Sitges desaparegut* representa la meva tercera i feliç col·laboració amb l'Editorial Efadós. He encarat el projecte amb la mateixa il·lusió i exigència amb què ho vaig fer en els dos llibres anteriors. I, com aleshores, desitjo que el lector gaudeixi del viatge tant com jo.

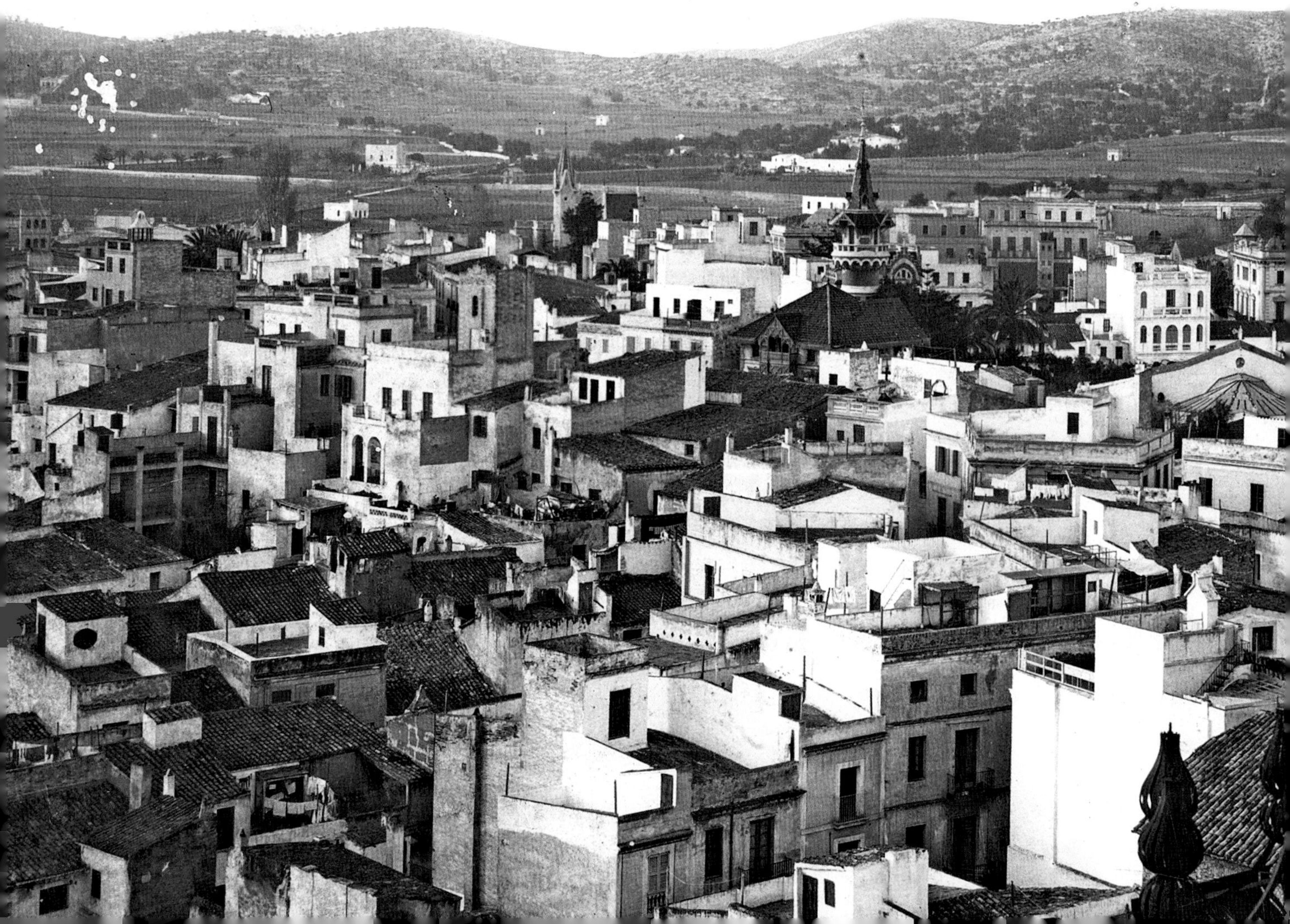

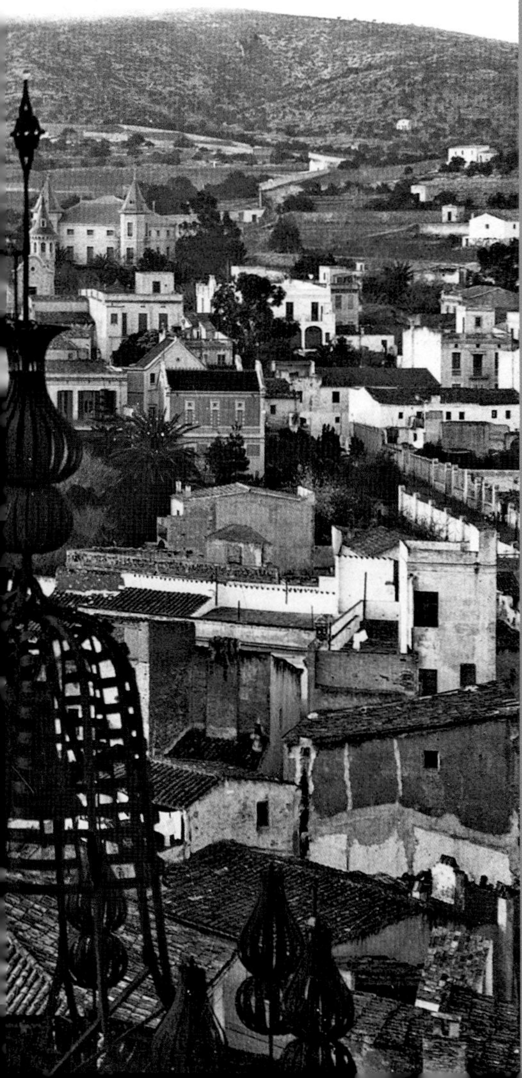

ANDRÉS FABERT / Fons MONTSE HILL BENAZET

## CENTRE URBÀ

# Pedres desaparegudes i espais transformats

A l'època altmedieval, una muralla i diverses torres protegien el puig de Sitges, a la part alta de la vila, on s'aixecaven el castell i la primitiva església parroquial. En els segles XIII i XIV, el poble experimentà un creixement demogràfic que comportà l'aparició d'un barri fora muralles –el de Sant Sebastià– i la formació d'un raval al voltant del camí públic –l'actual carrer Major.

D'aquell clos murallat, avui en queden poques restes. Aquest serà el nostre punt de partida. Des del Vall recorrerem el nucli antic –el carrer d'en Bosc, la plaça de l'Ajuntament, el Baluard, el Racó de la Calma, etc.– i després baixarem fins al Cap de la Vila per transitar pels carrers més cèntrics del poble. També ens arribarem als sectors originàriament més llunyans –el Poble Sec i les Cases Noves, entre d'altres– i que ara ens semblen a quatre passes del rovell de l'ou.

Durant el trajecte, gràcies al poder evocador de les imatges, comprovarem com ha canviat la fesomia de Sitges en els darrers cent anys i escaig.

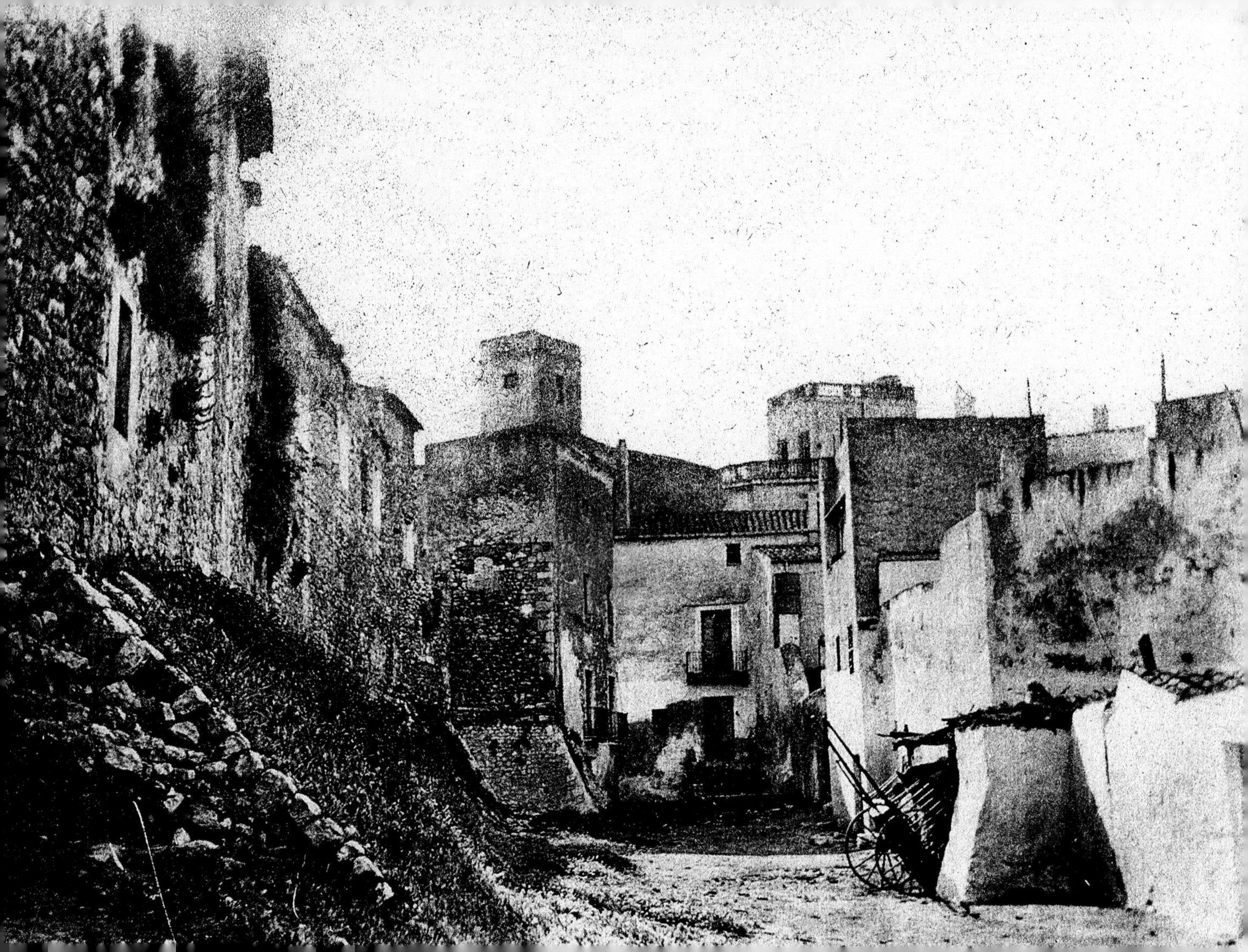

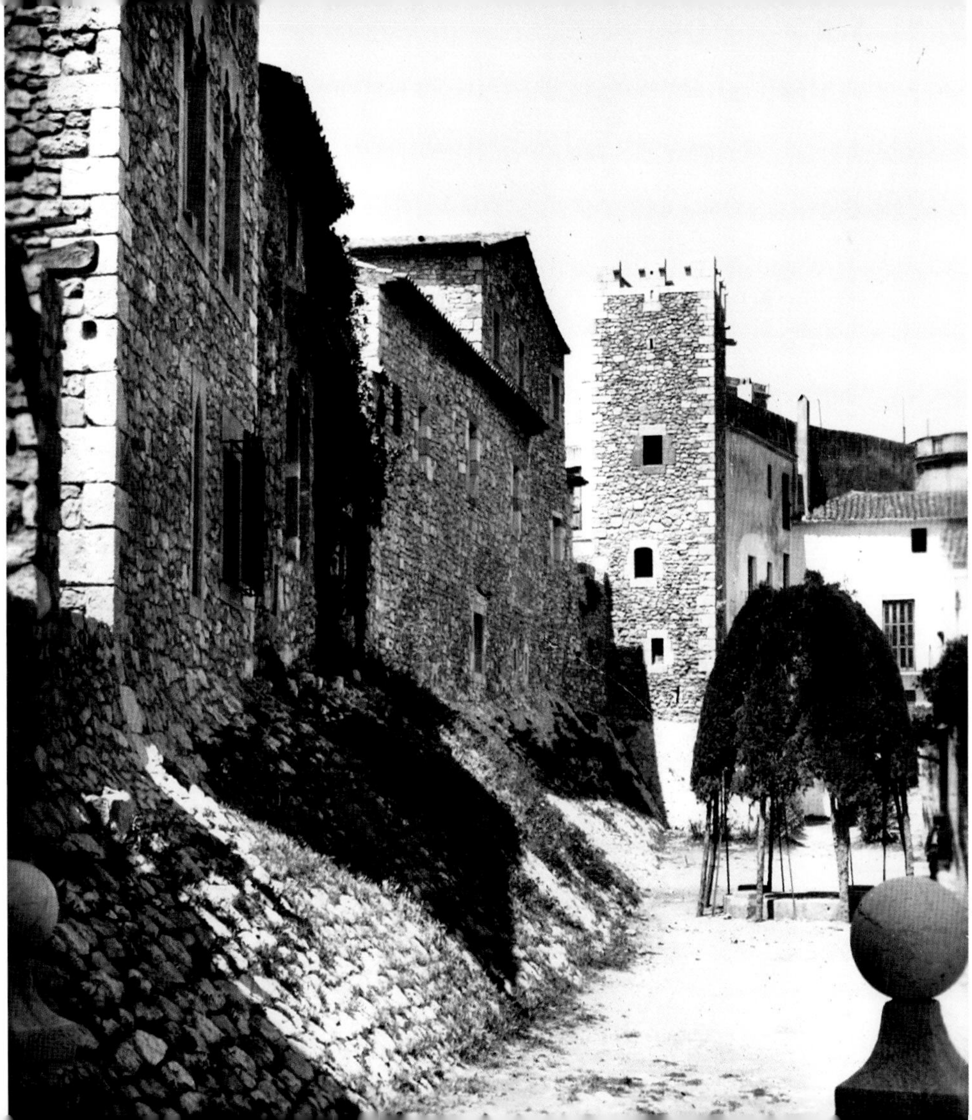

RICARD GASSÓ / Fons ROLAND SIERRA FARRERAS

## EL VALL

-----

Al llarg dels segles, Sitges ha tingut tres recintes defensius: la muralla Vella, la muralla Nova i la muralla dels Carlins. Les dues primeres foren aixecades a l'època medieval, mentre que la tercera es construí al segle XIX –per defensar la població durant les guerres Carlines–. De la muralla Vella, l'única feta amb carreus, encara en queden restes al Vall o fossat que encerclava la fortificació. A la pàgina del costat, el Vall a la primeria del segle XX, quan era un atzucac abandonat on els pagesos que anaven al mercat deixaven els carros. En aquesta pàgina, en una imatge dels anys cinquanta.

## CARRER D'EN BOSC

-----

Obert entre els segles XII i XIII, quan es feu el primer eixample del nucli antic de la vila, el carrer d'en Bosc continua conservant aquell regust d'antigor que tenia el 1913, data en què fou captada la imatge d'aquesta pàgina. S'hi reconeix el Palau del Rei Moro i el que després seria l'Estudi Vidal.

## DIA DE MERCAT

-----

El 1307, Bernat de Fonollar rebé permís del rei Jaume II per fer mercat a Sitges cada dijous. Al costat, un dia de mercat del 1889 a la plaça de l'Ajuntament. A l'esquerra hi ha l'edifici consistorial gairebé acabat i, al fons, el casalot de l'hisendat Josep Bonaventura Puig de Galup.

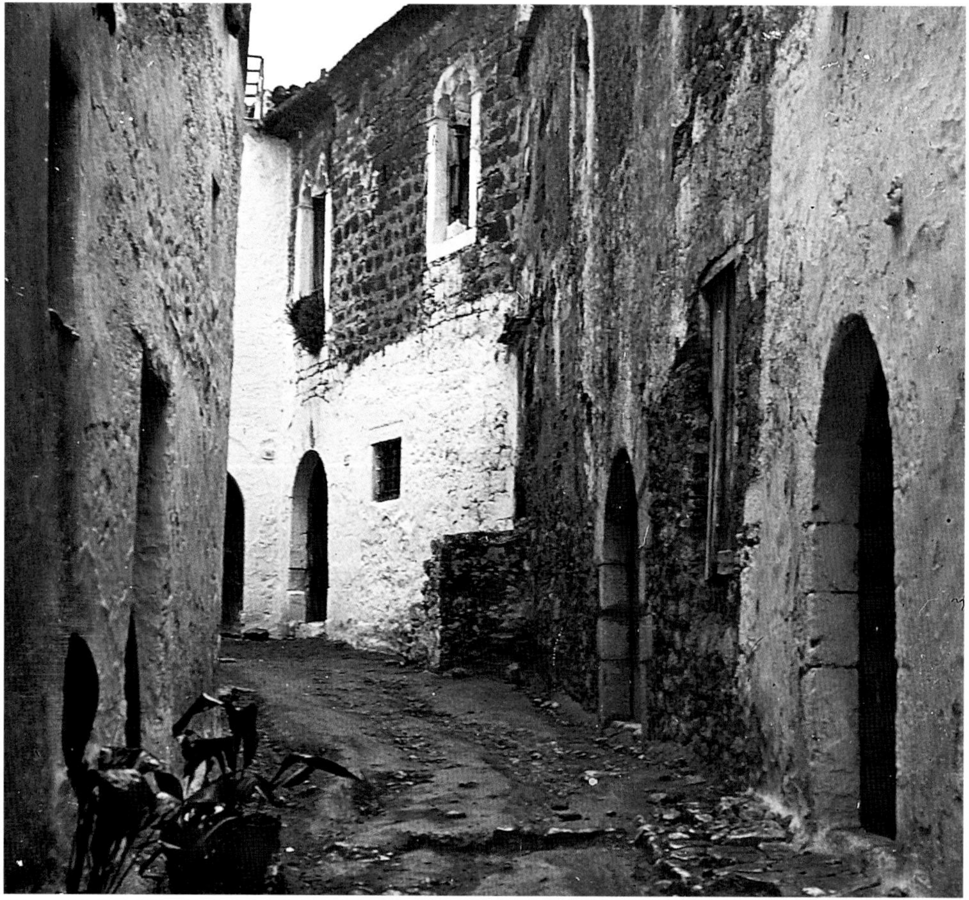

JOSEP SALVANY BLANCH / BIBLIOTECA DE CATALUNYA

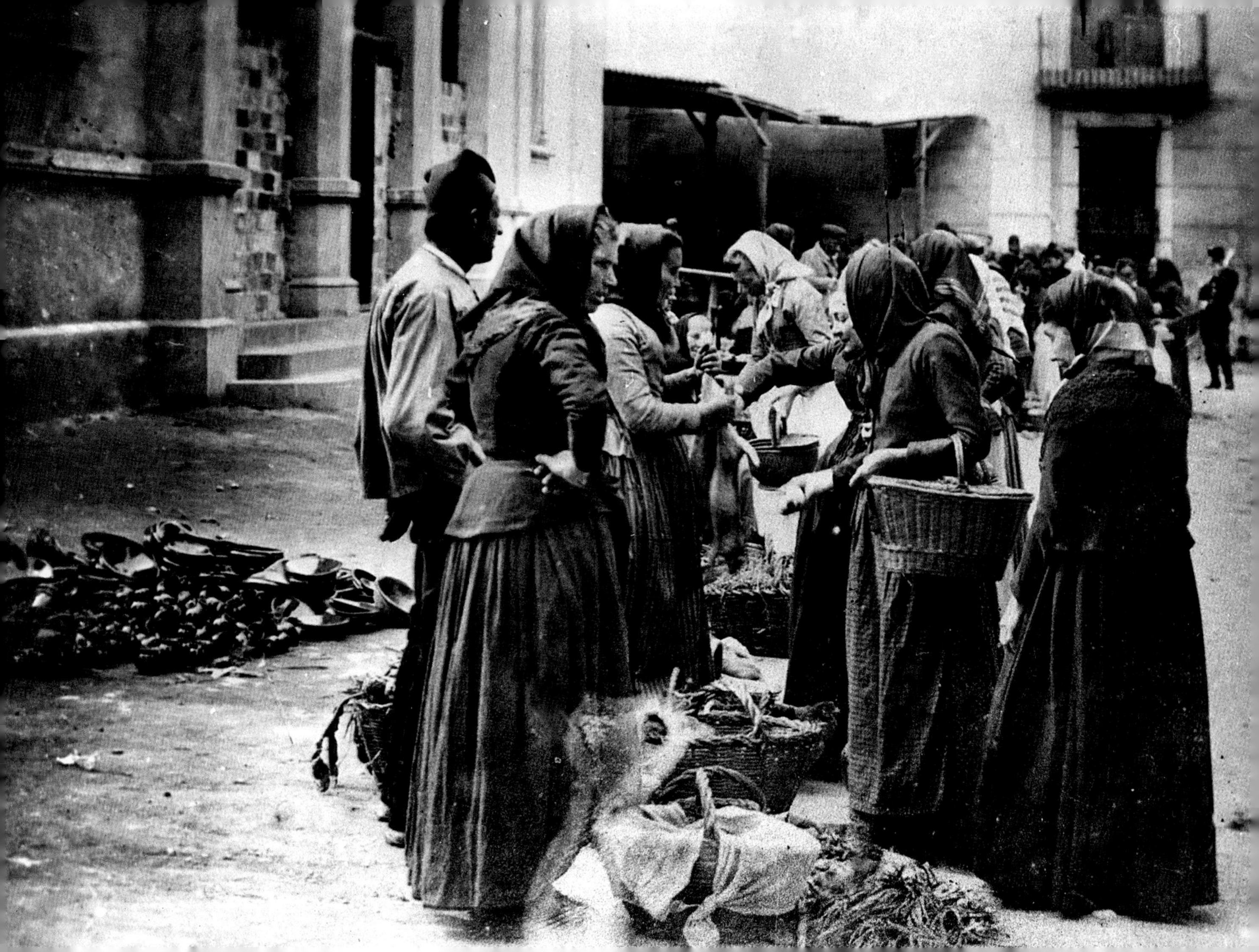

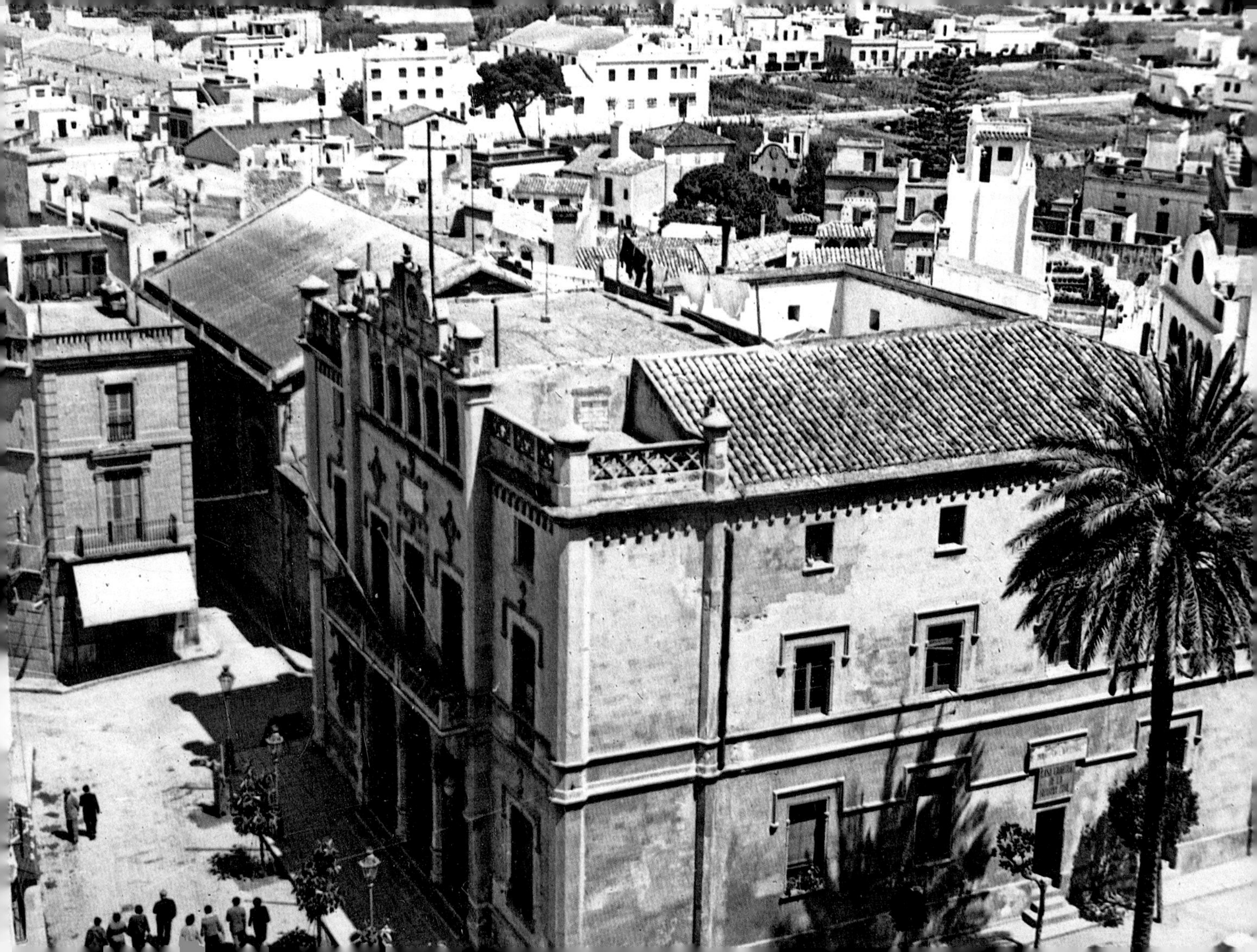

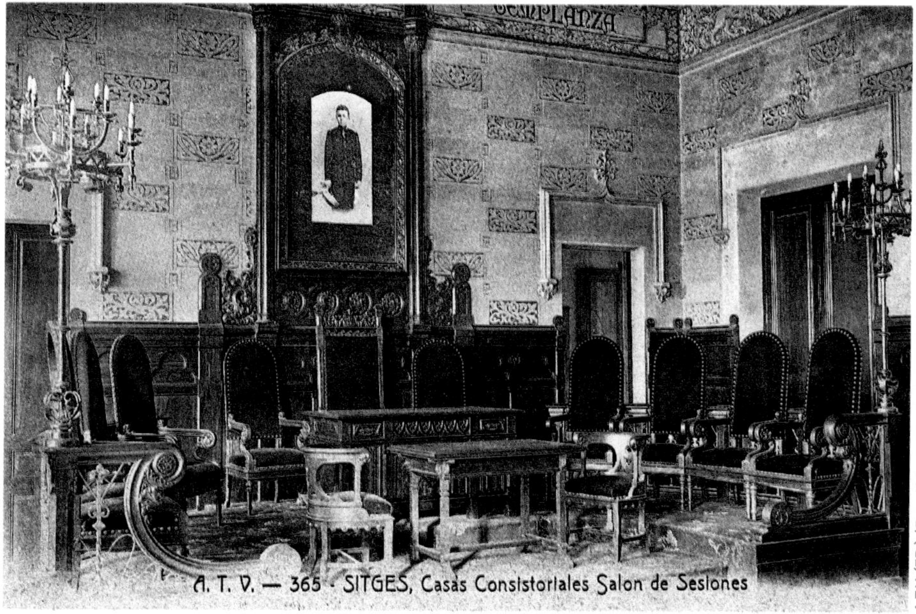


A.T.V. (ED.) / Fons JORDI MIRABENT CASTIEL

## AJUNTAMENT

-----

Inaugurat el 1889, l'Ajuntament actual s'aixeca on hi havia hagut l'antic castell de Sitges, del qual l'arquitecte Salvador Vinyals aprofità les parets mestres. En els anys següents s'hi feren diverses millores, entre elles la col·locació de les reixes del porxo i l'estucat de les façanes. El 1900, el doctor Bartomeu Robert va sufragar la decoració del saló de plens. Al costat, l'Ajuntament vist des del campanar de l'església parroquial a mitjan anys cinquanta. Al fons s'aprecia el carrer de Joan Maragall a mig urbanitzar. En aquesta pàgina, el saló de sessions a principis del segle xx.

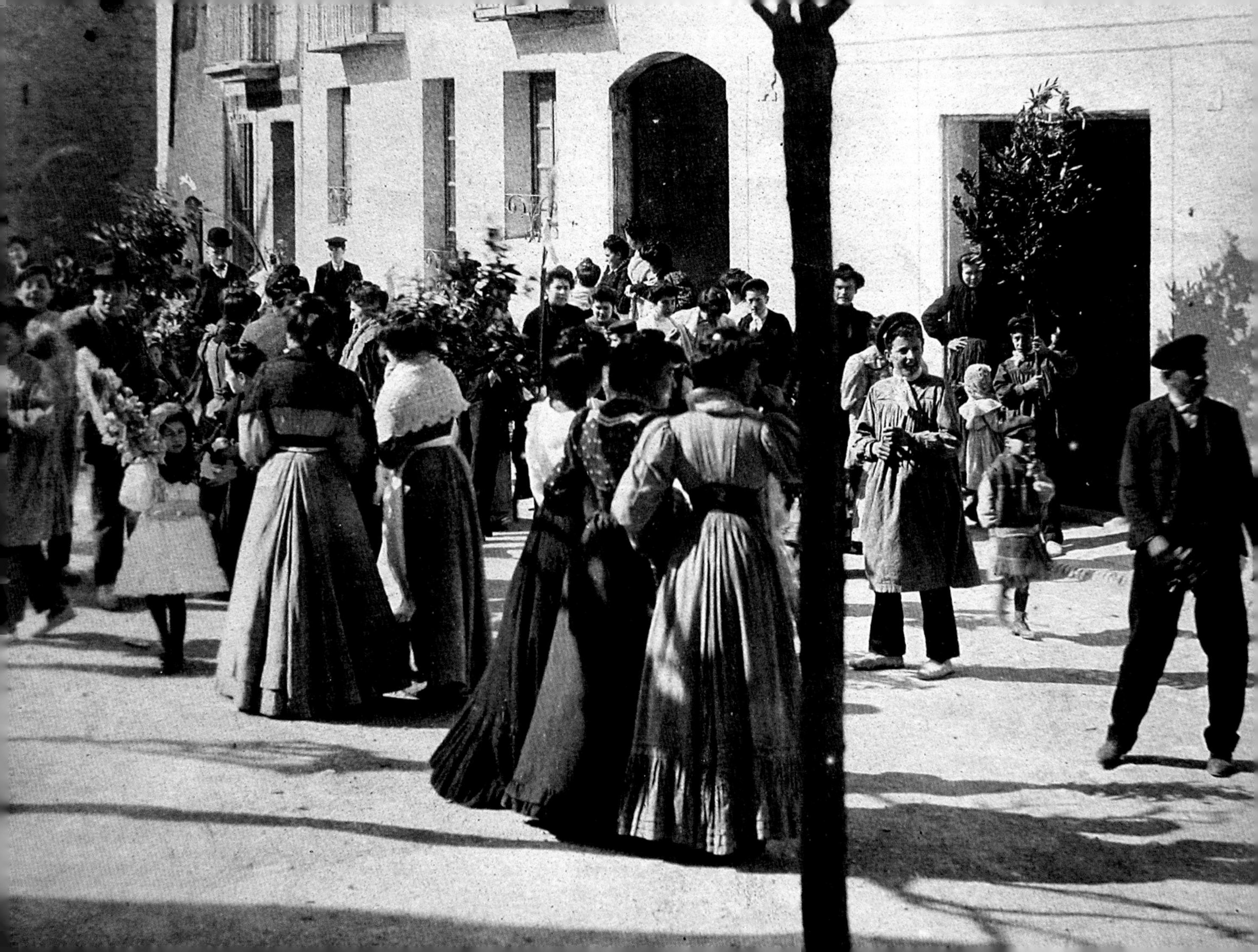

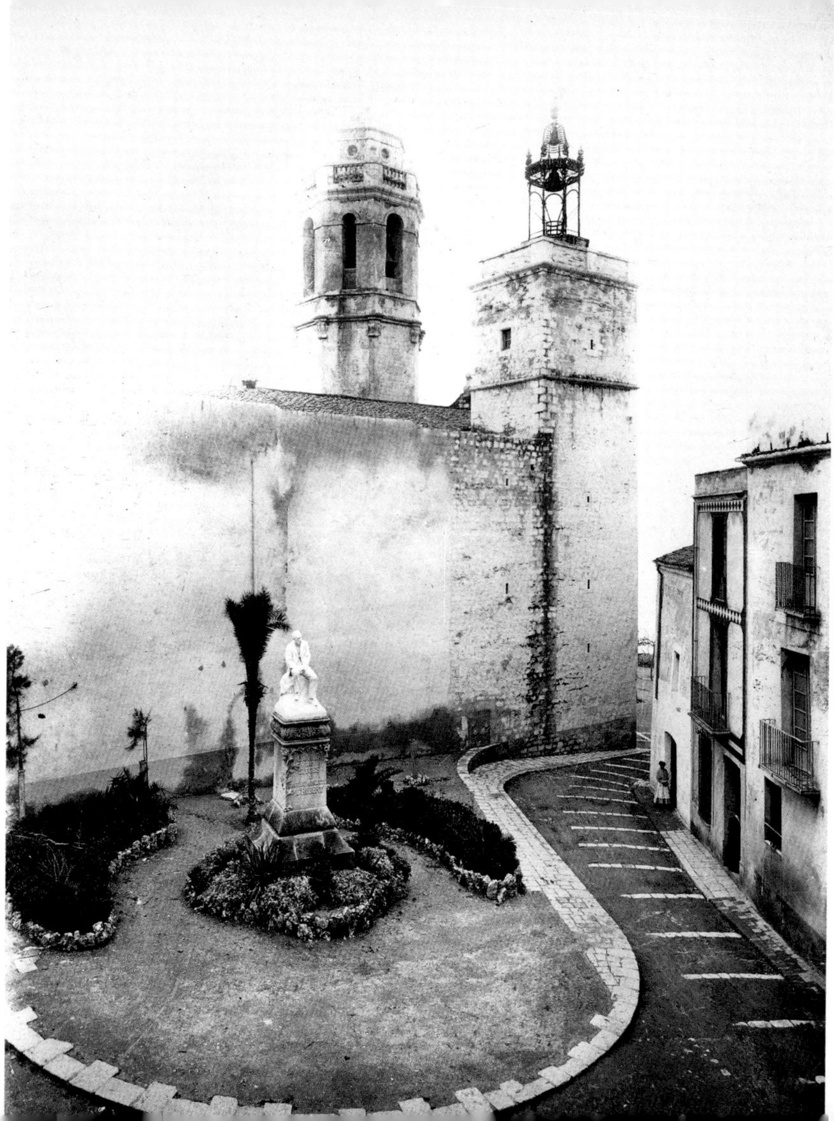

ANDRÉS FABERT / Fons PAQUITA RÀFOLS GUAL

## DIUMENGE DE RAMS

-----

A la pàgina del costat, la plaça de l'Ajuntament –llavors de la Constitució– un diumenge de Rams de la dècada del 1890. La instantània es va fer molt probablement a la sortida de l'ofici que tenia lloc després de beneir les palmes, els palmons i també les humils i tradicionals branques de llorer i d'olivera.

## MONUMENT AL DOCTOR ROBERT

-----

El 1907, en el solar que quedà després d'enderrocar can Puig de Galup, s'inaugurà el monument al Doctor Robert. El projecte s'encarregà a l'escultor Josep Reynés, que el personificà assegut sobre unes roques en actitud meditativa. En aquesta pàgina, imatge dels voltants del 1912.

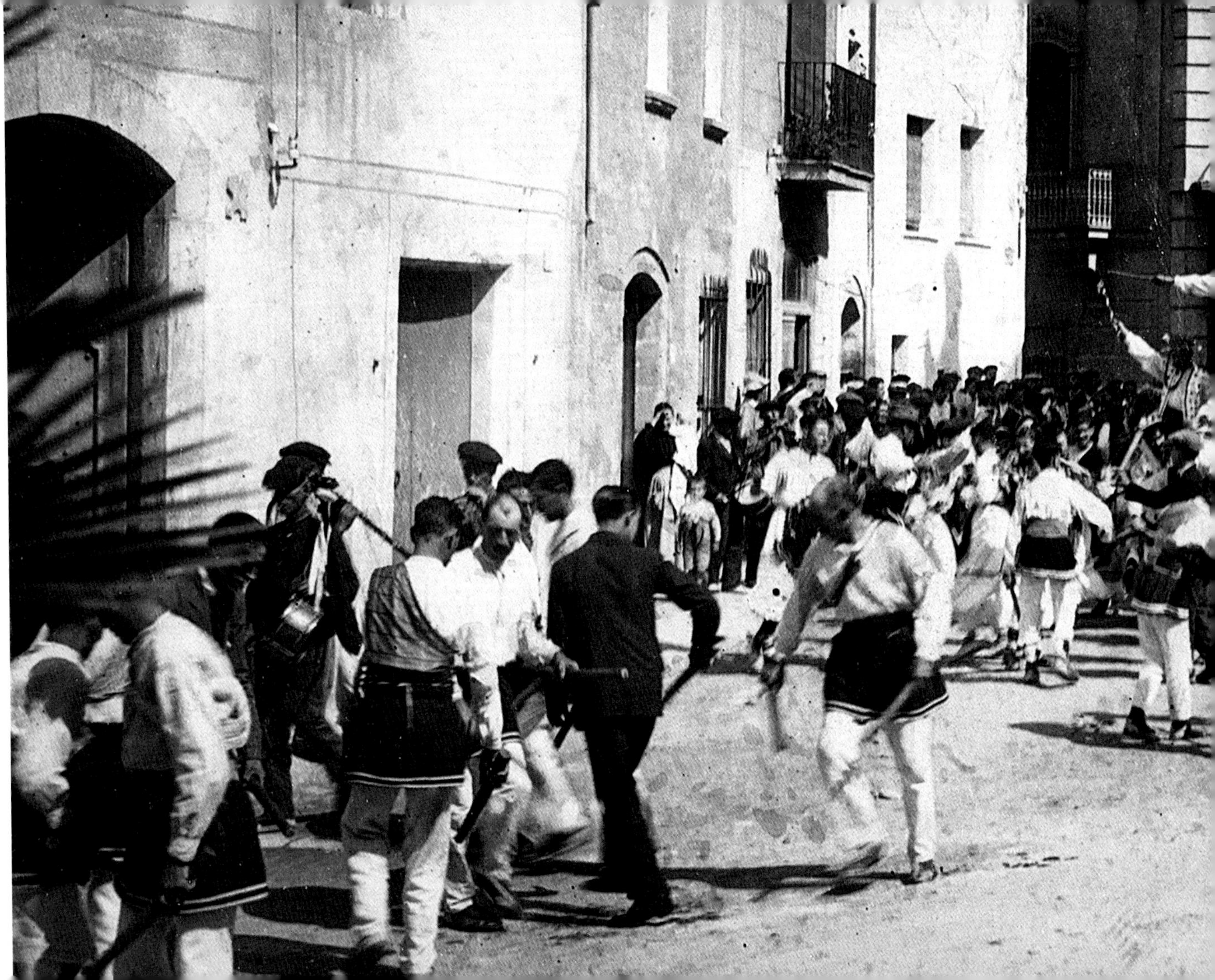

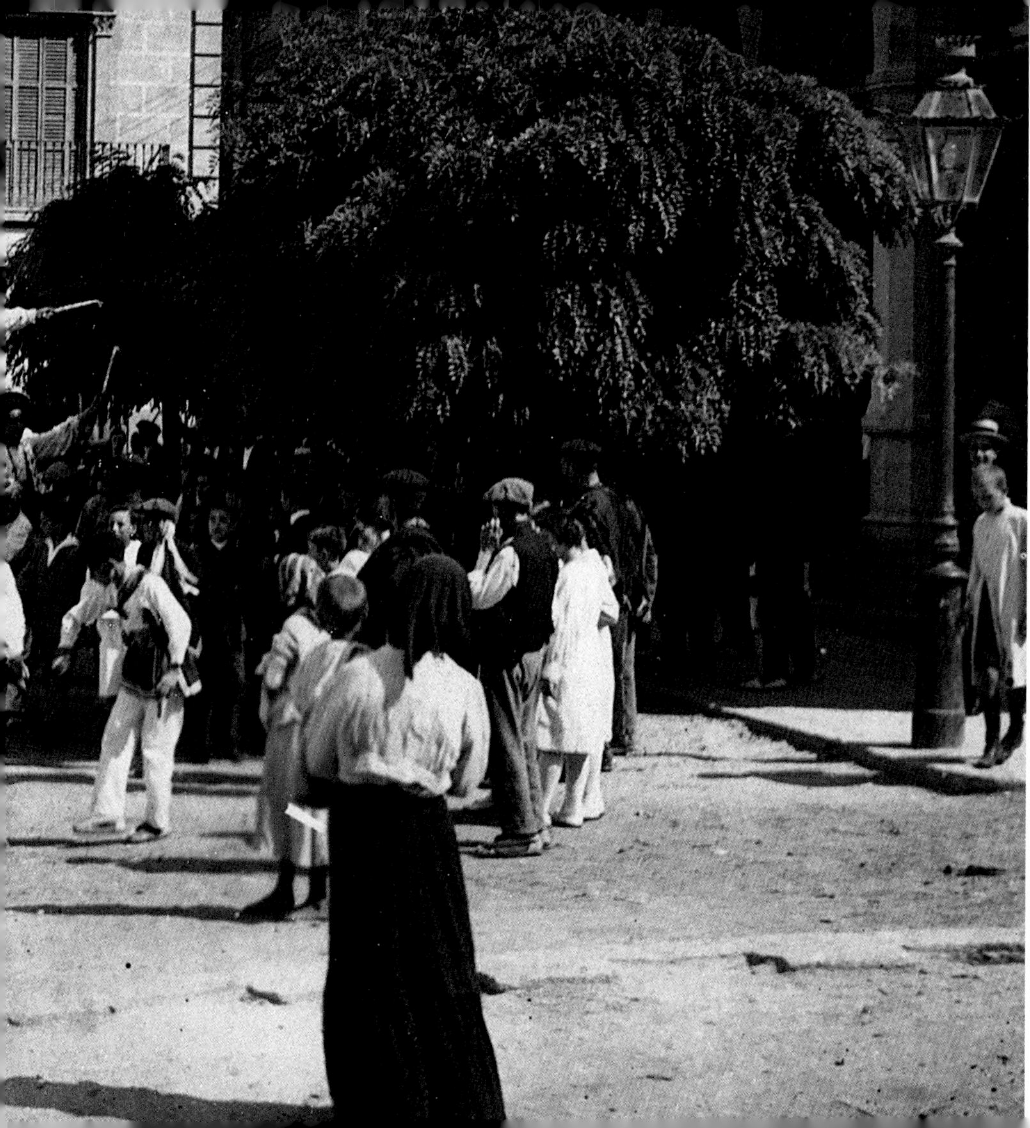

AUTOR DESCONEGUT / Fons MARGARITA JULIÀ RIBAS

## FESTA MAJOR

-----

La plaça de l'Ajuntament ha estat sempre escenari o lloc de pas de nombroses manifestacions festives, cíviques i religioses. Processons de Festa Major, de Corpus i de Setmana Santa han travessat la plaça alienes a les transformacions que aquesta ha sofert al llarg dels anys. La fotografia, dels volts del 1917, mostra precisament un acte de Festa Major, potser l'anada a l'ofici solemne del 24 d'agost –diada de Sant Bartomeu, patró de la vila–. En primer terme es distingeix el ball de bastons i rere seu, el ball de gitanes –aleshores fet per homes– i la moixiganga representant el quadre de l'argolla.

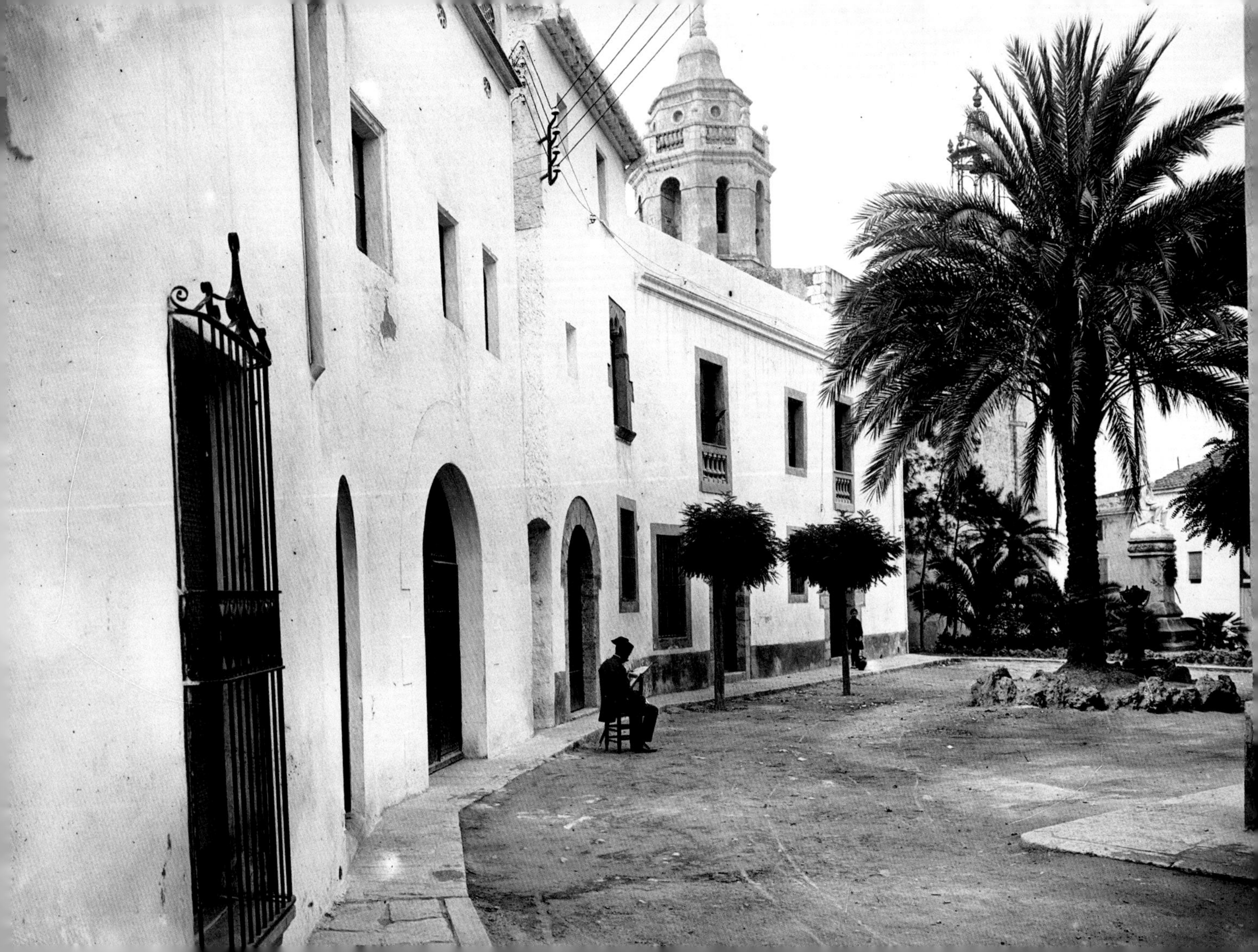

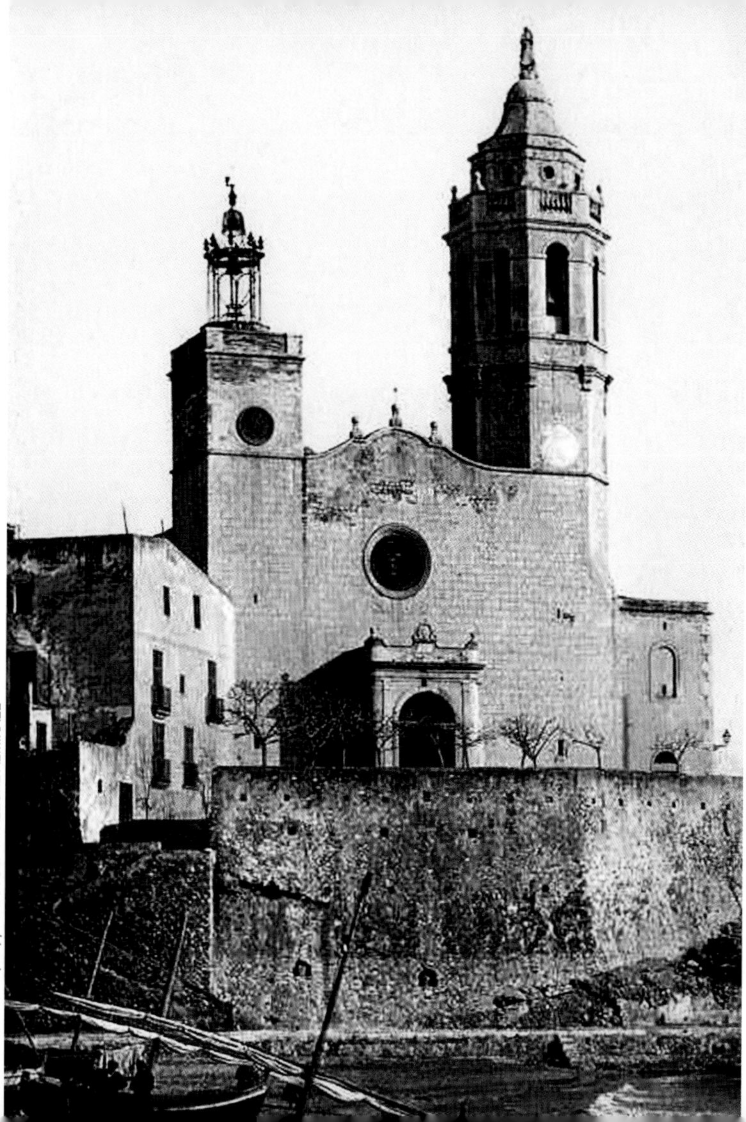

A.T.V. (ED.) / Fons JOSEP M. ALEGRE ALMIRALL

## RECTORIA

-----

Al costat, la rectoria a mitjan anys deu. La palmera i la font encara no s'havien integrat al conjunt ornamental que avui caracteritza aquell espai. La presència del guàrdia civil a la imatge no és casual, si es té en compte que un destacament del cos ocupava el segon pis de l'Ajuntament.

## ESGLÉSIA PARROQUIAL

-----

L'església parroquial de Sant Bartomeu i Santa Tecla s'erigeix majestuosa al Baluard des del segle XVII. Beneïda l'estiu del 1672, el campanar fou rematat –amb una Puríssima– quasi cent anys més tard, mentre que la capella annexa del Santíssim es construí a mitjan segle XIX. La postal data del 1906.

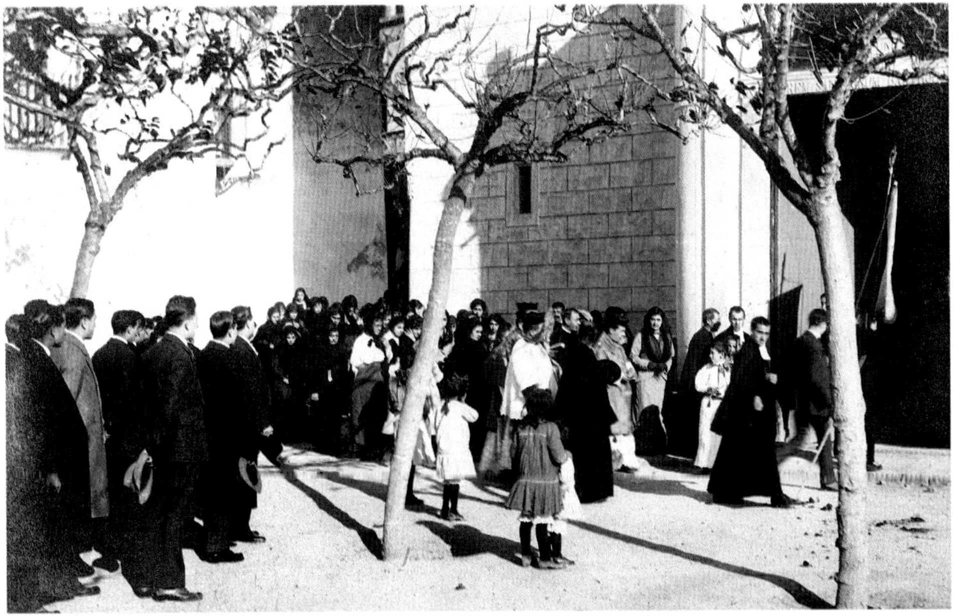

AUTOR DESCONEGUT / Fons ISABEL ROCA CALDÉS

## BALUARD

-----

La petita plaça existent davant l'església parroquial rep el nom de *Baluard* perquè des d'allà es defensava la rada sitgetana contra possibles atacs marítims de corsaris i pirates. En aquesta pàgina, una processó de dones es dirigeix cap a l'entrada principal del temple a finals dels anys deu. Al costat, imatge pels volts del 1915. El canó que fa de guardacantó fou un dels utilitzats el 1797 per foragitar dues fragates angleses que volien capturar unes pollacres fondejades a la Fragata. Des de la dècada del 1970, el canó, restaurat, és a l'altra banda del Baluard, apuntant al mar.

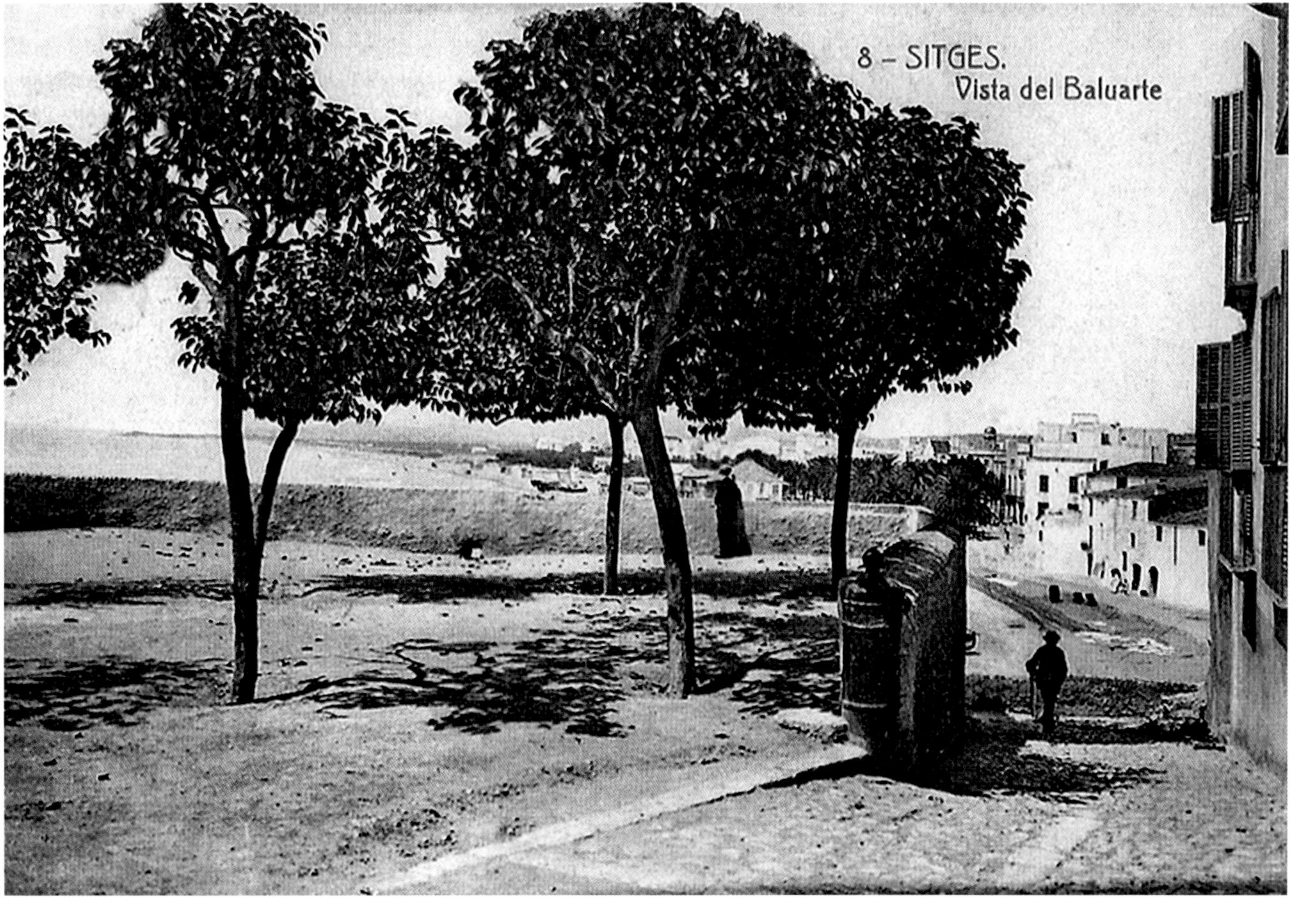


AUTOR DESCONEGUT / Fons JOSEP M. ALEGRE ALMIRALL

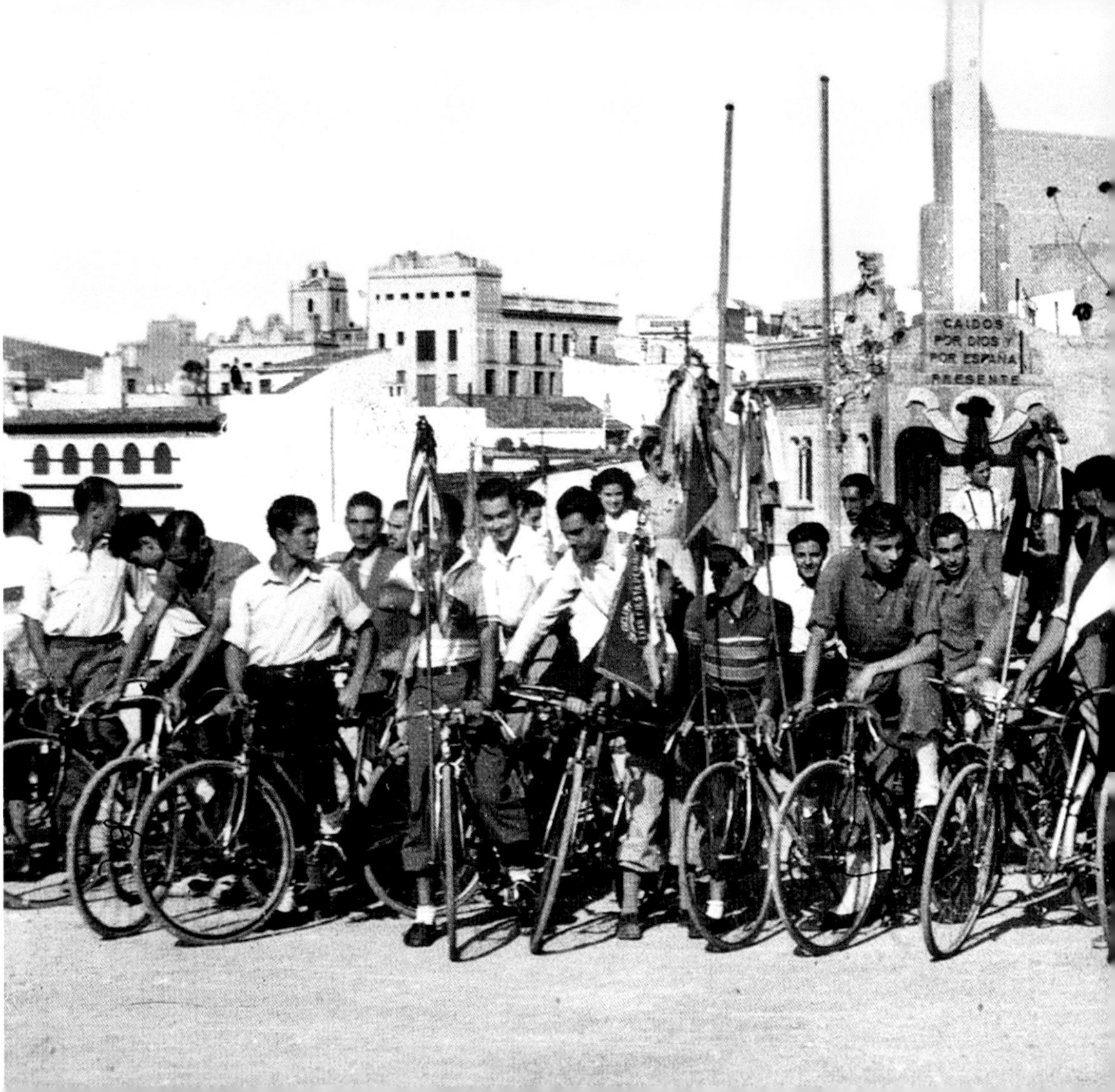
CAIDOS
POR DIOS Y
POR ESPAÑA
PRESENTE

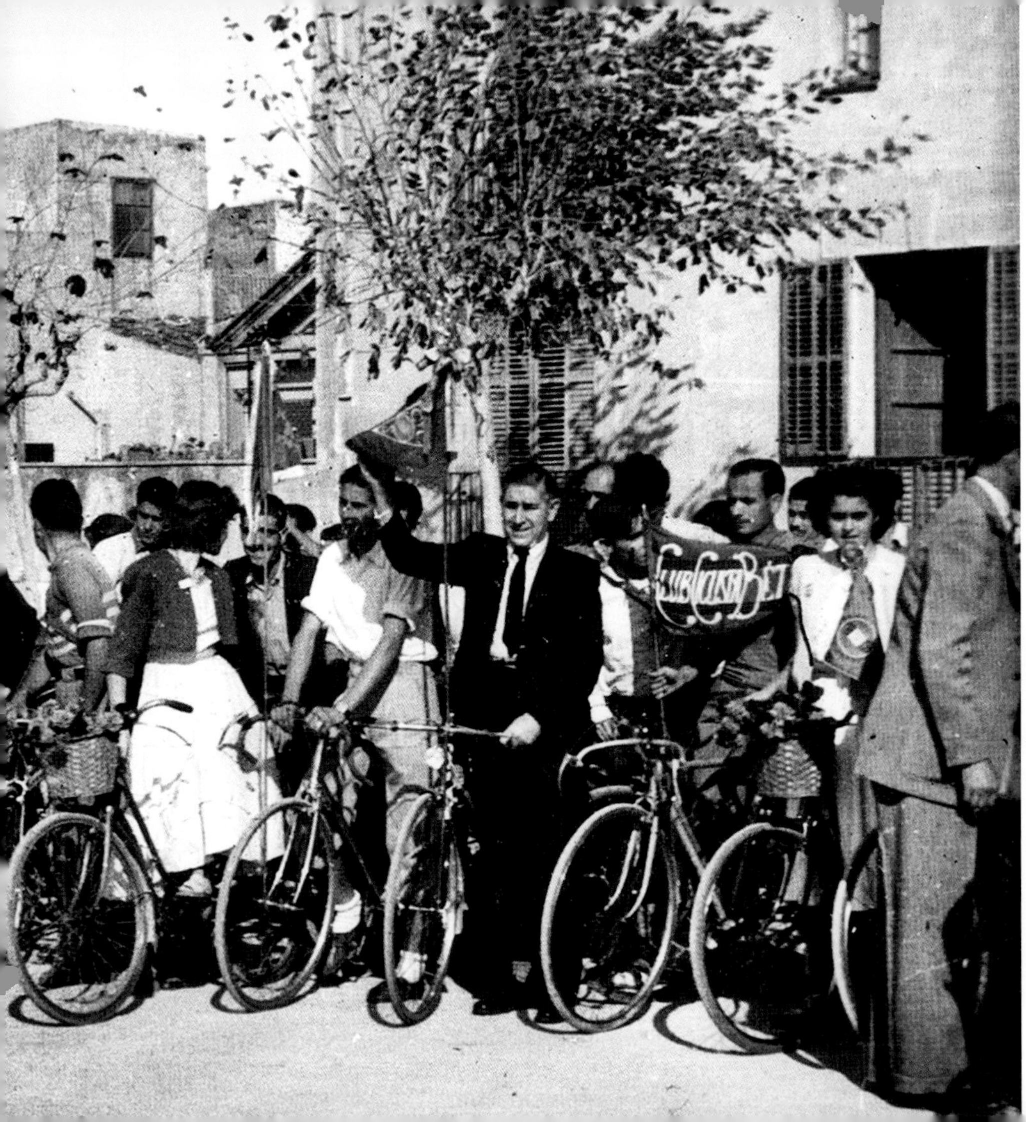

AUTOR DESCONEGUT / Fons RAMON VIÑOLA CARBONELL

## BENEDICCIÓ DE BICICLETES

-----

Fotografia del 8 de desembre del 1950 que il·lustra la benedicció anual de bicicletes al Baluard. En aquella ocasió es beneí també el nou banderí del Club Ciclista Suburense, regalat a l'entitat pel seu president, Gumersind Viñola –a la imatge, amb americana i corbata, sostenint el banderí–. Darrere dels participants a l'acte es veu el *Monumento a los Caídos*, erigit tot just acabada la Guerra Civil i dedicat exclusivament als morts del bàndol franquista. El monument fou desmuntat el 1977, i la creu es troba avui dia al cementiri de Sant Sebastià, però sense la inscripció ni tampoc l'àliga.

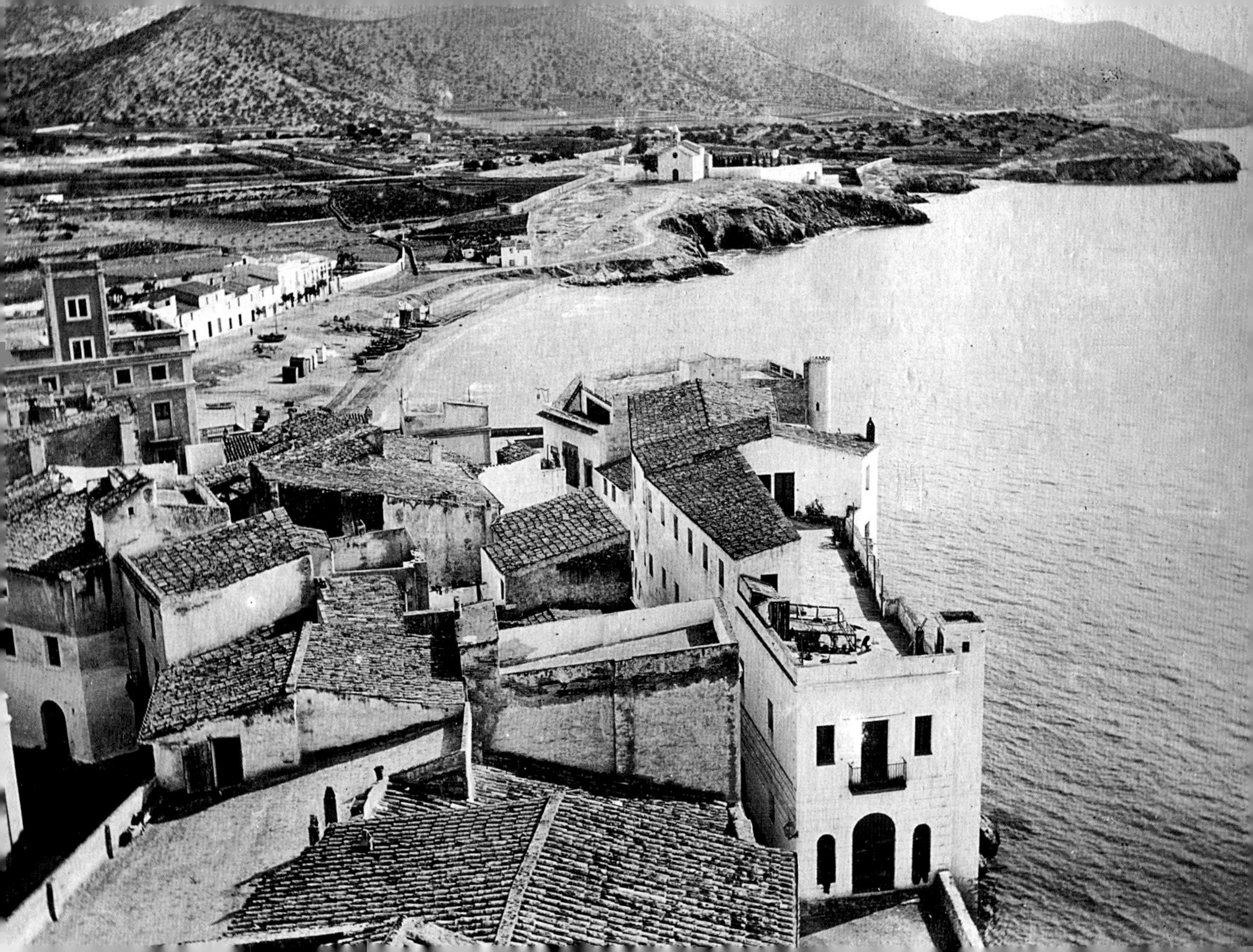

## VISTA DES DEL CAMPANAR

-----

Al costat, l'hospital de Sant Joan Baptista i l'entorn del carrer de Fonollar, vistos des del campanar de l'església parroquial el 1903. No gaires anys després, aquelles velles teulades del nucli antic es convertirien en terrasses i torratxes. Al fons, la platja de Sant Sebastià i també l'ermita.

## EL PRIMER MARICEL

-----

Així que Charles Deering hagué comprat l'hospital, Utrillo en feu una primera reforma entre el 1910 i el 1912 per habilitar-lo com a casa. La imatge d'aquesta pàgina data d'aquella època. A l'esquerra es veuen les cases de l'enginyer de La Canadenca Edward D. Trowbridge, que s'acabarien incorporant a Maricel.

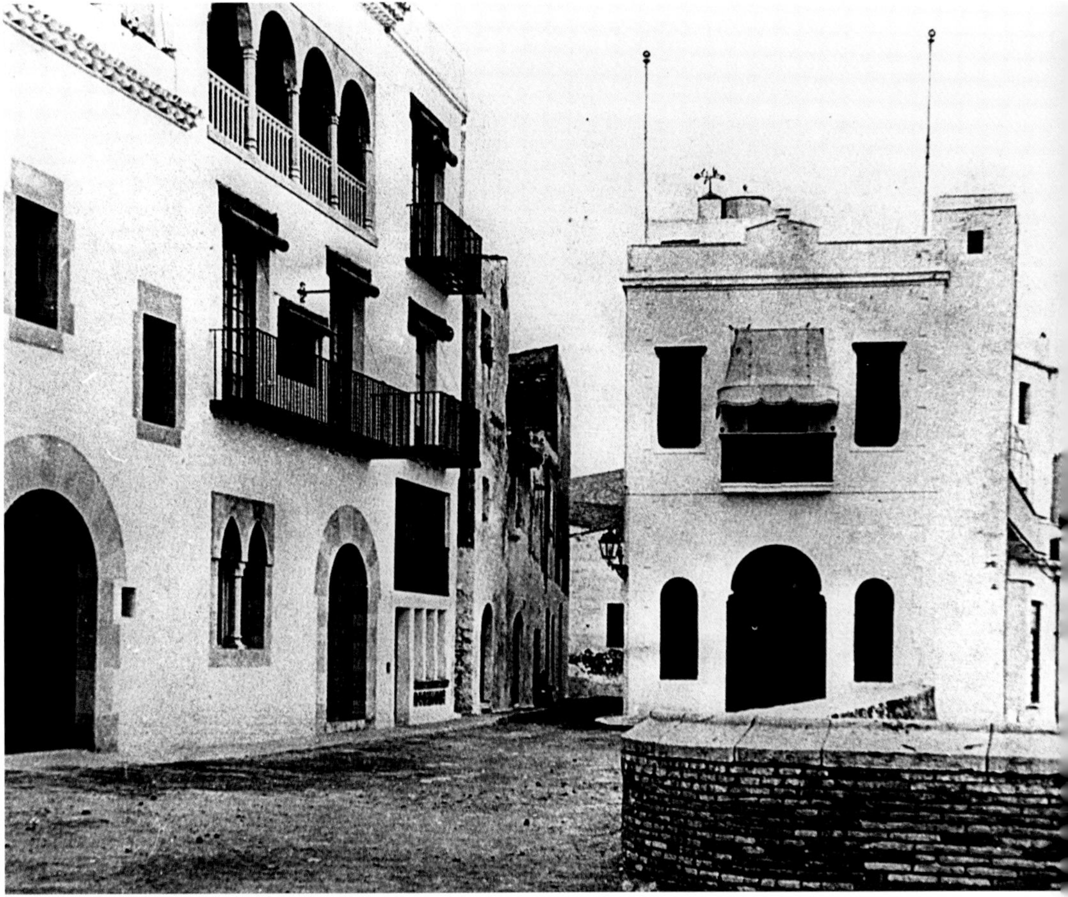

AUTOR DESCONEGUT / Fons JOSEP M. ALEGRE ALMIRALL

## MARICEL DE MAR

-----

La façana principal de Maricel de Mar quedaria definitivament transformada el 1914, quan al capdamunt s'hi col·locà un sant Miquel de factura gòtica. La fotografia és d'aquell any i mostra els primers passos del canvi. No hi surt, però, el pont que uneix els dos cossos de Maricel, realitzat poc després.

## PLACETA DE SANT JOAN

-----

A la pàgina del costat, la placeta de Sant Joan el 1903. A la dècada següent es construiria allí Maricel de Terra i el porxo on ara hi ha el sarcòfag romà. El 1932 es canvià el nom de la placeta pel que ara té de *Racó de la Calma*, amb el qual es volgué evocar la coneguda obra de Rusiñol sobre Mallorca.

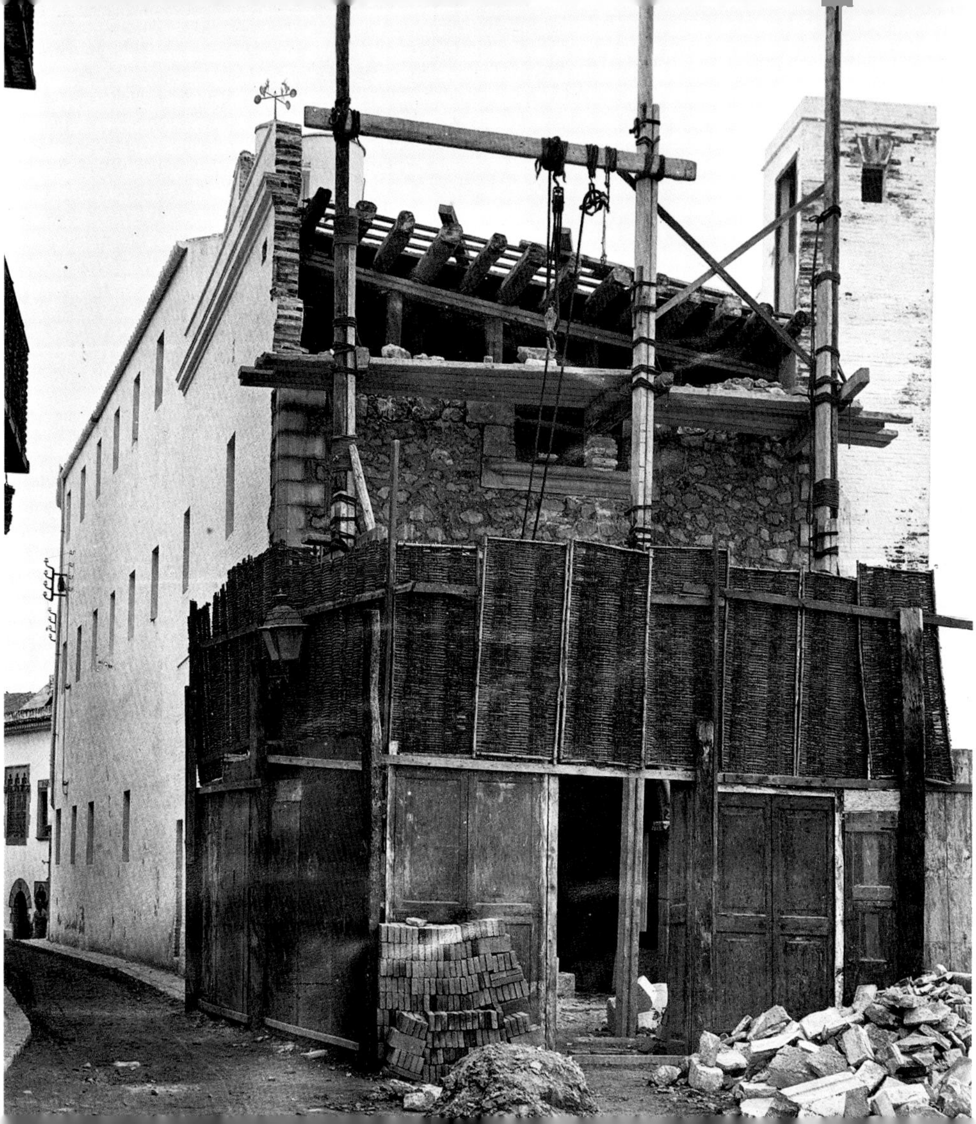

AUTOR DESCONEGUT / BIBLIOTECA SANTIAGO RUSIÑOL

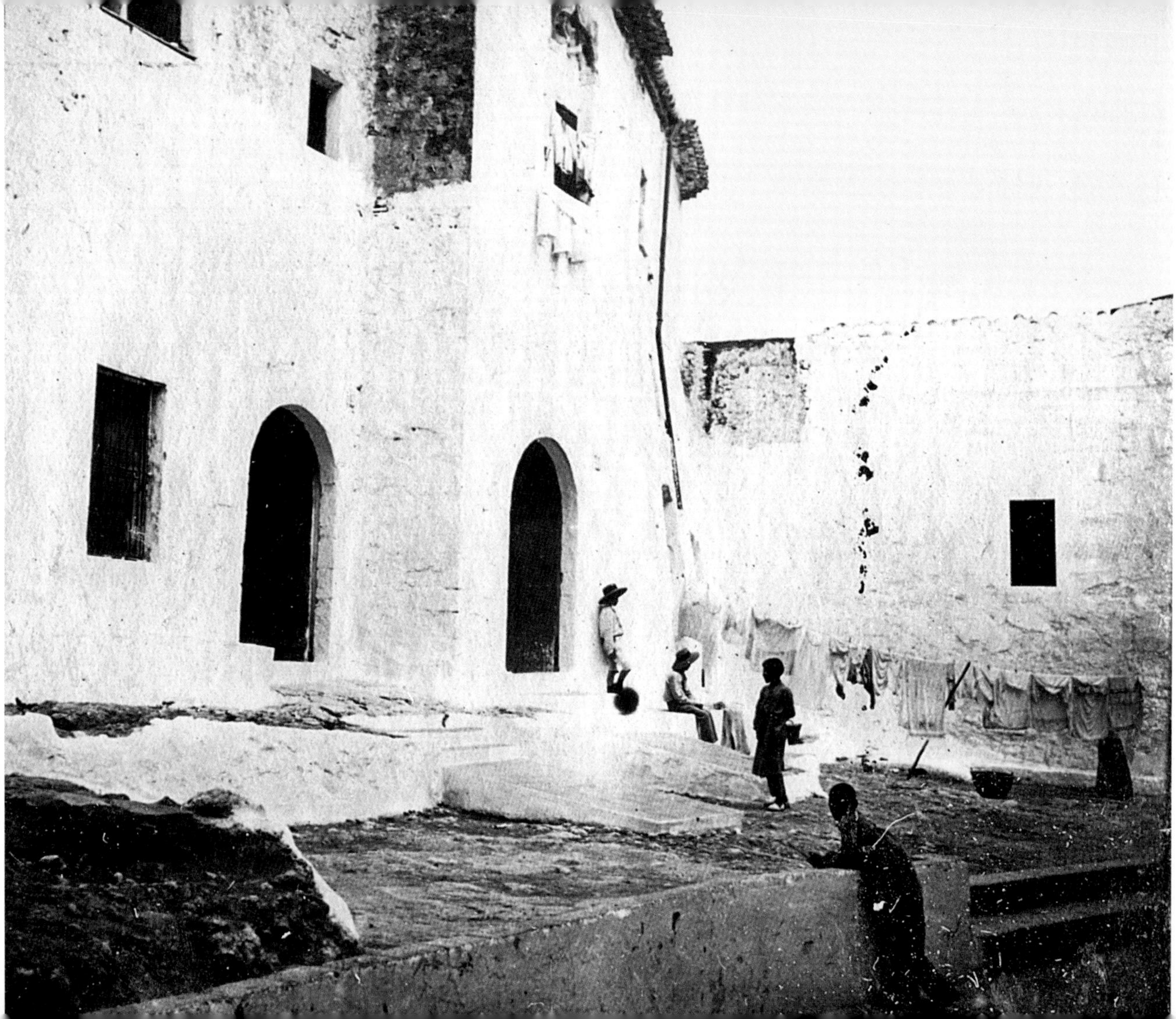

AUTOR DESCONEGUT / Fons SEBASTIÀ GIMÉNEZ MIRABENT

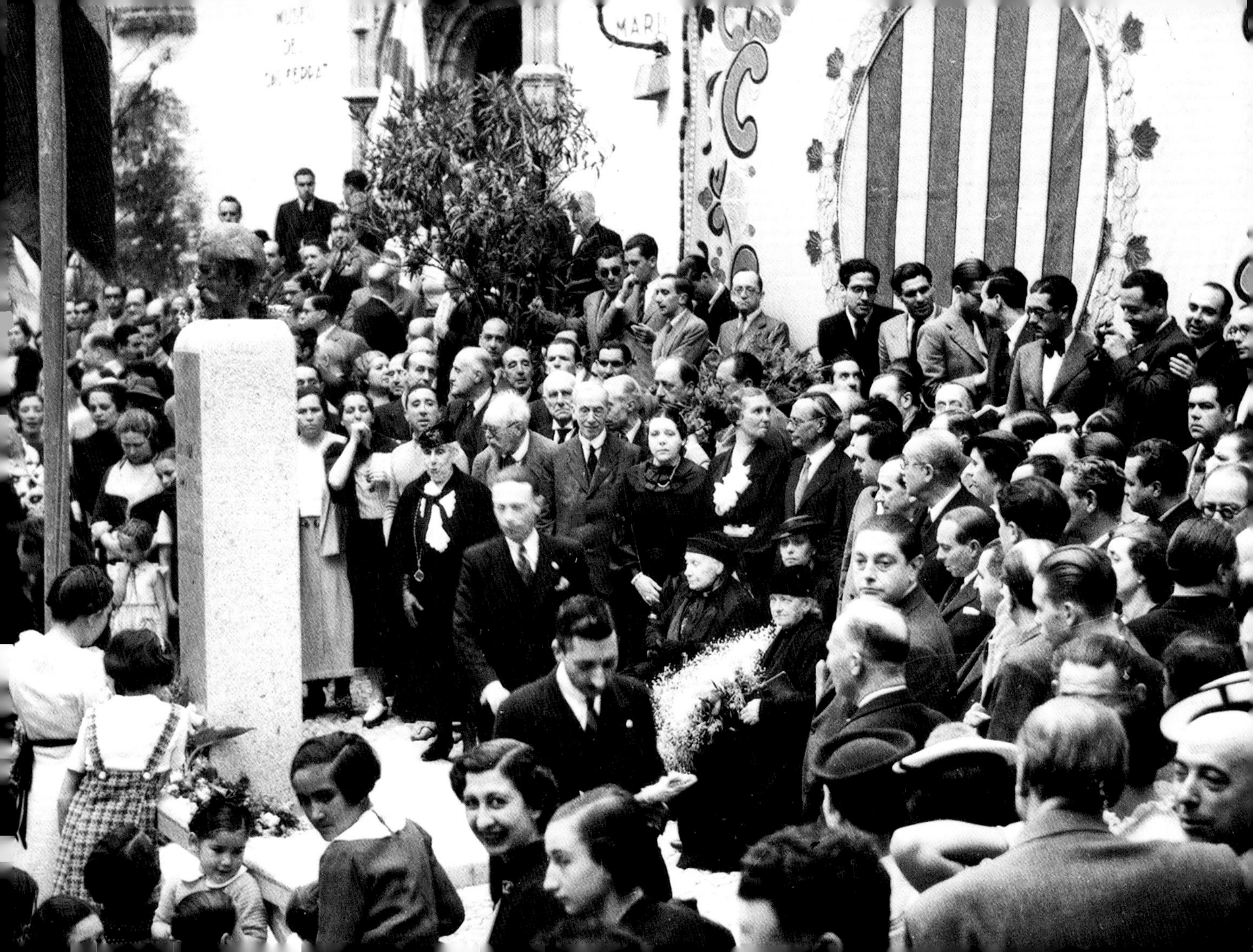
MARI

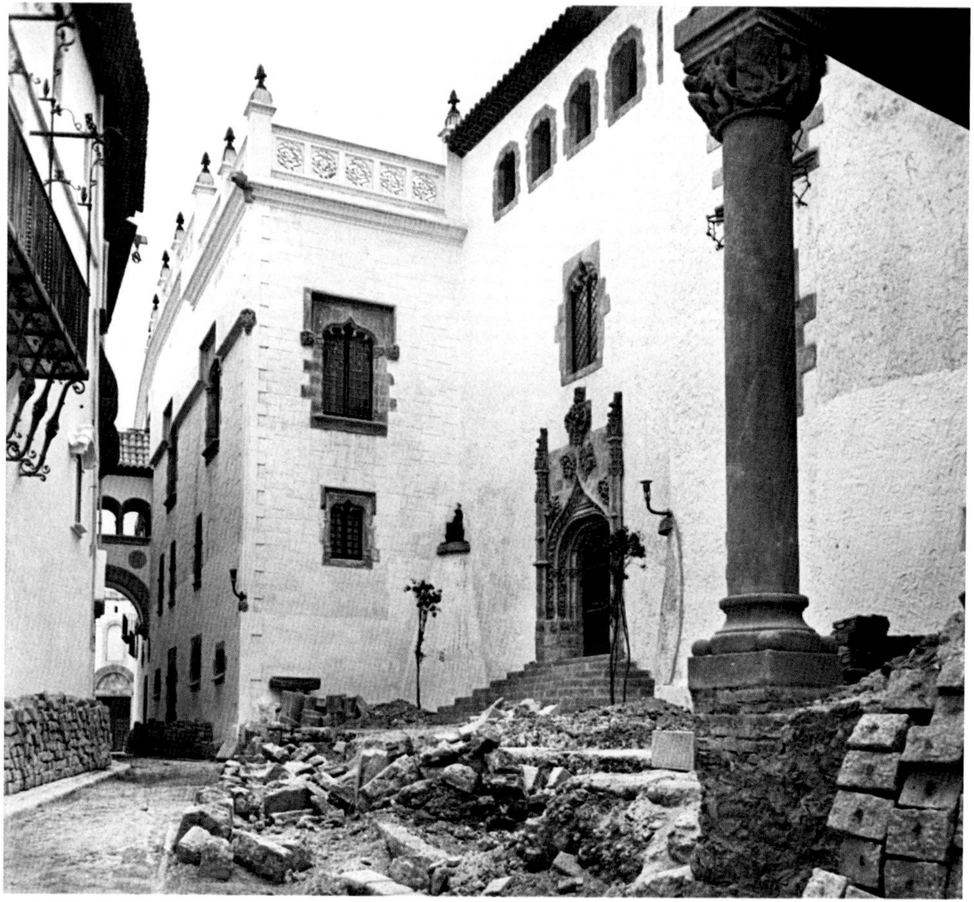

CARLES FARGAS BONELL / AFCEC

## MONUMENT A RUSIÑOL

-----

A la pàgina del costat, inauguració del monument a Santiago Rusiñol al Racó de la Calma el juny del 1932, primer aniversari de la seva mort. Es tractava d'un pedestal coronat per un bust de l'artista. A part de la vídua i la filla de Rusiñol, s'hi reconeixen el conseller Ventura Gassol i el mestre Morera.

## MARICEL DE TERRA

-----

En aquesta pàgina, l'edifici de Maricel de Terra el 1915 amb les obres de la nova placeta de Sant Joan inacabades. A l'entrada principal hi destaca una portalada monumental, d'estil gòtic florit, que es va portar de Salamanca. Al fons, ja finalitzat, el pont que comunica amb Maricel de Mar.

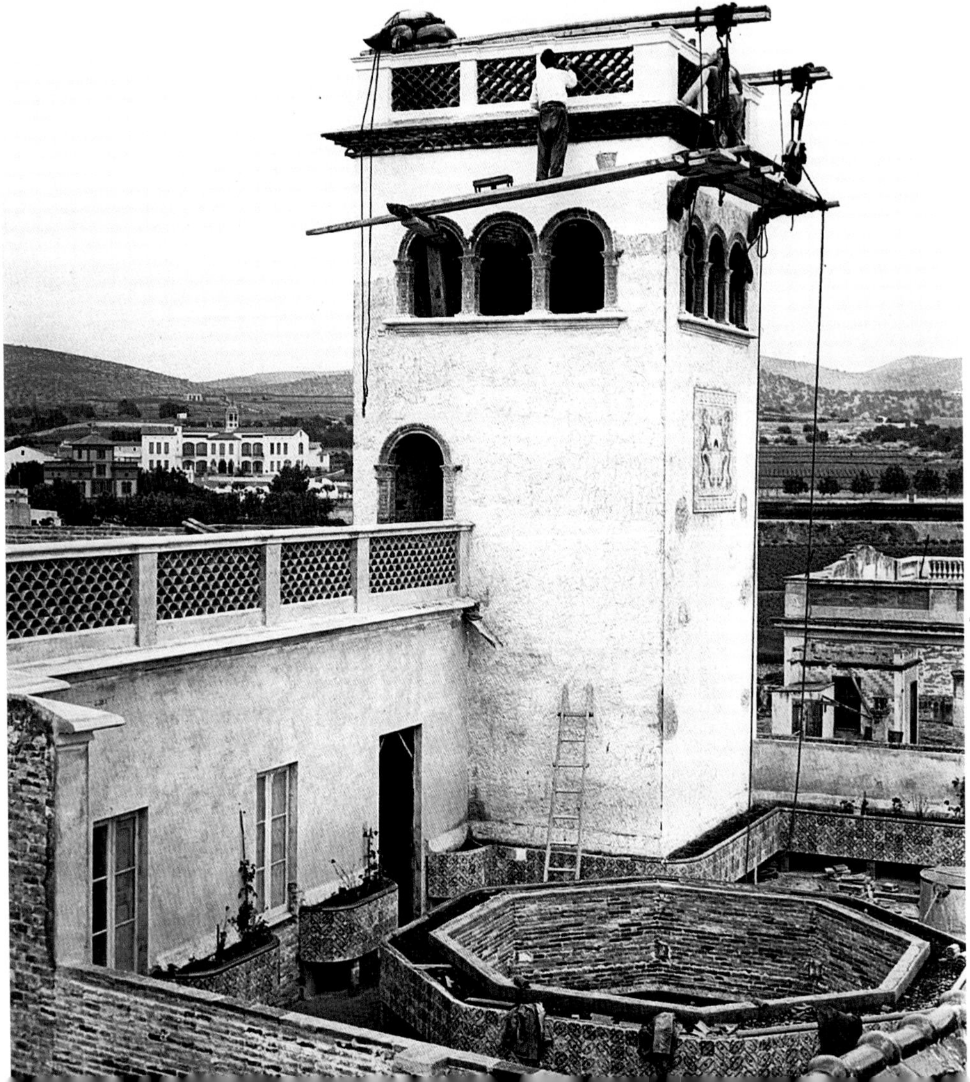

AUTOR DESCONEGUT / BIBLIOTECA SANTIAGO RUSIÑOL

## CASA UTRILLO

El 1915, Miquel Utrillo construí dues cases incloses en el conjunt de Maricel però amb entrada per la plaça de l'Ajuntament: una d'elles –l'actual Biblioteca Santiago Rusiñol– havia de ser l'habitatge familiar, i l'altra –que avui es coneix com a *casa Lola Anglada*– era per als membres del servei de Maricel. En aquesta pàgina, els obrers treballen a la torratxa de ca l'Utrillo el 1915. A la imatge del costat, Miquel Utrillo –a l'esquerra– i el milionari nord-americà Charles Deering a l'inici dels anys deu a Ripoll. L'enginy del primer i els diners del segon feren possible el somni de Maricel.

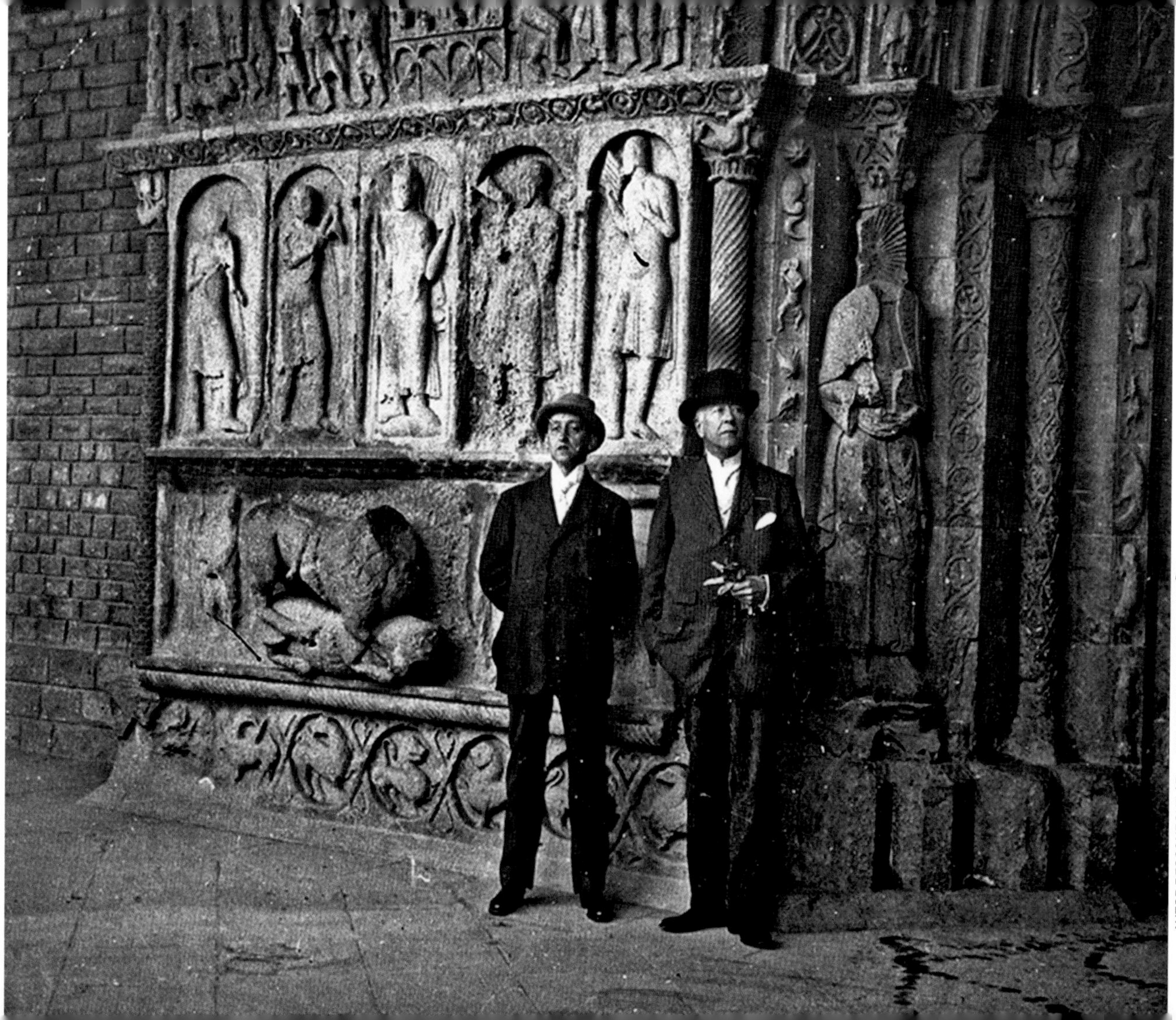

AUTOR DESCONEGUT / Fons BIBLIOTECA SANTIAGO RUSIÑOL

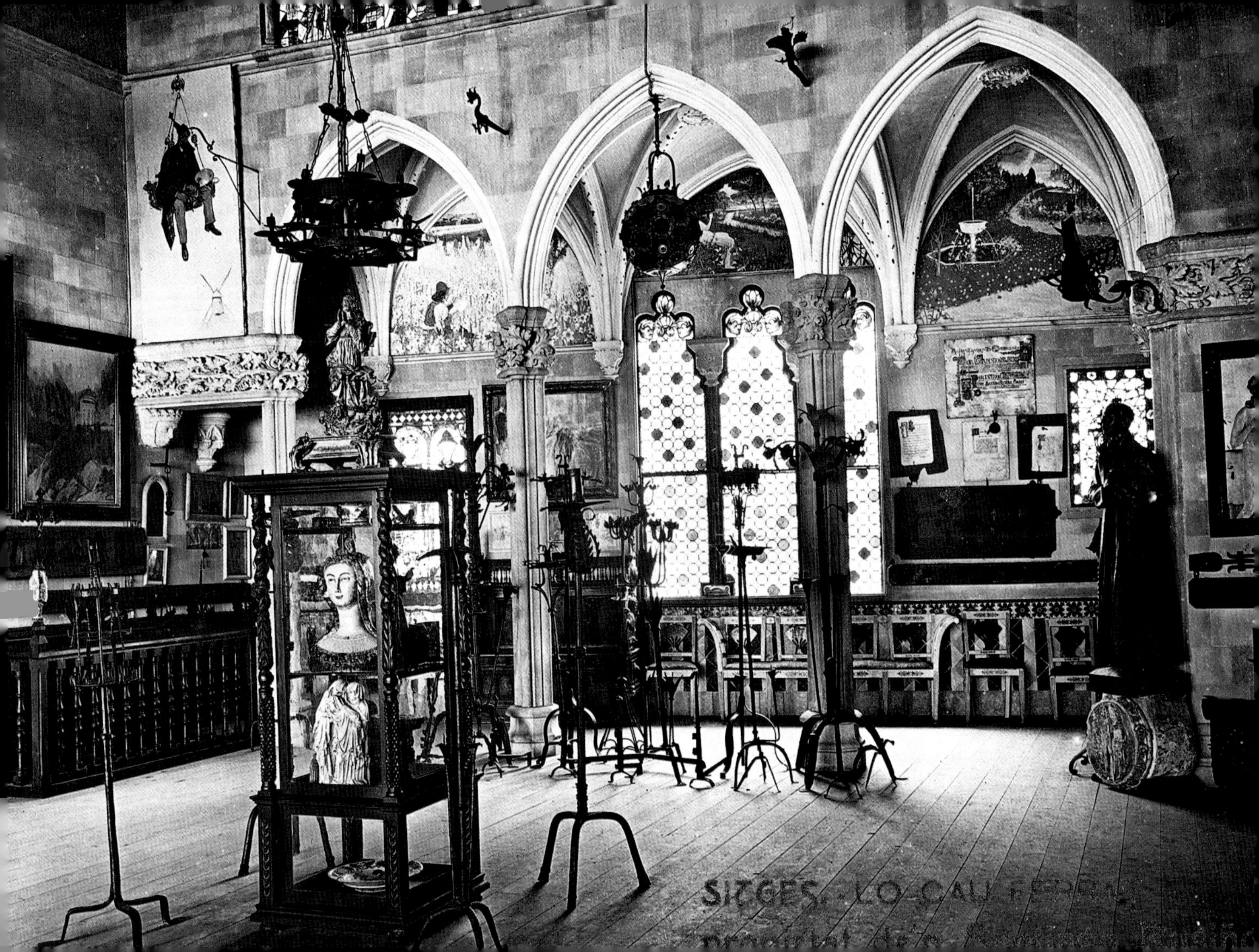
SITGES.-LO CAU

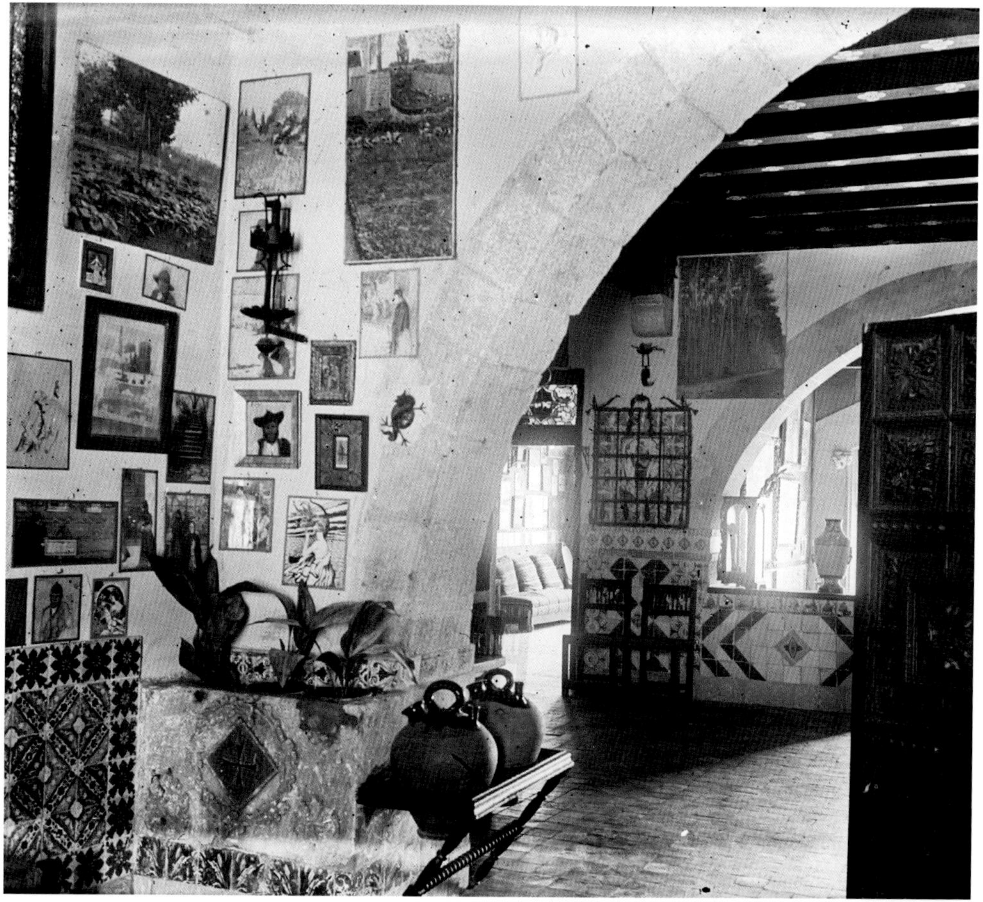

JOAQUIM MORELLÓ NART / AFCEC

## CAU FERRAT

-----

Entre el 1893 i el 1894, el pintor i escriptor Santiago Rusiñol comprà un parell de cases de pescadors que hi havia al costat de l'antic hospital i les feu demolir per aixecar-hi el Cau Ferrat. A la seva mort, l'artista llegà a la vila de Sitges l'edifici i les valuoses col·leccions que contenia amb la condició que el Cau fos un museu públic, el qual obrí portes el 1933. A la pàgina del costat, el gran saló del primer pis cap al 1894, just abans d'arribar els dos quadres del Greco que avui són penjats a la paret de sobre l'escala. En aquesta pàgina, vestíbul del Cau al tombant dels segles XIX i XX.

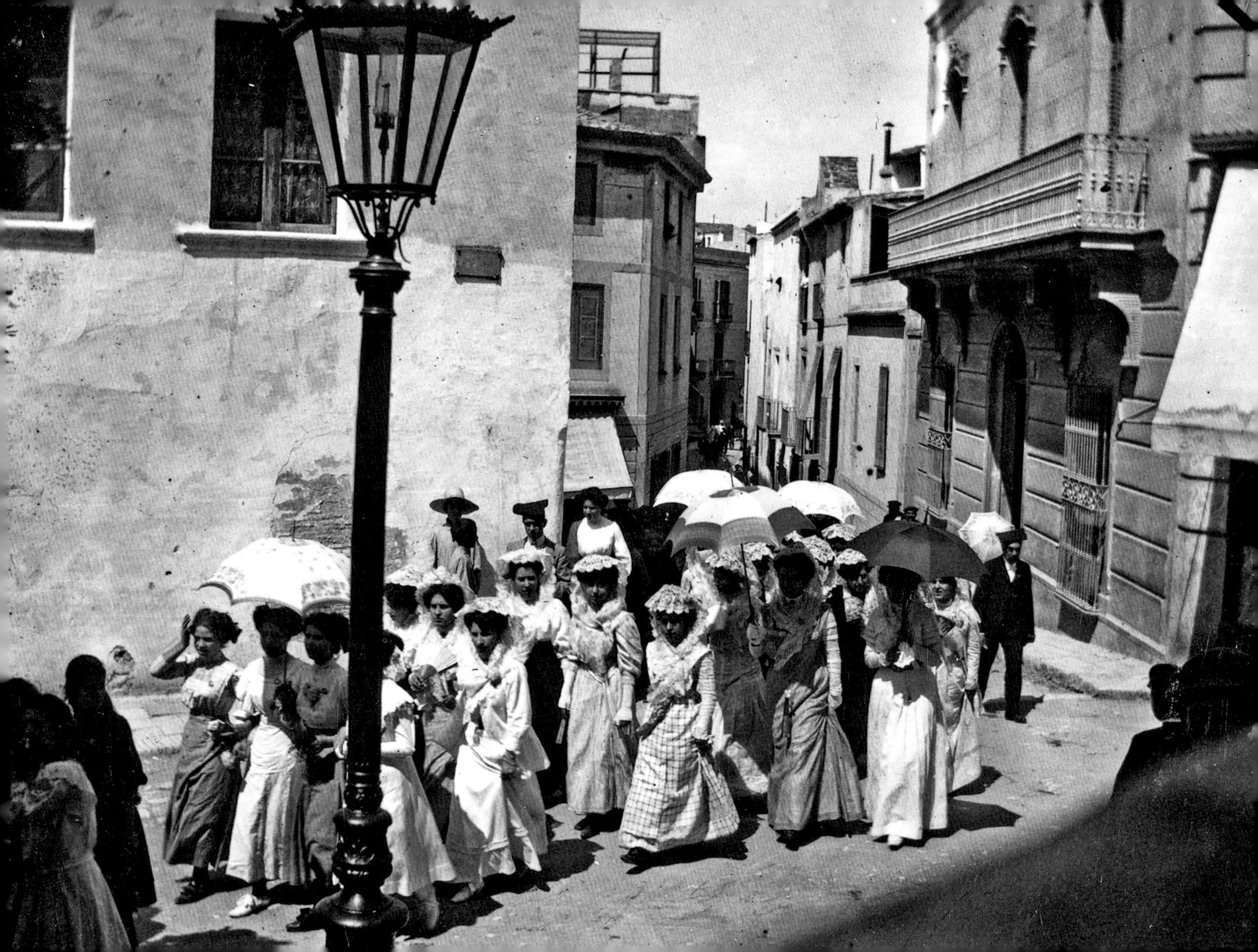

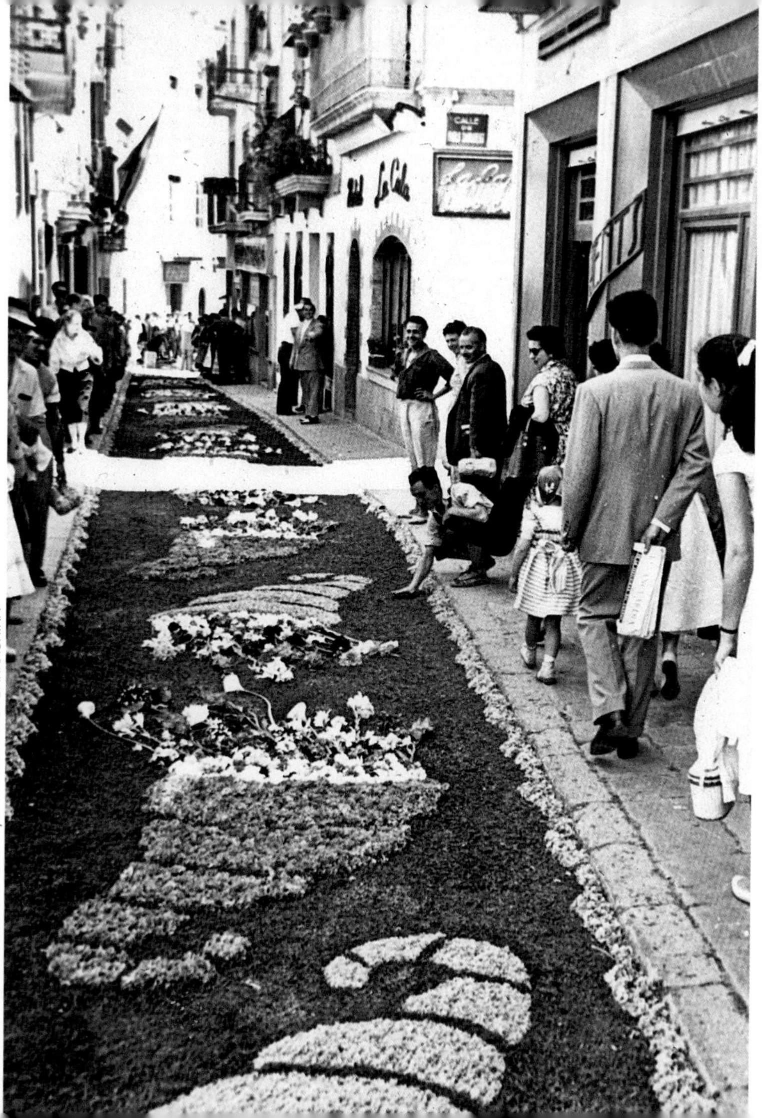

JOAN SELLA BARRACHINA / Fons JOAN SELLA BARRACHINA

## CARRER MAJOR

-----

Antic camí d'entrada al castell de Sitges, el carrer Major fou l'eix que vertebrà el primer raval de la població enllaçant el nucli medieval murallat amb el Cap de la Vila. Al capdamunt de tot del carrer hi havia hagut el portal Major, que permetia accedir a la vila vella mitjançant un pont llevadís. El portal era situat en el tram que apareix a la pàgina del costat, que mostra el seguici que es formà el 1901 arran de la vinguda a Sitges de l'Orfeó Català. En aquesta pàgina, imatge del carrer Major pel Corpus del 1955. A mà dreta, la sastreria Torrens –*can Butxaques*– i el restaurant La Cala.

## CAP DE LA VILA

El Cap de la Vila pels volts del 1906, quan ja havia esdevingut el centre neuràlgic de Sitges. Tanmateix, en els segles XVI i XVII, l'indret es trobava fora muralles, més enllà del portal que tancava el carrer Major. El Cap de la Vila era el final del poble, i d'aquí prové precisament el topònim. A l'esquerra, en primer terme, hi ha la barberia de Miquel Milà; al costat, l'antiga farmàcia Ribot, i al centre, el cafè Català. A la dreta, fent cantonada amb el carrer Major, la fruiteria de ca la Reina i, davant la font, la taverna de Jaume Espasa. Al fons, sota el fanal, la sastreria d'Antoni Martí.

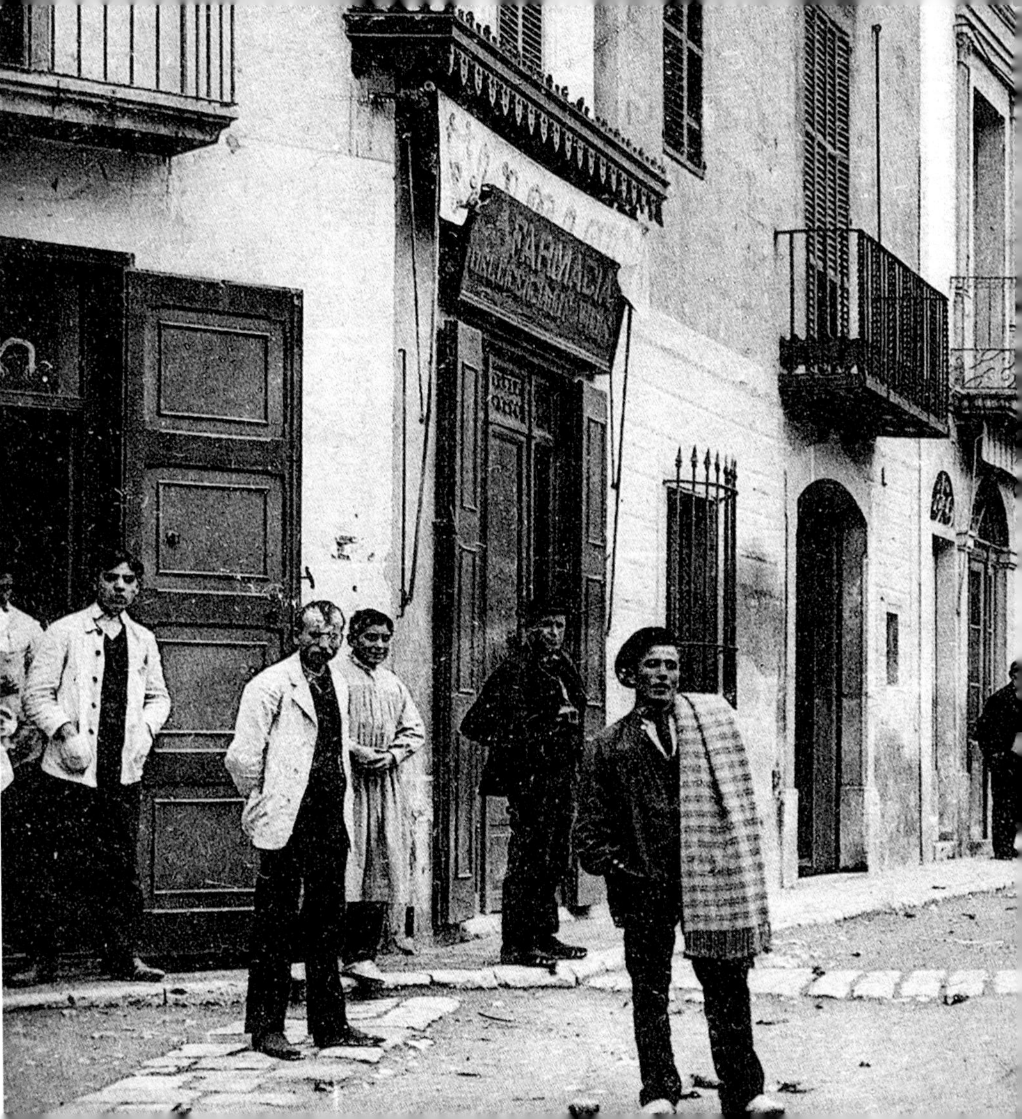


A.T.V. (ED.) / Fons SEBASTIÀ GIMÉNEZ MIRABENT

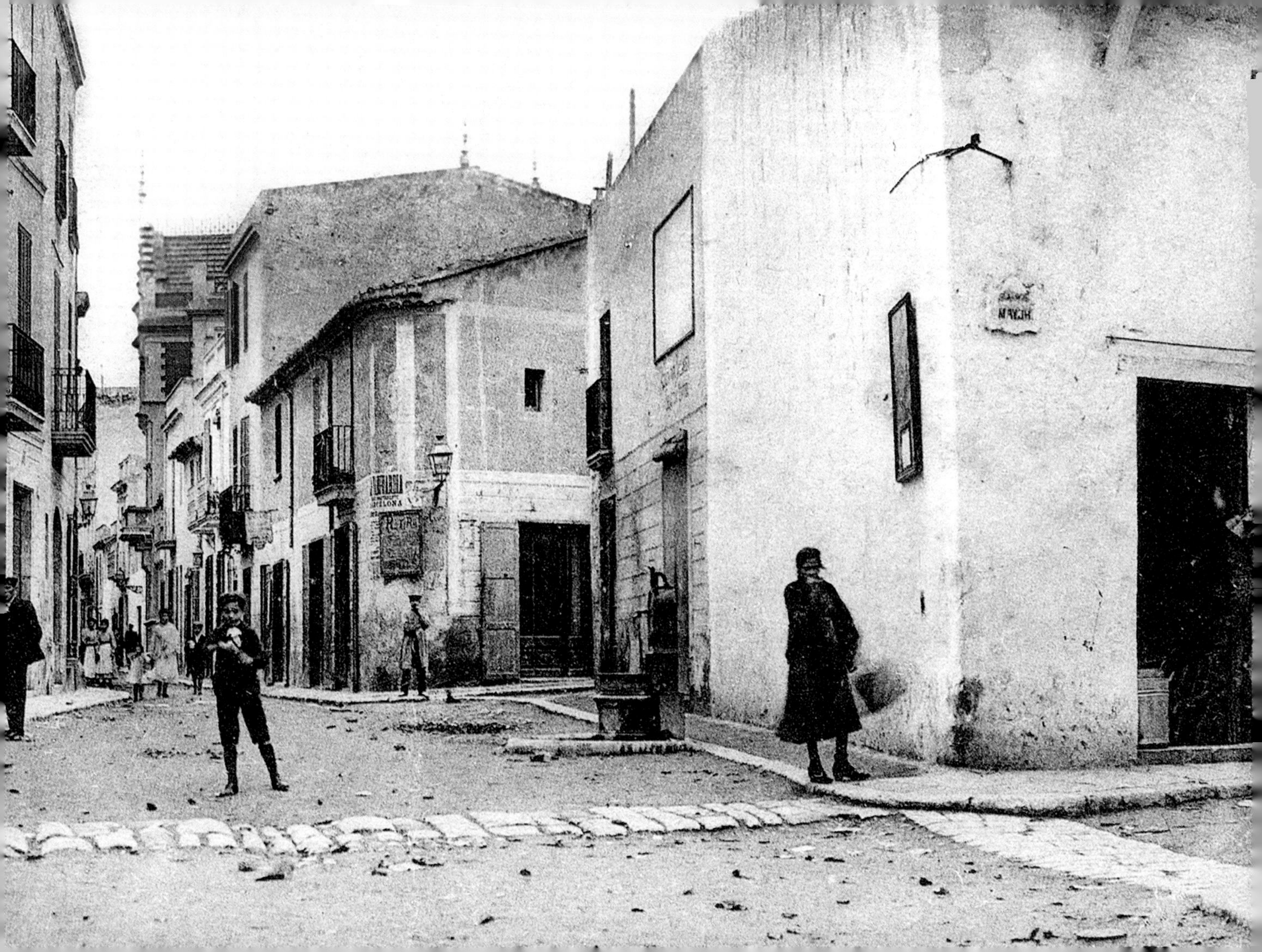

## DIPUTATS I SENADORS

-----

El maig del 1906 visitaren Sitges un grup de senadors i diputats que s'havien oposat a la Llei de Jurisdiccions aprovada per les Corts espanyoles i que traslladava a la jurisdicció militar els delictes contra l'exèrcit i la pàtria. La imatge recull l'instant en què la comitiva passa pel Cap de la Vila.

## NOMS DIVERSOS

-----

A la pàgina del costat, imatge entorn del 1890. Al llarg dels anys, el Cap de la Vila ha tingut diversos noms. A la segona meitat del segle XIX era la plaça Nova. El 1894 passà a dir-se *plaça del Marquès de Mont-roig*. Durant la Guerra Civil fou la plaça de Durruti i el 1939 recuperà el seu nom tradicional.

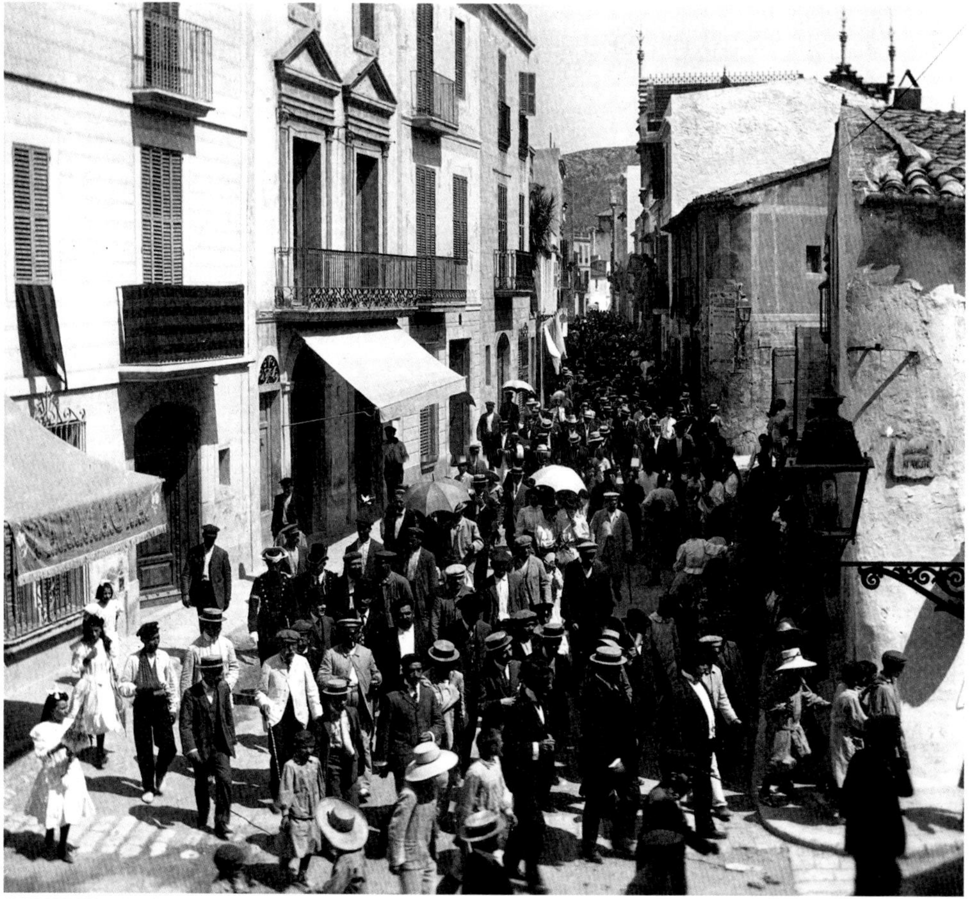

AUTOR DESCONEGUT / Fons JORDI MIRABENT CASTIEL

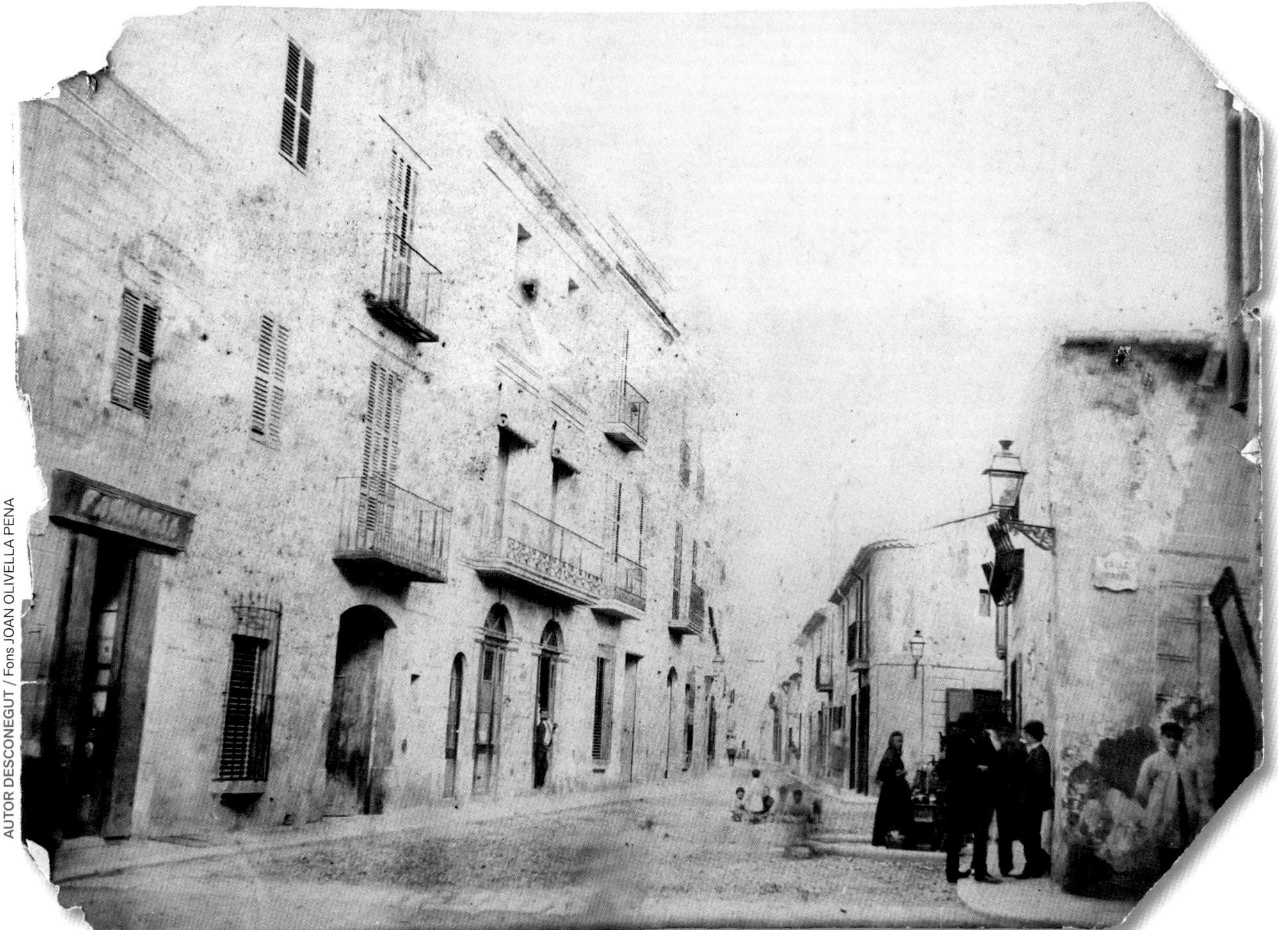

AUTOR DESCONEGUT / Fons JOAN OLIVELLA PENA

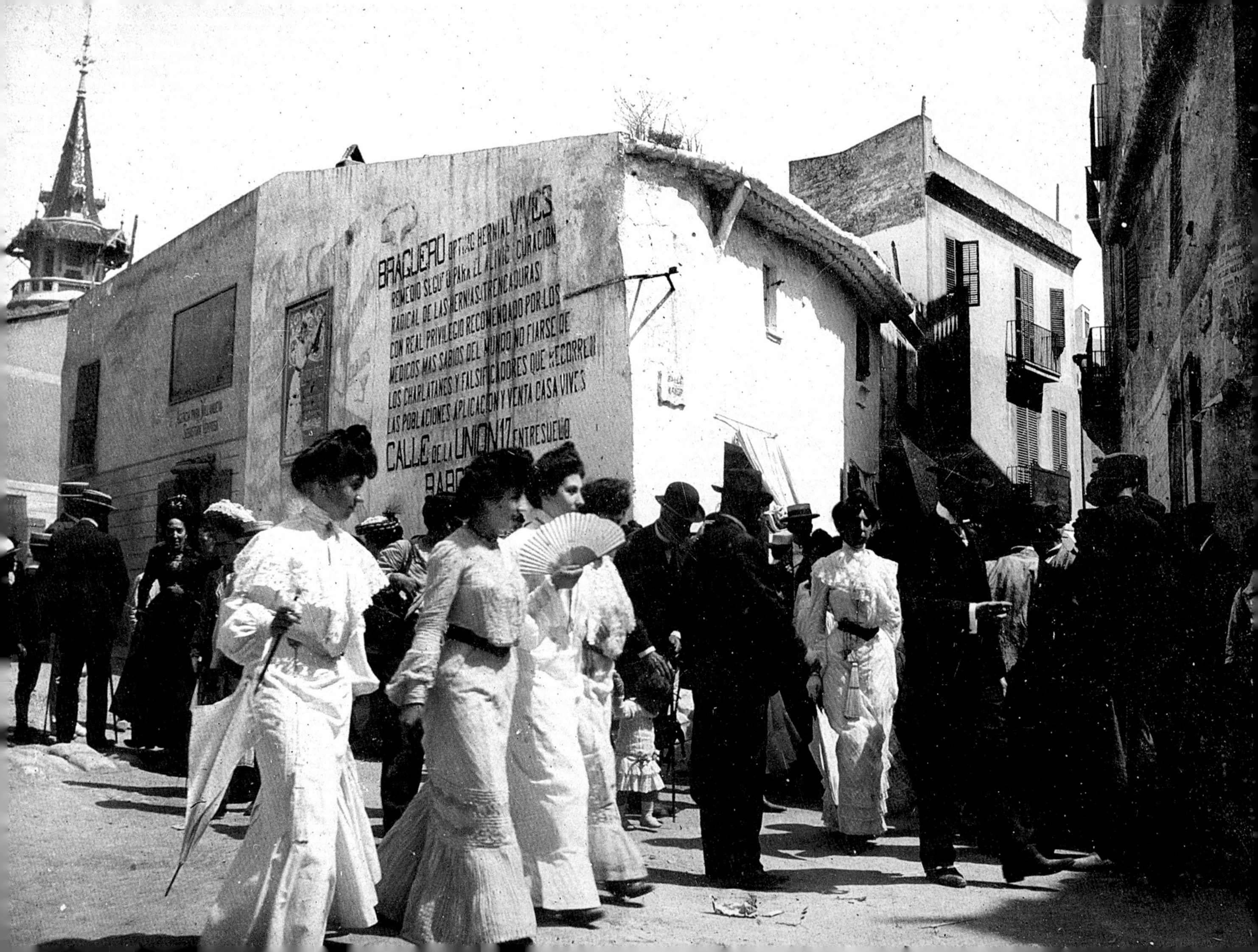
BRAGUERO HERNIAL
PARA EL
CURACION
RADICAL DE LAS HERNIAS (TRENCADURAS)
CON REAL PRIVILEGIO RECOMENDADO POR LOS
MEDICOS MAS SABIOS DEL MUNDO NO FIARSE DE
LOS CHARLATANES Y FALSIFICADORES QUE
LAS POBLACIONES APLICACION Y VENTA CASA
CALLE DE LA UNION 17 ENTRESUELO

## ABANS I DESPRÉS DE LA REFORMA

-----

El 1888, l'Ajuntament encarregà a l'arquitecte Gaietà Buïgas –el del monument a Colom de Barcelona– un projecte perquè convertís la cruïlla de carrers que llavors era el Cap de la Vila en una autèntica plaça. Malgrat ser aprovada pel ple municipal, la reforma no es dugué a terme fins a la dècada del 1910, quan l'*americano* Bartomeu Carbonell Mussons adquirí les cases que existien entre els carrers Major i d'Àngel Vidal. Al costat, el Cap de la Vila i l'inici del carrer Major a començaments del segle XX. En aquesta pàgina, la casa Bartomeu Carbonell –més coneguda com *la casa del Rellotge*– el 1915.

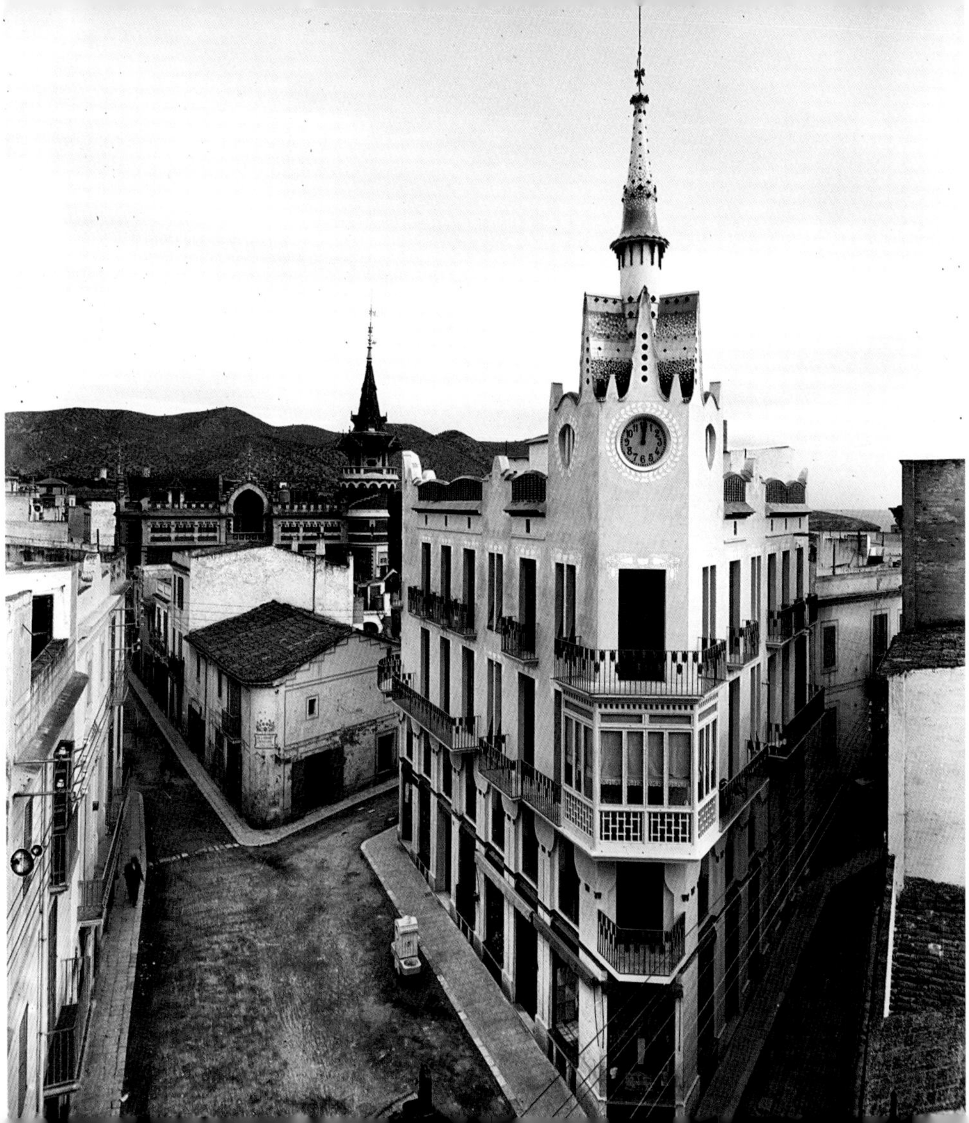

AUTOR DESCONEGUT / IEFC - Col·lecció THOMAS

## ESTAMPA BUCÒLICA

-----

El Cap de la Vila pels volts del 1917. La imatge mostra un escenari bucòlic on no té cabuda la pressa. Unes dones fan la compra diària i fan petar la xerrada. Un gos travessa pausadament la plaça, mentre un altre hi està ajagut al bell mig. A la dreta, la botiga de teixits El Siglo, i a l'esquerra –on avui hi ha la Pizzeria del Cap de la Vila–, el cafè Subur. Els dos comerços tingueren una llarga vida. El primer romangué obert set dècades. I el segon, successor dels cafès Cubano i Català, sobrevisqué fins als anys seixanta. A la imatge també es veu la font de pedra que ara és a la plaça del Pou Vedre.

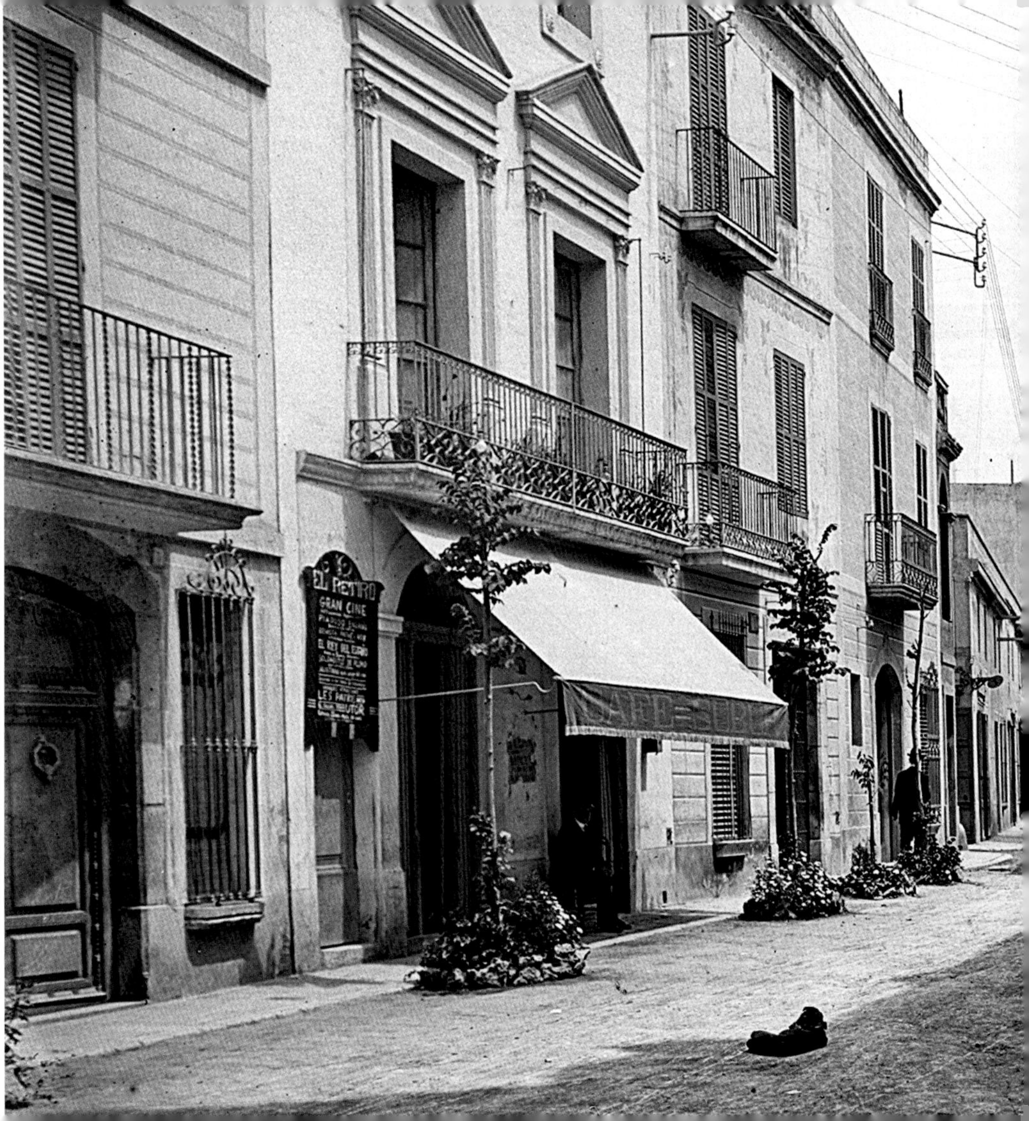


AUTOR DESCONEGUT / IEFC - Col·lecció ROISIN

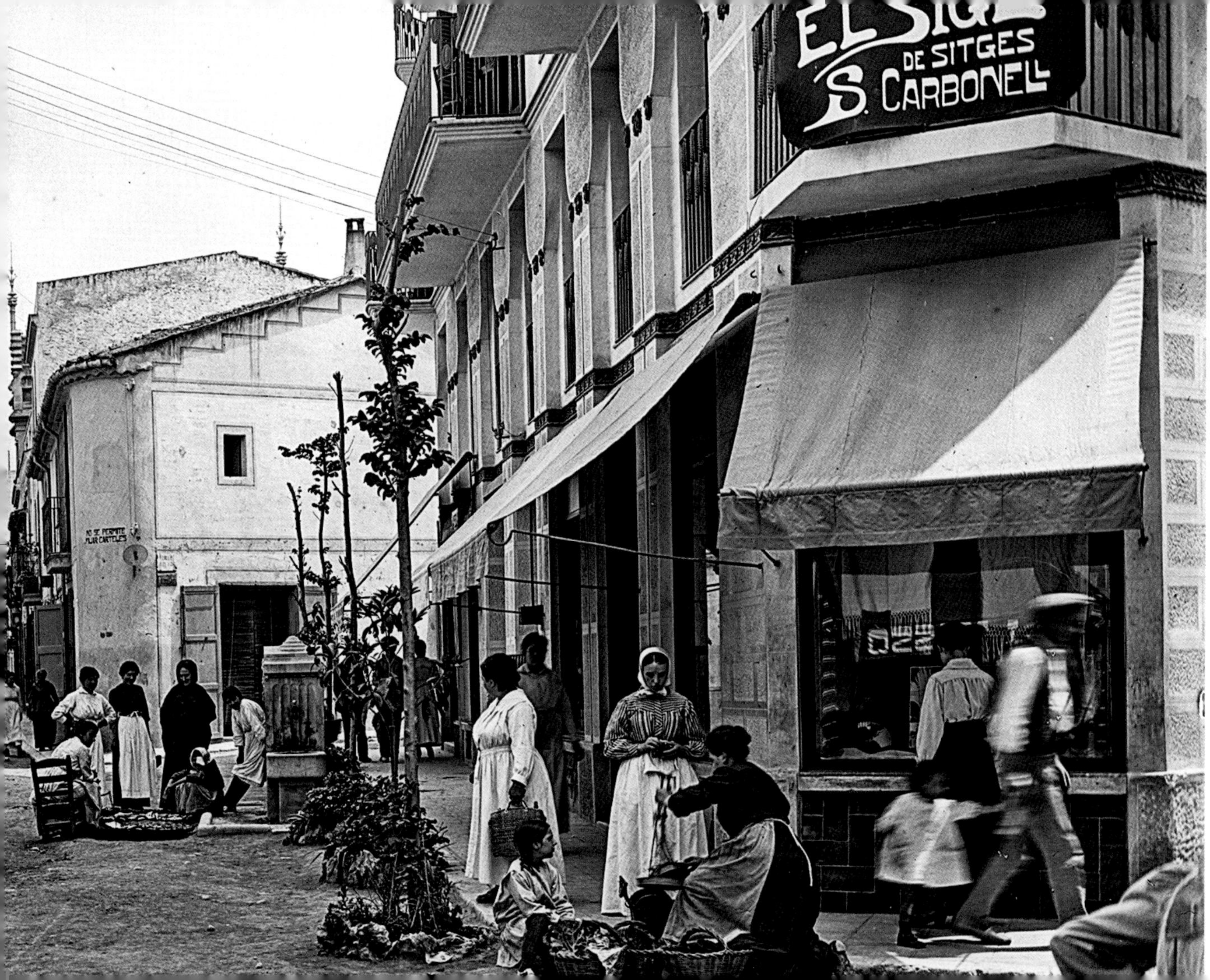
EL SIG
DE SITGES
S. CARBONELL

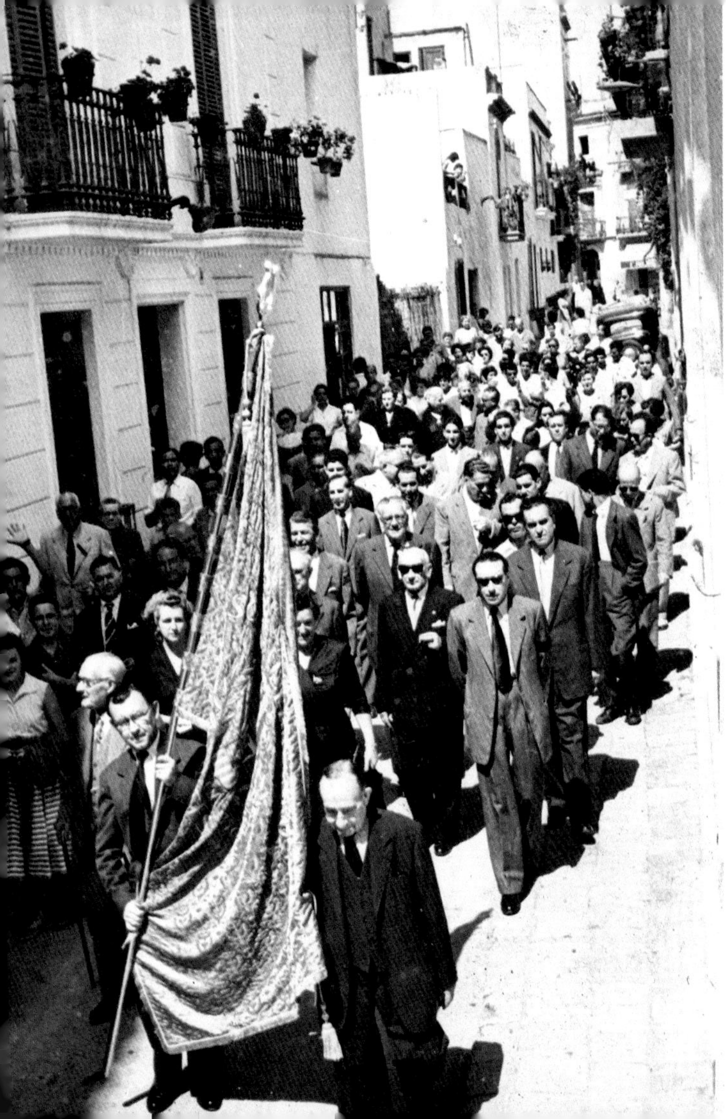

AUTOR DESCONEGUT / Fons SOCIETAT RECREATIVA EL RETIRO

## CARRER D'ÀNGEL VIDAL

-----

En aquesta pàgina, el carrer d'Àngel Vidal el 24 de juliol del 1955, dia en què la Societat Recreativa El Retiro estrenà la seva nova bandera. A la pàgina del costat, vista del carrer en la confluència amb el Cap de la Vila vers l'any 1930. A la dreta s'observen els baixos de la casa del Rellotge, on el 1915 Panxo Bartés instal·là la botiga d'objectes de regal La Perla –actualment can Gassó–. L'establiment de l'esquerra era la cansaladeria d'en Xorei, inaugurada el 1923. A la part superior de la façana es distingeix un dels dos plafons –al·lusius al porc– que pintà l'artista Agustí Ferrer Pino.

AUTOR DESCONEGUT / Fons IMMACULADA ALMIÑANA MALIVERN

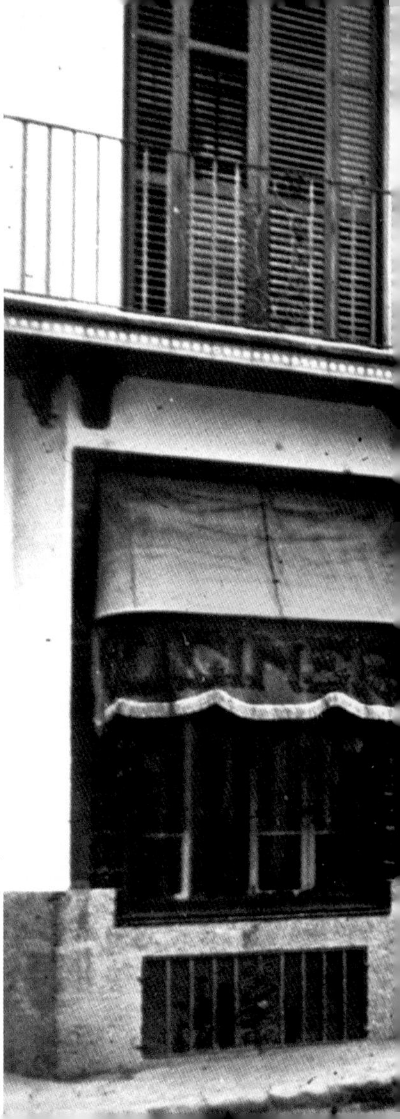

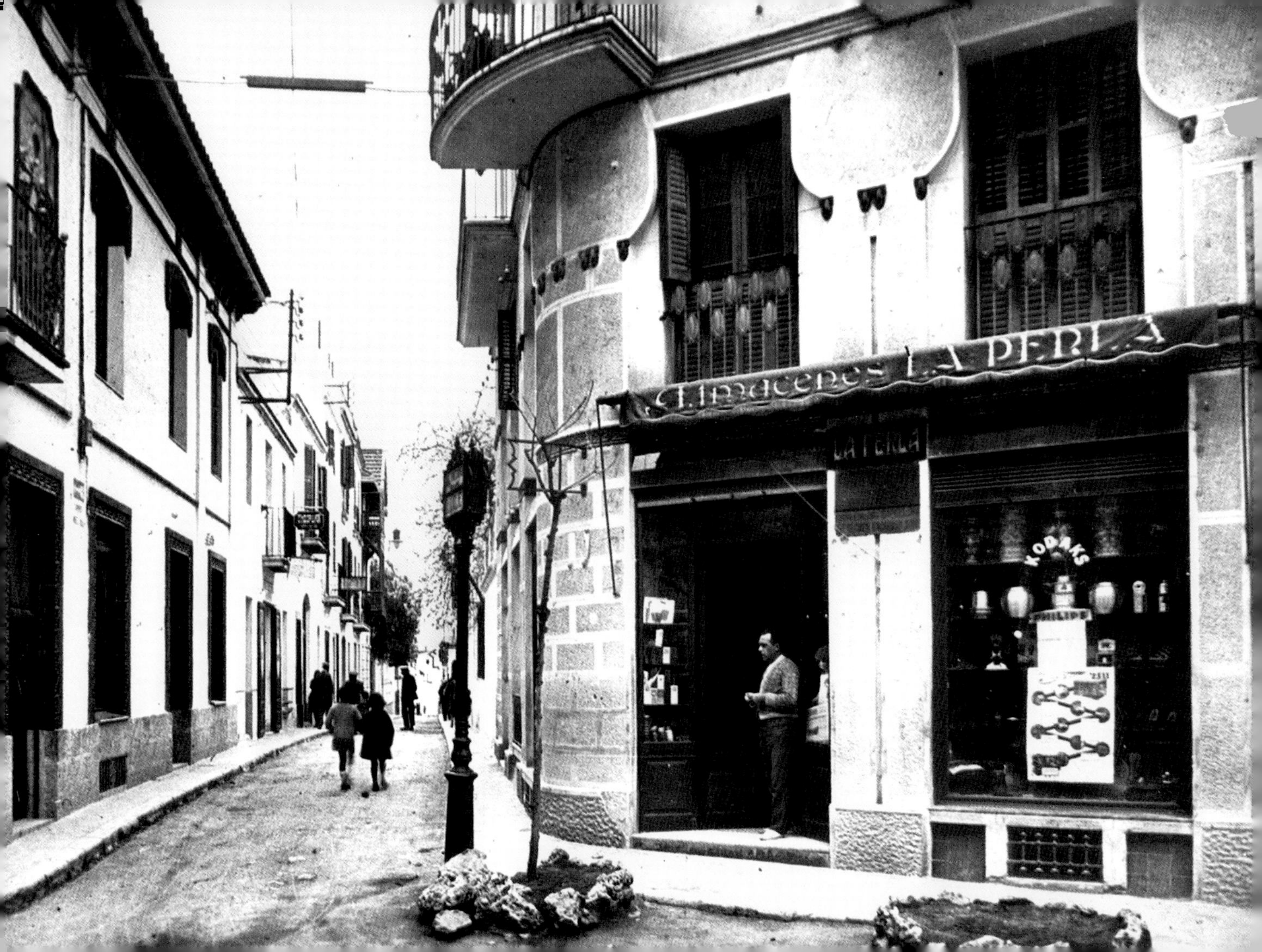
LA PERLA
LA PERLA
KODAKS
PHILIPS

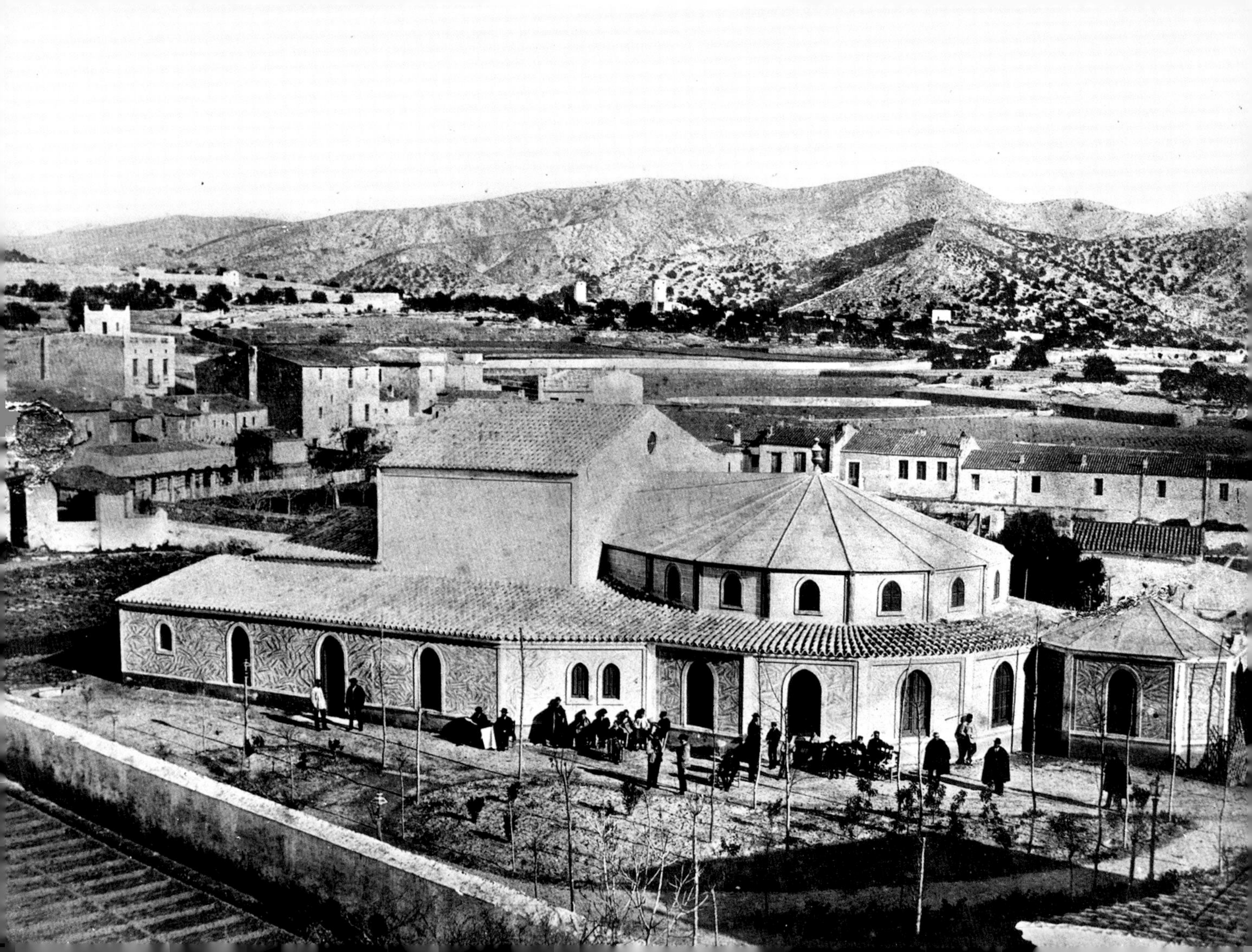

## EL RETIRO

-----

Al costat, vista del Retiro cap al 1875, poc després de la seva edificació. En aquell temps, el carrer d'Àngel Vidal rebia el nom de *carrer de la Muralla* perquè la part posterior de les cases del carrer Major –des d'una d'elles es feu la fotografia– estava reforçada i feia la funció de muralla. En aquesta pàgina, els jardins del Retiro durant el concert de Festa Major del 1899. Entre d'altres assistents a l'acte s'hi reconeixen el mestre Enric Morera, el pintor Mas i Fondevila, Josep Soler Cartró –director d'*El Eco de Sitges*– i els prohoms Eduard Ferret, Bonaventura Julià, Rafel Llopis i Eduard Amell.

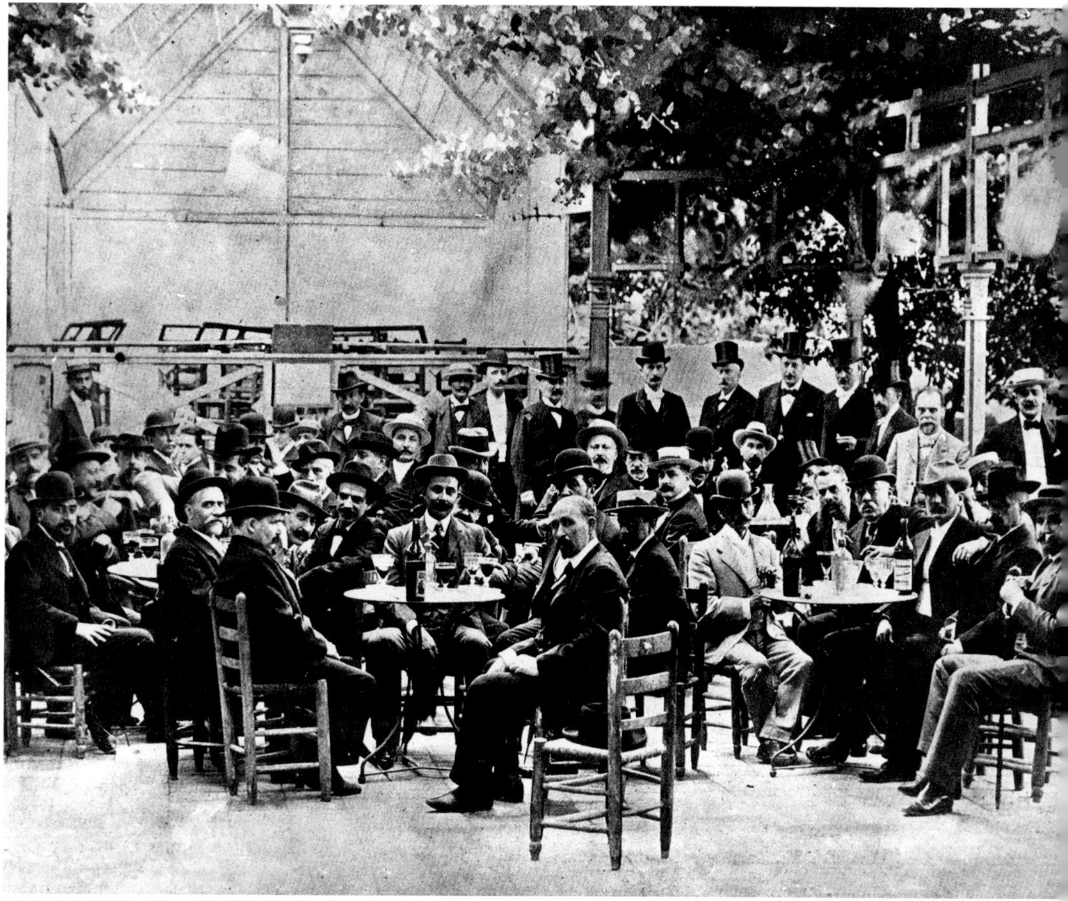

AUTOR DESCONEGUT / Fons SOCIETAT RECREATIVA EL RETIRO

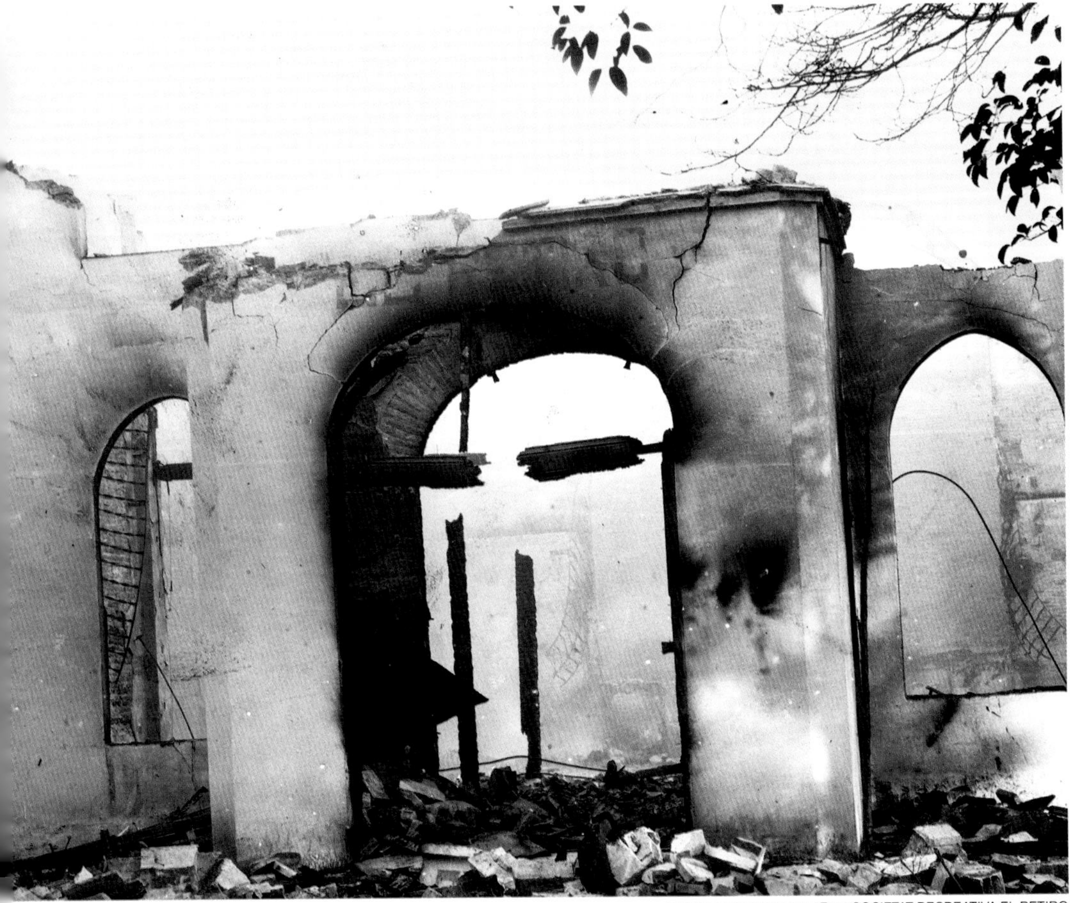

AUTOR DESCONEGUT / Fons SOCIETAT RECREATIVA EL RETIRO

## INCENDI I RECONSTRUCCIÓ

-----

La matinada del 9 de març del 1916 –curiosament era dimecres de Cendra–, la sala teatre i la resta de dependències del Retiro quedaren totalment destrossades per un incendi que només deixà dempeus les parets mestres, tal com s'aprecia en aquesta pàgina. En els mesos següents corregueren força rumors sobre la intencionalitat del sinistre. A finals d'aquell mateix any, la seu del Retiro s'havia aixecat de nou gràcies a l'empenta dels socis de l'entitat, que pagaren de la seva butxaca una gran part de les obres, dirigides per Miquel Utrillo. Al costat, vista general del Retiro la tardor del 1916.

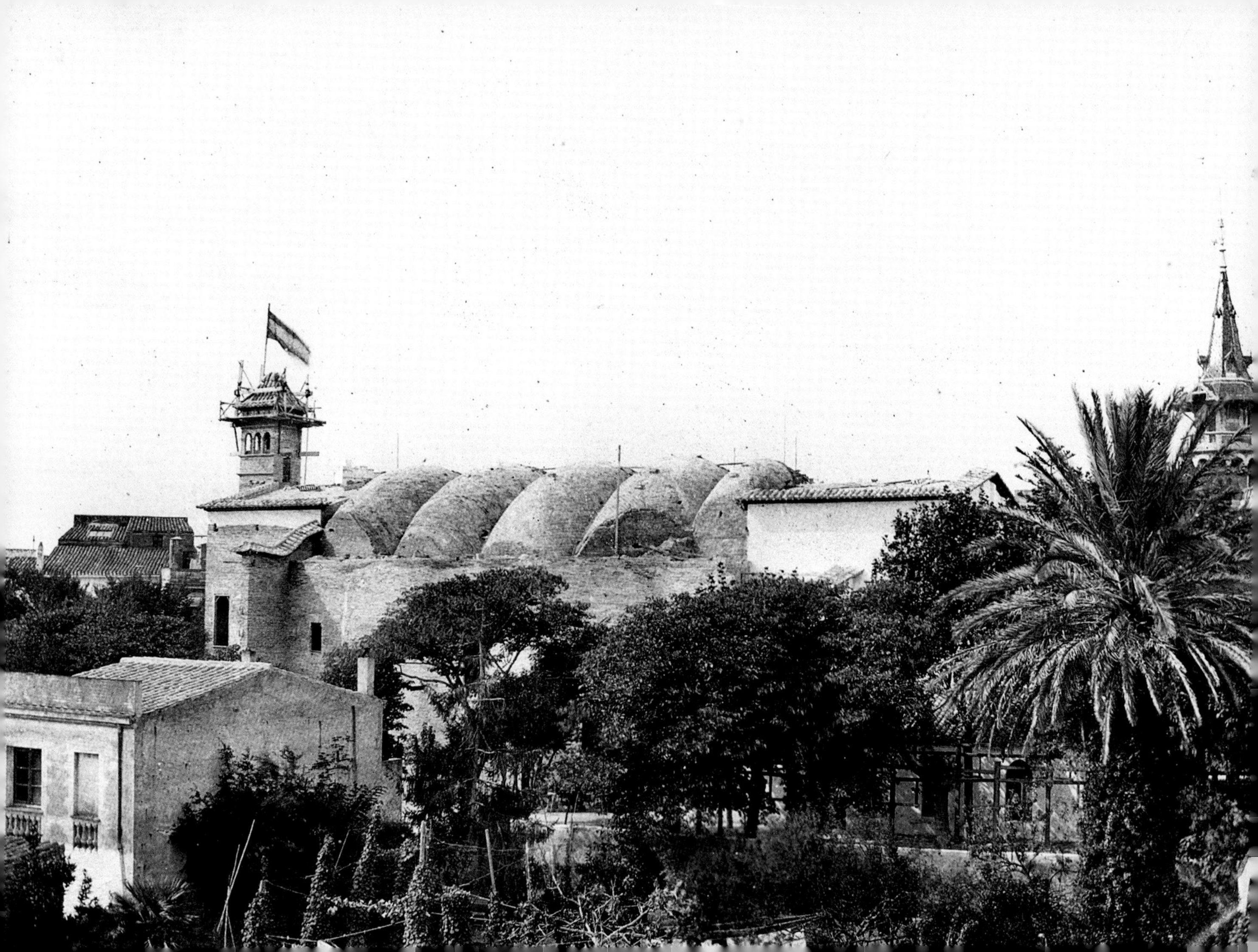

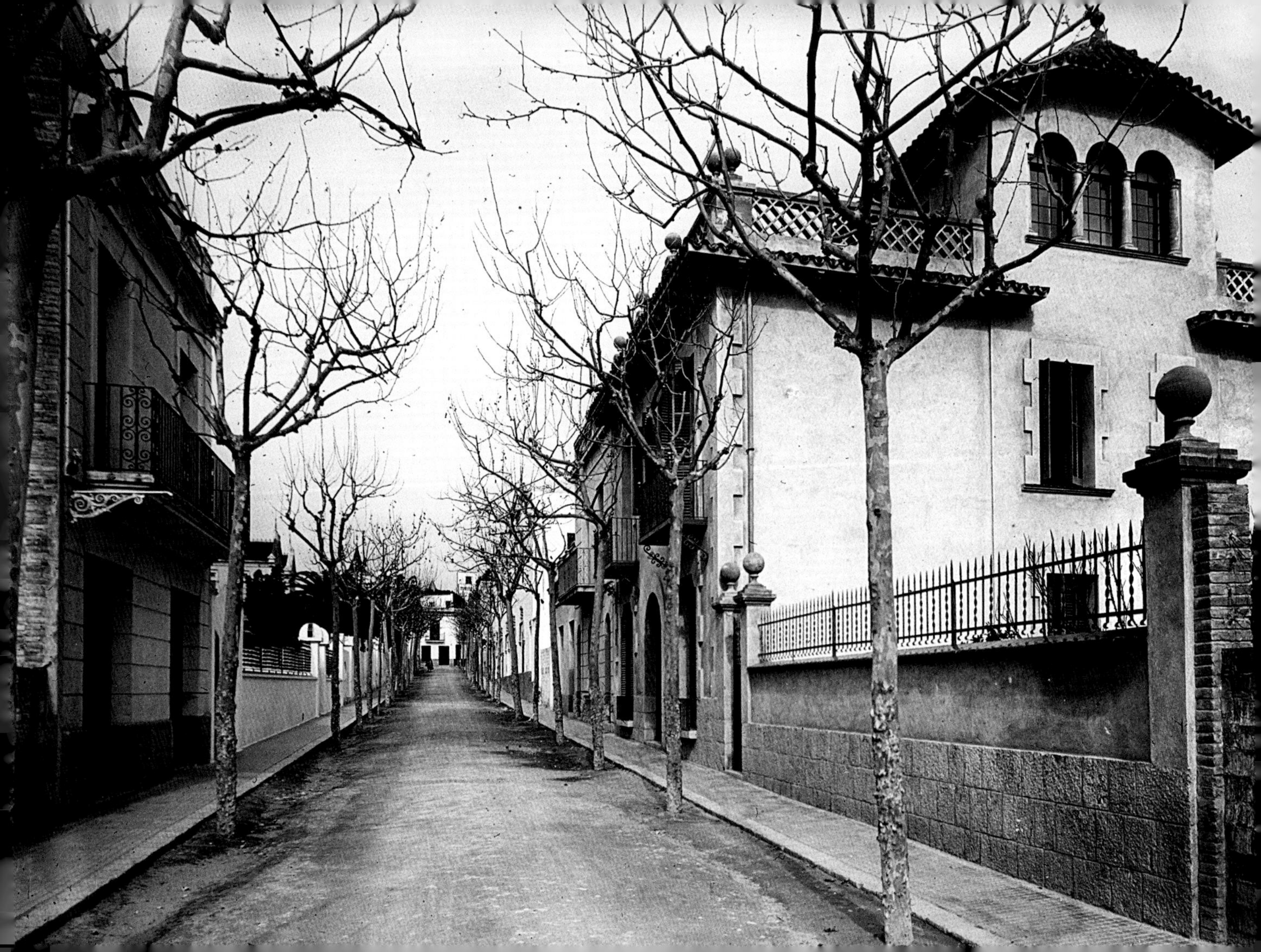

## CARRER DE SANTIAGO RUSIÑOL

-----

Al costat, el carrer de Santiago Rusiñol en una imatge dels anys vint. S'inaugurà el 1900, si bé inicialment no tenia sortida al carrer de Jesús. Des de sempre, el carrer ha estat conegut amb el nom popular de *carrer de la Palma* pel fet que a l'inici del segle xx hi hagué un casino amb aquest nom.

## CARRER DE JESÚS

-----

En aquesta pàgina, el carrer de Jesús a mitjan anys vint. L'edifici de l'esquerra, del balcó del qual penja una bandera, allotjà durant quasi tot el primer terç del segle xx les Escoles de la Vila. A la dreta, passada la cruïlla amb el carrer de les Ànimes, hi havia el celler de l'hisendat Lluís de Dalmau.

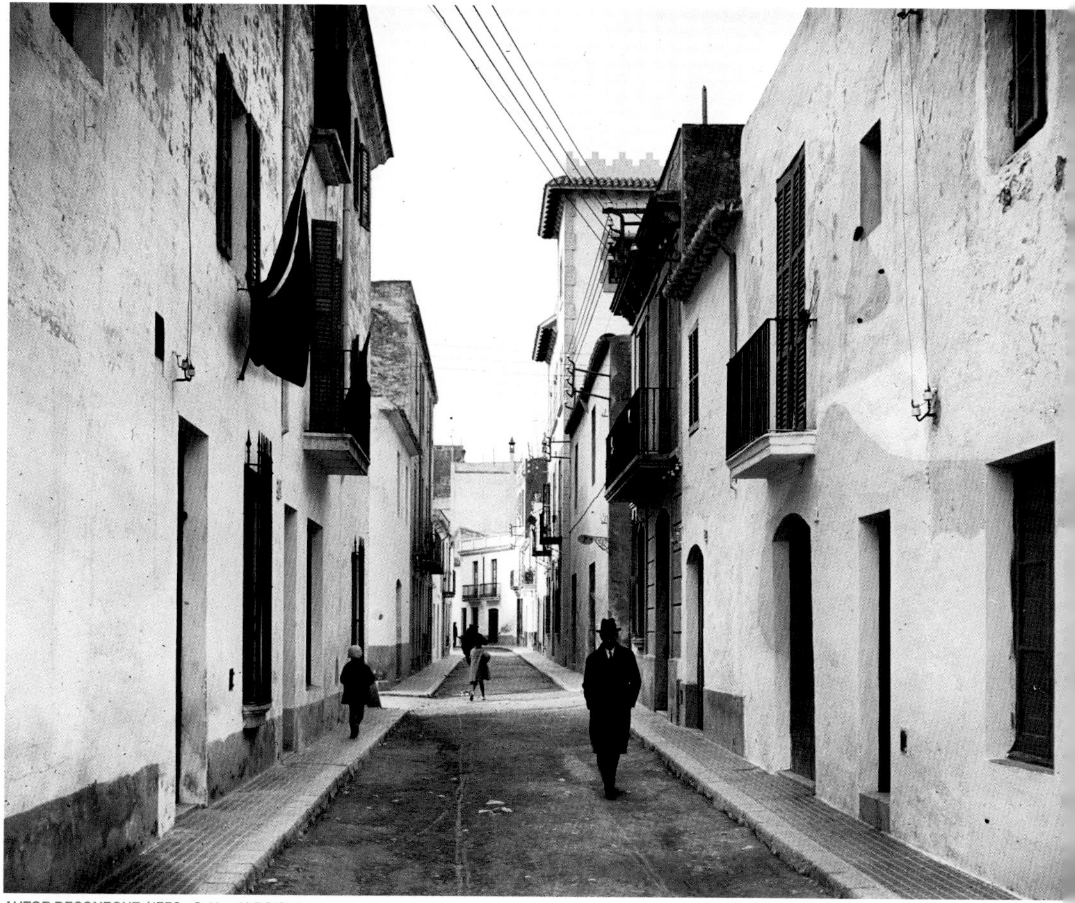

AUTOR DECONEGUT / IEFC - Col·lecció ROISIN

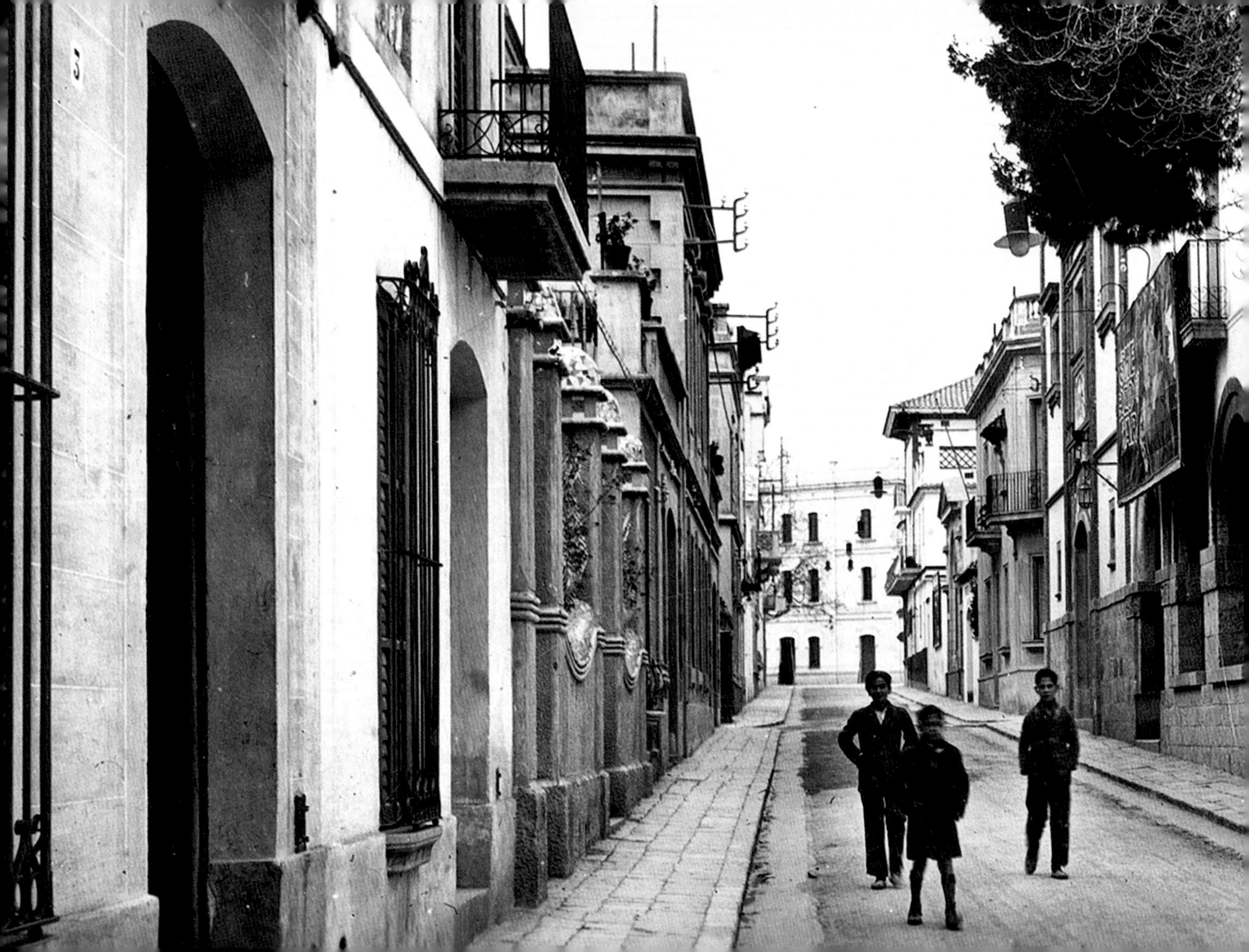
3

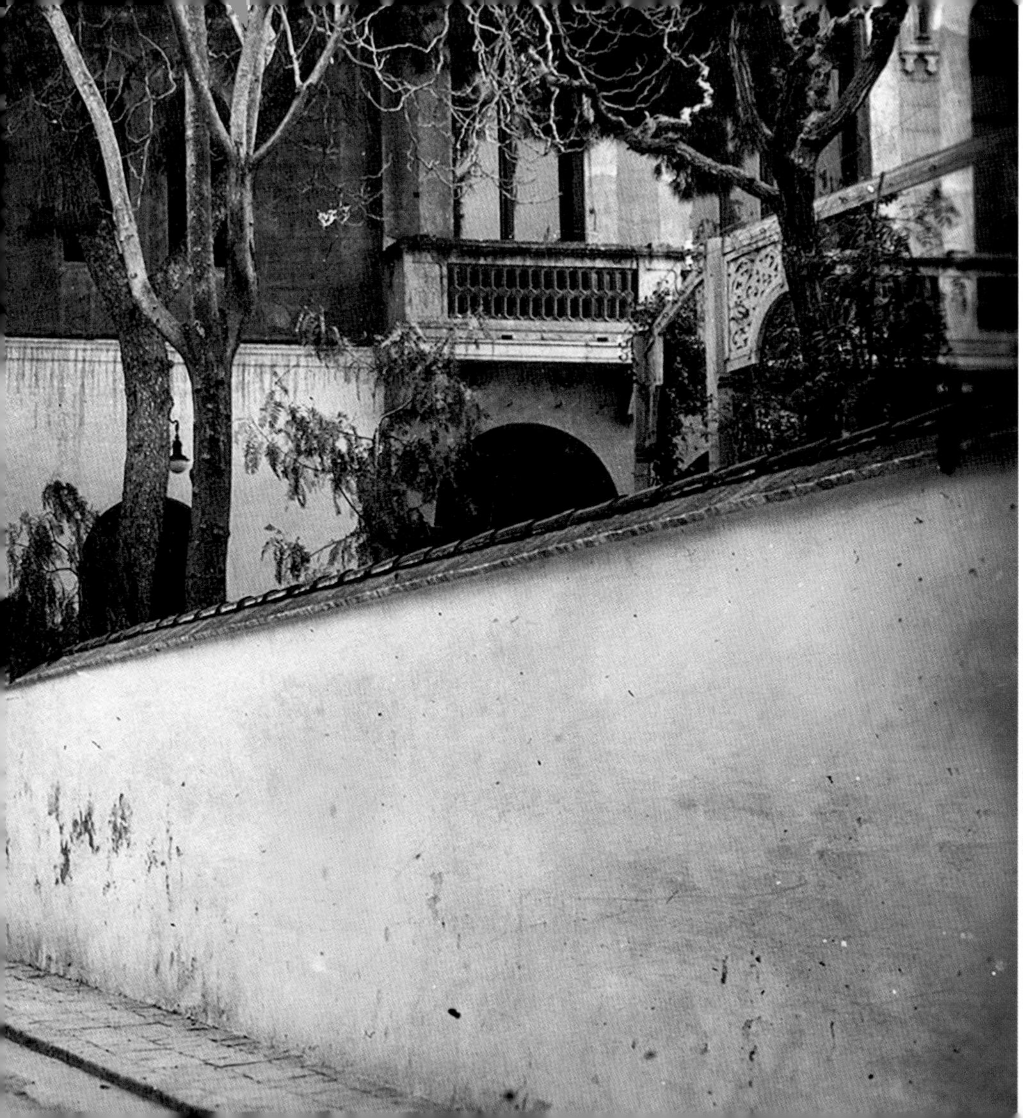

AUTOR DESCONEGUT / Fons BARTOMEU ALMIRALL PASCUAL

## CARRER DE FRANCESC GUMÀ

-----

El carrer de Francesc Gumà al tombant entre els anys vint i trenta. Quan el 1880 es projectà obrir-lo, se li donà el nom de *carrer del Ferrocarril*, perquè havia de dur a l'estació, visible al fons de la imatge. Pocs anys més tard rebé el nom actual en honor de l'empresari que promogué la línia fèrria que comunicà Barcelona amb Vilanova i la Geltrú i Valls. A la banda dreta, en primer terme, destaquen l'edifici i els jardins del Casino Prado Suburense. Més enllà, passat el carrer de Sant Isidre, es distingeixen la casa Joan Ferret, l'antiga Casa de Correus i –tocant ja a la carretera– l'hotel Cau Ferrat.

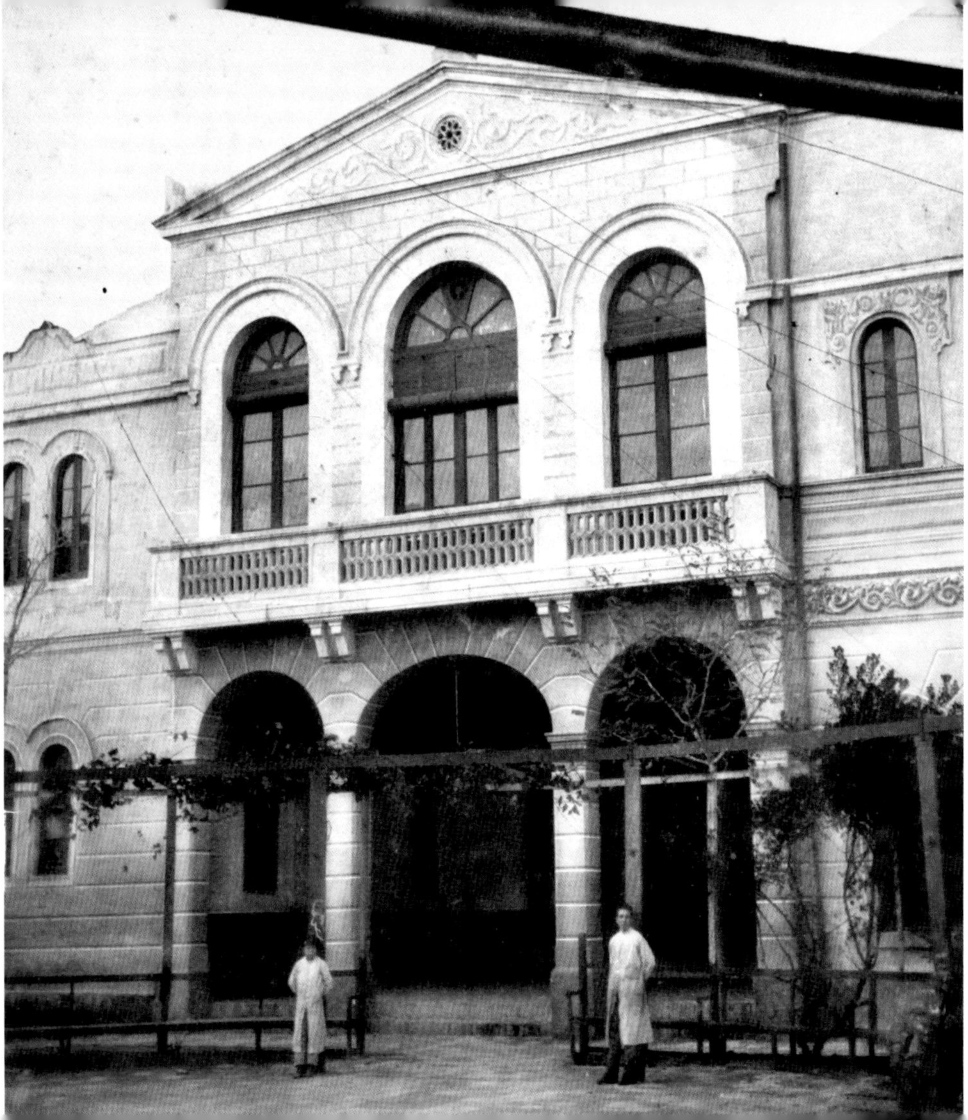

AUTOR DESCONEGUT / Fons JOAN OLIVELLA PENA

## EL PRADO

-----

Continuador del Salón Suburense, fundat el 1869 a l'hort de la Marineta, el Prado es constituí el 1877 després d'ampliar l'edifici –que ja tenia saló de ball i teatre– i adequar-lo com a casino. En aquesta pàgina, els jardins de la societat, on se celebraven els balls d'estiu, a finals del segle xix. Al costat, Josep Carbonell Vidal –assegut davant de tot– amb la seva banda als mateixos jardins a la dècada del 1890. El *mestre Senalla* –com era conegut per tothom– fou el director de la banda del casino durant prop de tres dècades, fins que el 1904 l'abandonà per fundar el nou local de La Palma.

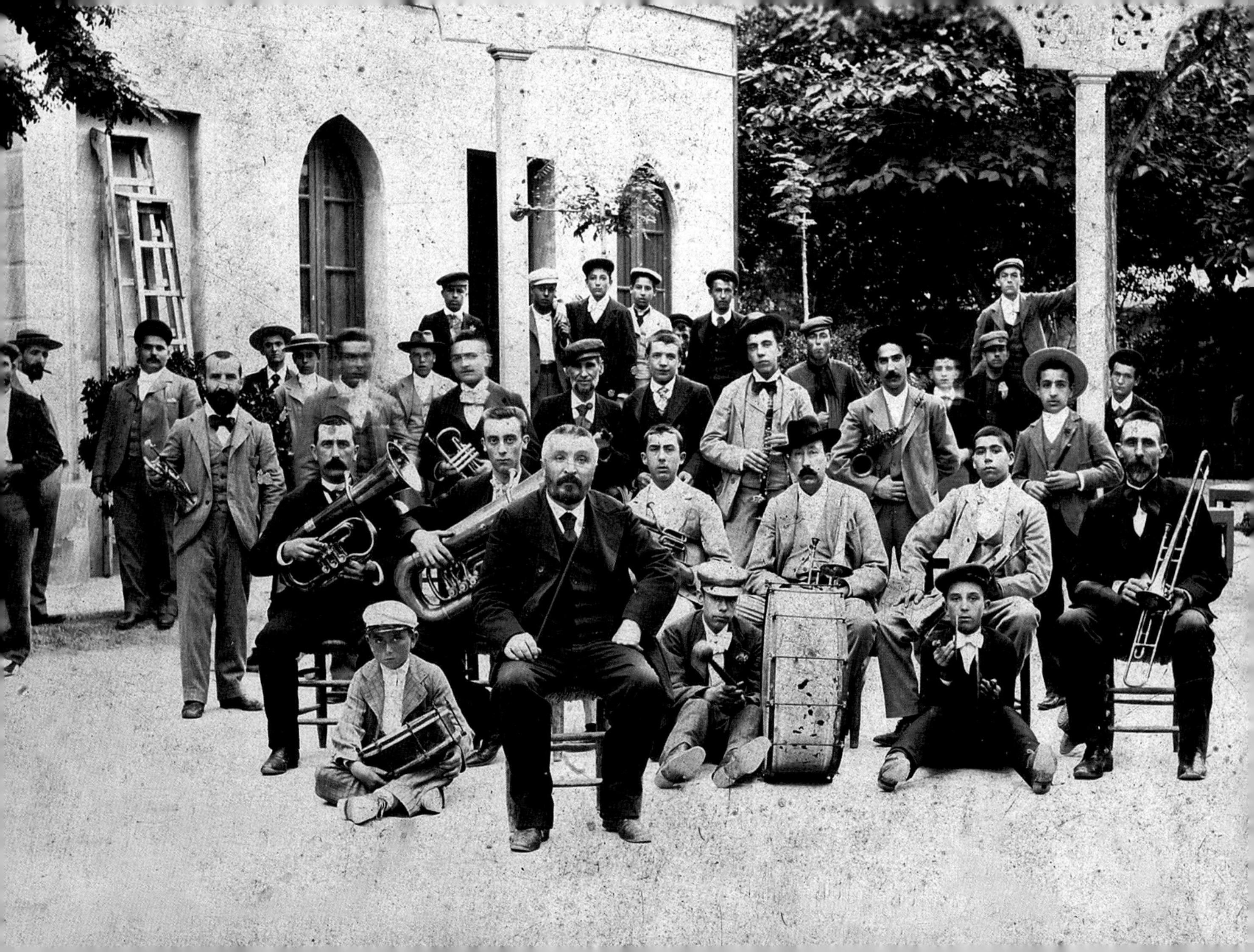

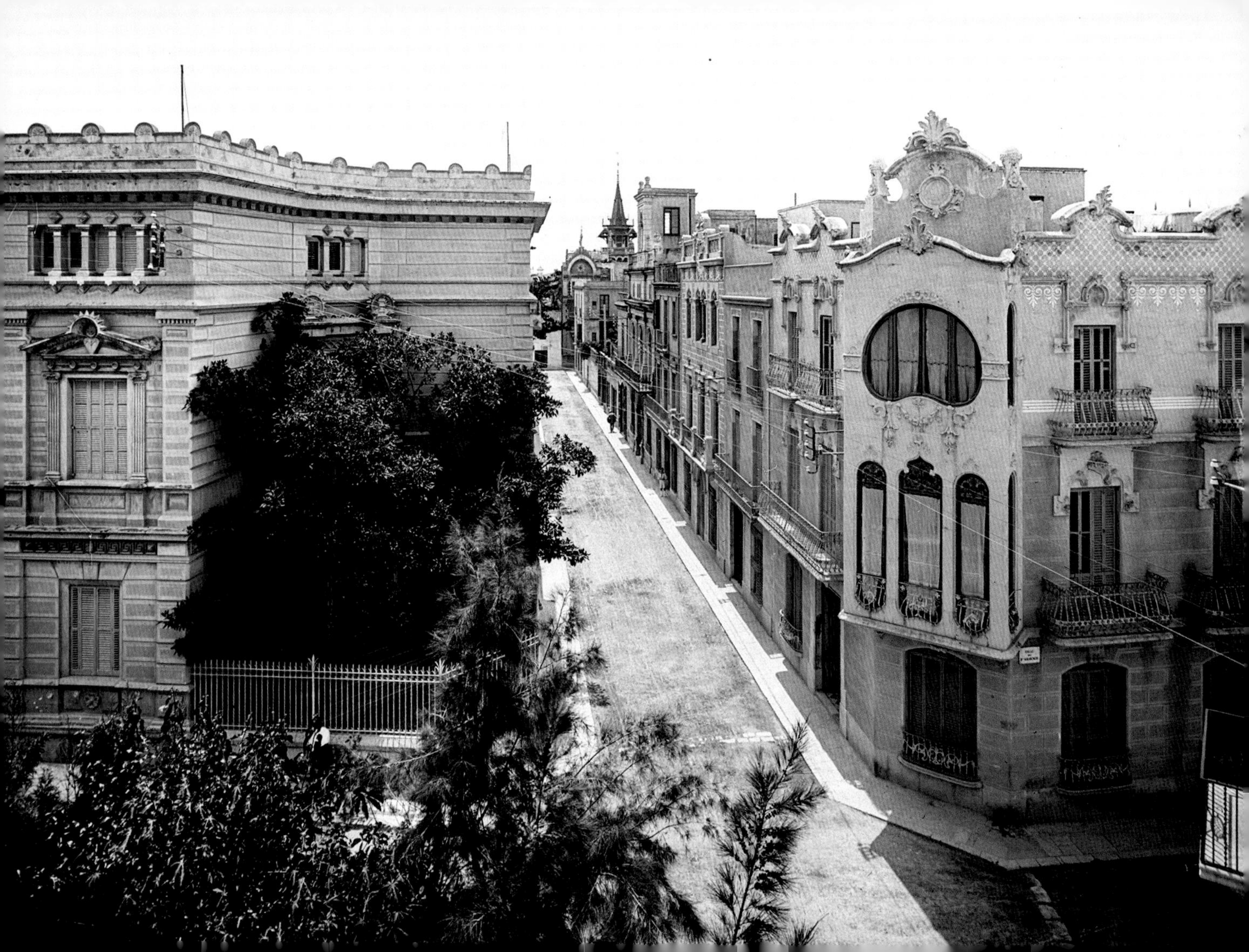

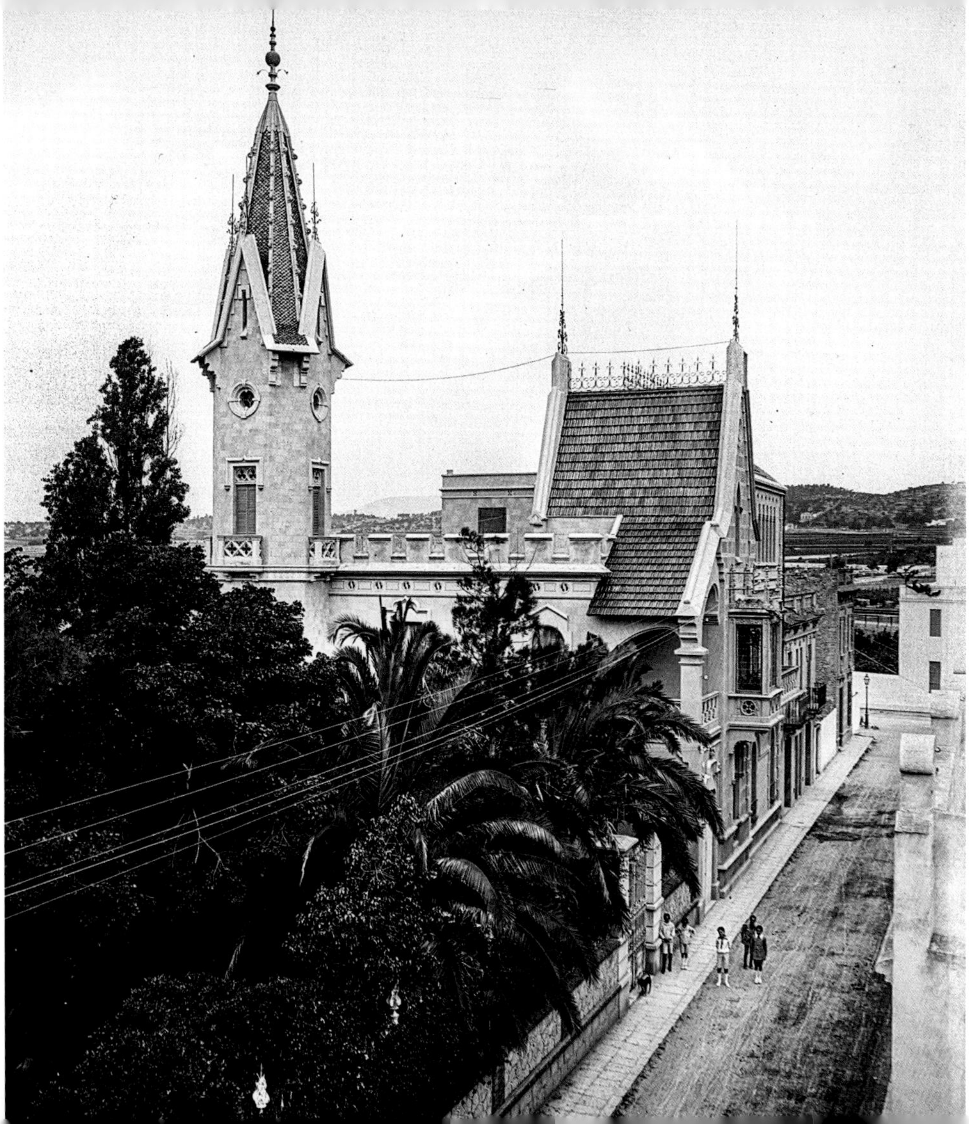

AUTOR DESCONEGUT / IEFC - Col·lecció ROISIN

## CARRER DE L'ILLA DE CUBA

-----

El carrer de l'Illa de Cuba nasqué el 1880 en realitzar-se el projecte d'eixample de les terres de l'hort Gran. Batejat d'antuvi com a *carrer del Progrés*, en plena guerra de Cuba l'Ajuntament decidí canviar el nom per l'actual. Des de la seva obertura esdevingué una zona residencial habitada per gent benestant, sobretot *americanos* enriquits a les Antilles. A la pàgina del costat, la cruïlla del carrer de l'Illa de Cuba amb el de Sant Isidre; a l'esquerra, la casa Sebastià Sans i, a la dreta, la casa Manuel Planas. En aquesta pàgina, la casa Bonaventura Blay. Ambdues imatges són dels anys vint.

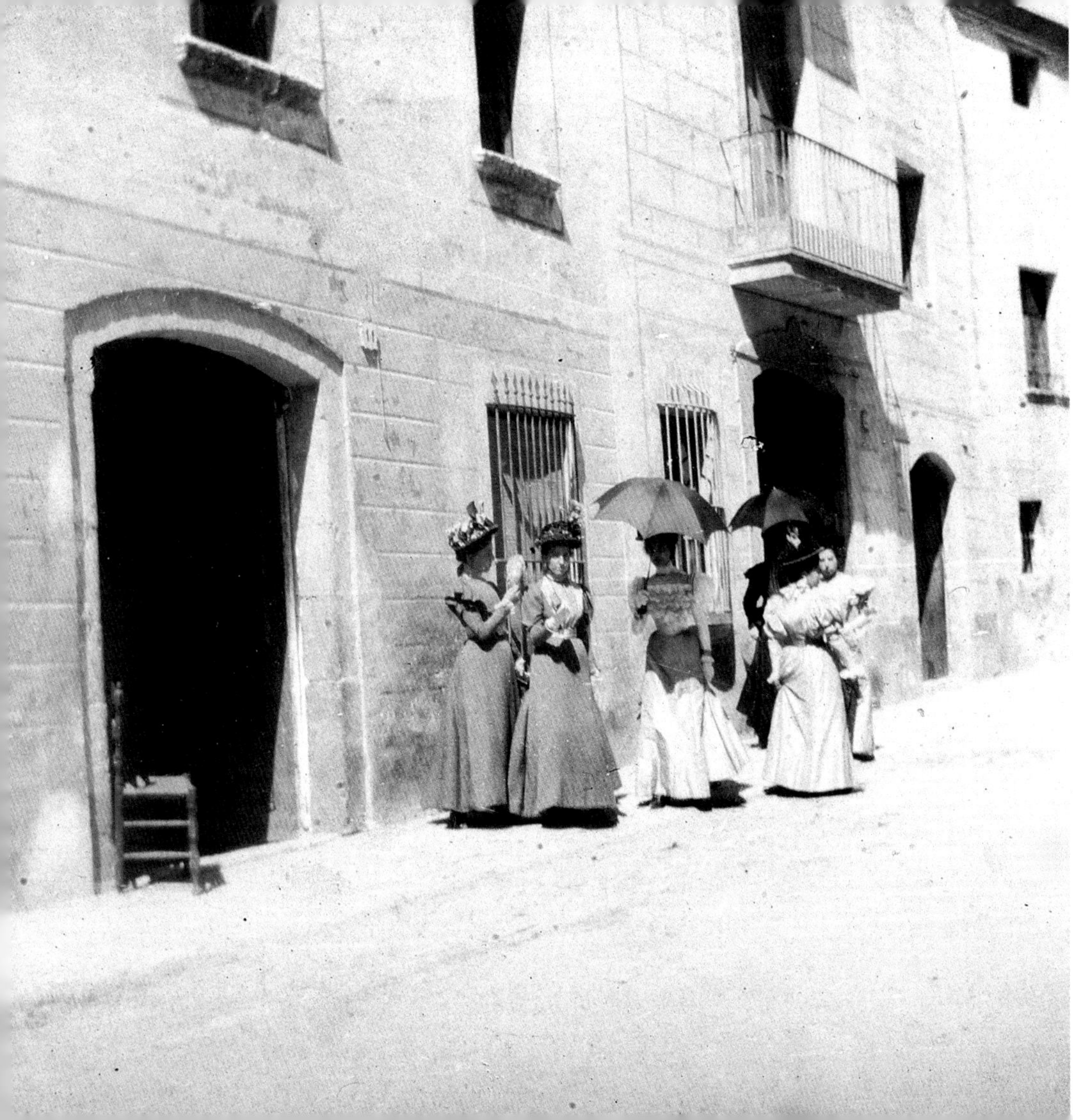

AUTOR DESCONEGUT / Fons FAMÍLIA BERGNES TERRÉS-CAMALÓ

## CARRER DE SANT BARTOMEU

-----

Tot i existir ja en el segle XVIII, no fou fins al darrer quart del segle XIX que el carrer de Sant Bartomeu s'allargà fins a la carretera. Amb anterioritat, durant les guerres Carlines, la banda nord fou tapiada amb un mur, en un extrem del qual hi havia el fort d'Olzinelles, dit així perquè era situat davant un hort del mateix nom. En aquesta pàgina, membres de la família Bergnes davant de casa seva al tombant entre els segles XIX i XX. Al costat, una típica escena de Festa Major: el ball de bastons davant de l'habitatge de Jaume Oller Gibert –llavors regidor del consistori sitgetà– pels volts del 1890.

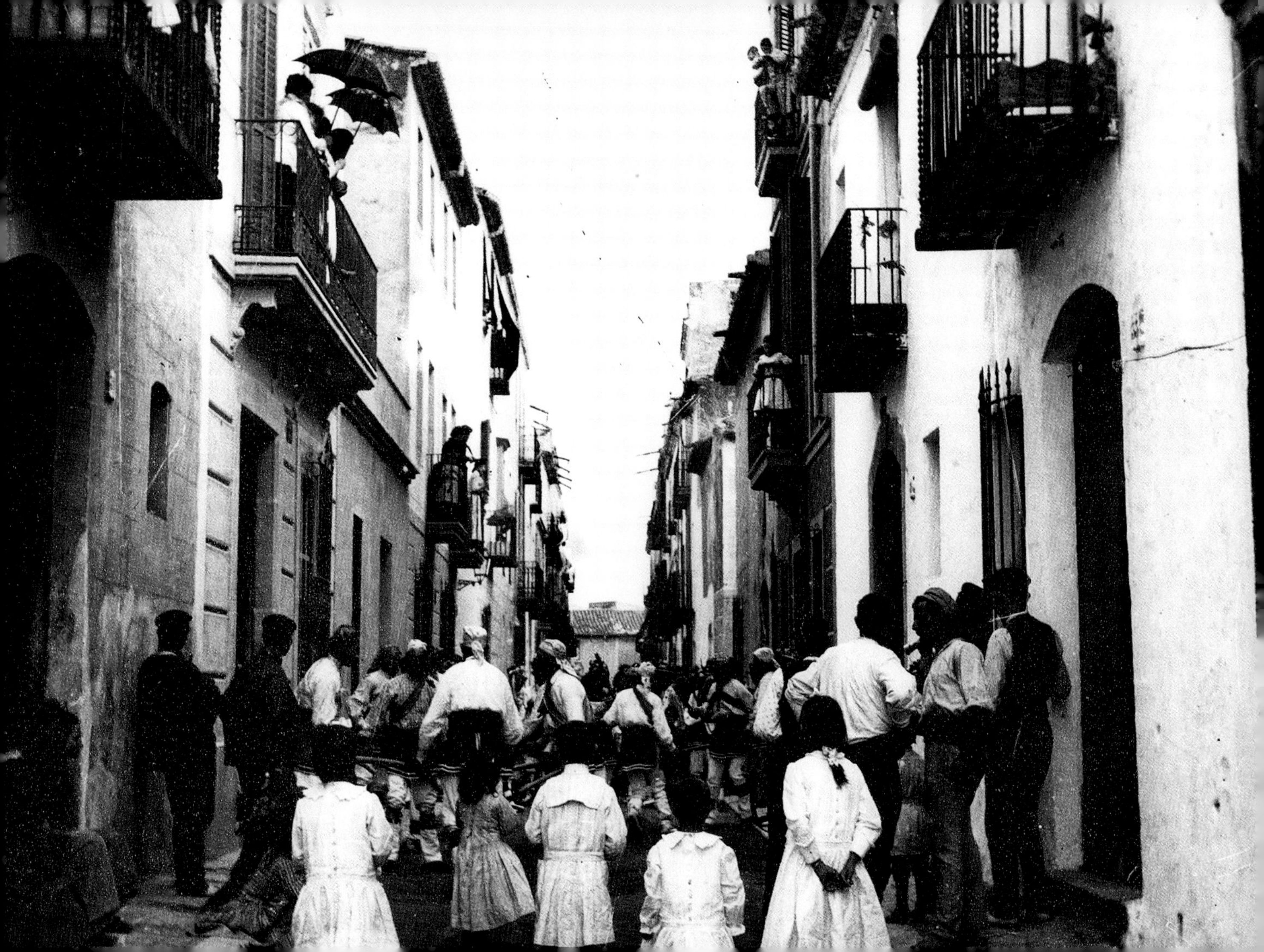

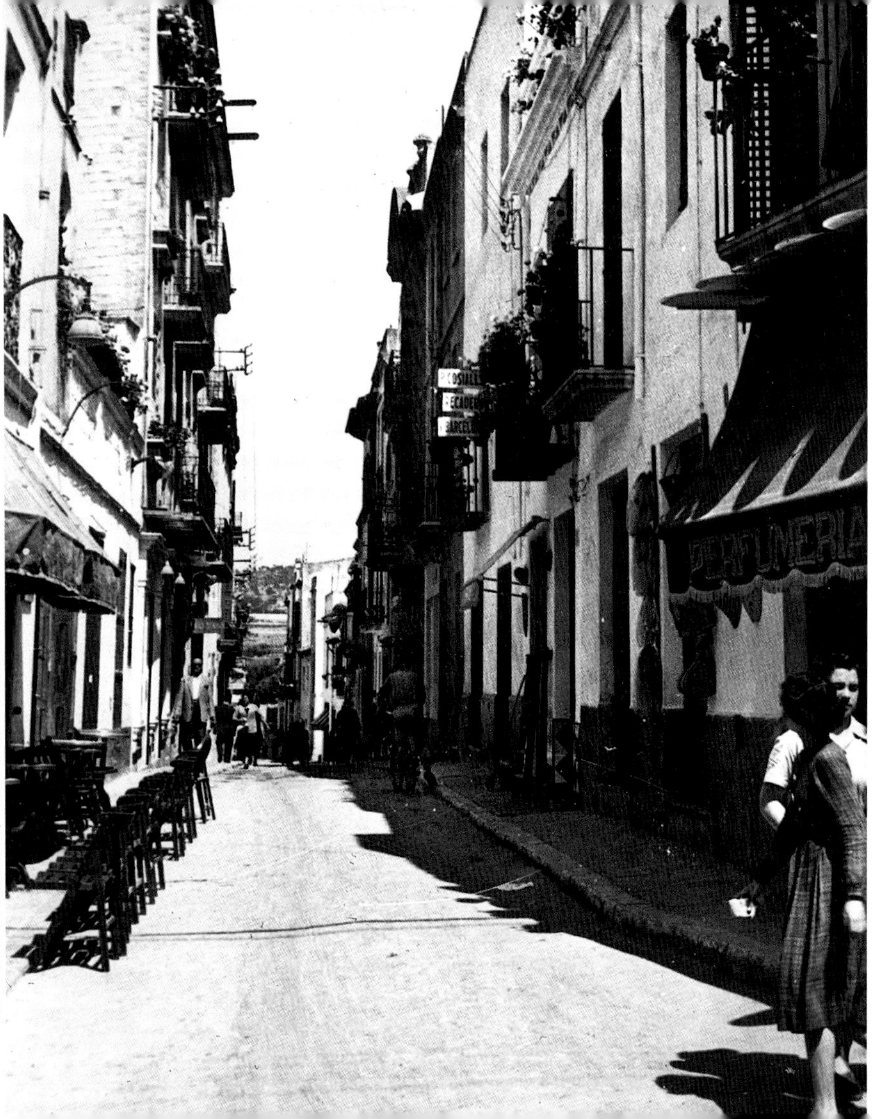


JOAN SELLA BARRACHINA / Fons JOAN SELLA BARRACHINA

## CARRER DE SANT FRANCESC

-----

En aquesta pàgina, el carrer de Sant Francesc el 1955. En primer terme, a la dreta, la perfumeria de can Pascaret, i a l'esquerra, el bar Xatet, un dels miradors privilegiats de la vida quotidiana de Sitges durant molts anys. En aquella època, l'establiment era propietat de Salvador Satorra, *el Xato*.

## CARRER D'ESPALTER

-----

Al costat, un insòlit carrer d'Espalter, en el seu tram entre el carrer de Sant Bonaventura i la plaça del Pou Vedre, pels volts del 1920. A la banda dreta, tot eren camps de conreu: no hi havia res edificat, exceptuant la fàbrica de can Termes, situada al capdavall. A l'esquerra es veuen les Cases Barates.

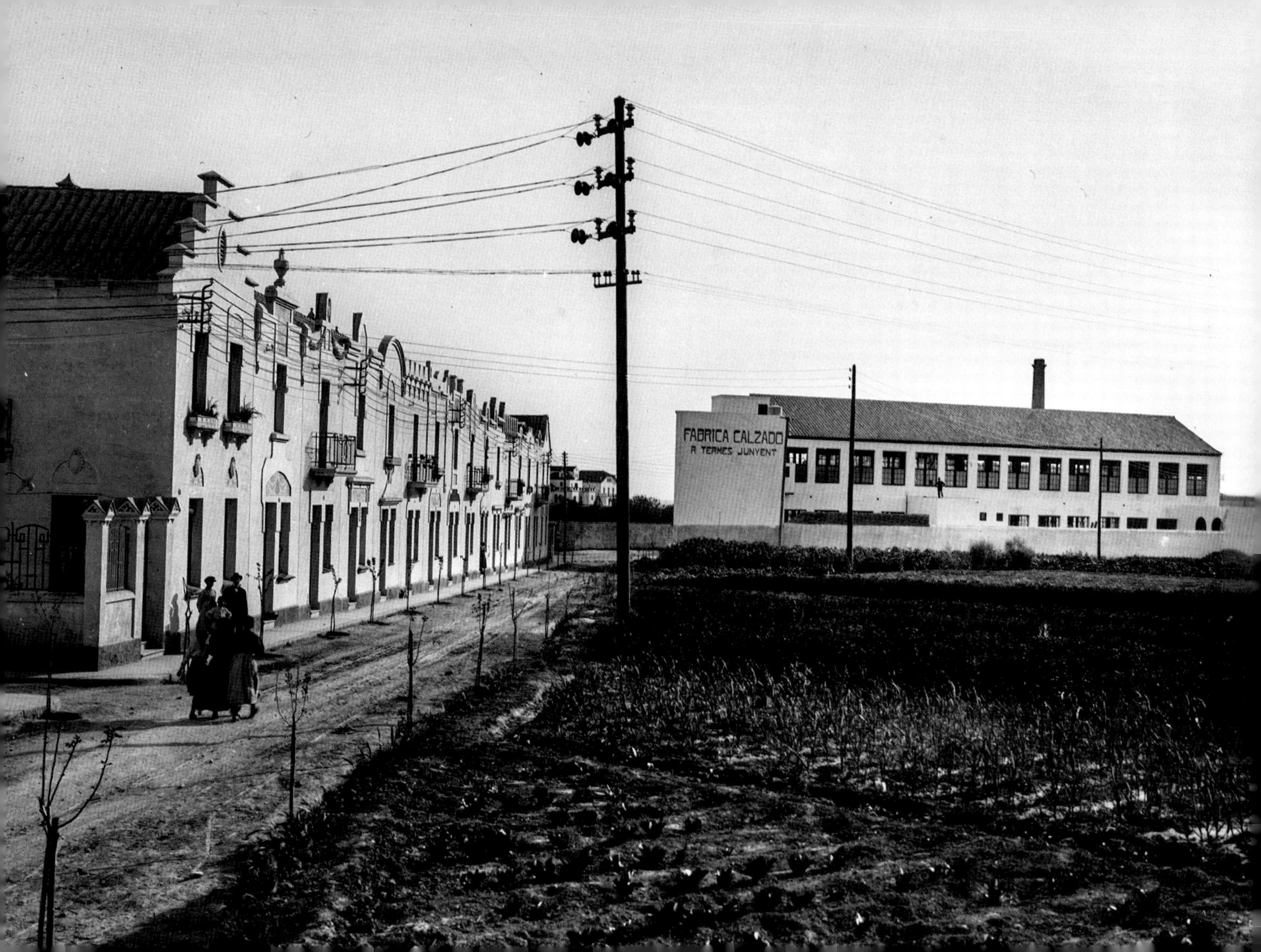
FABRICA CALZADO
A TERMES JUNYENT

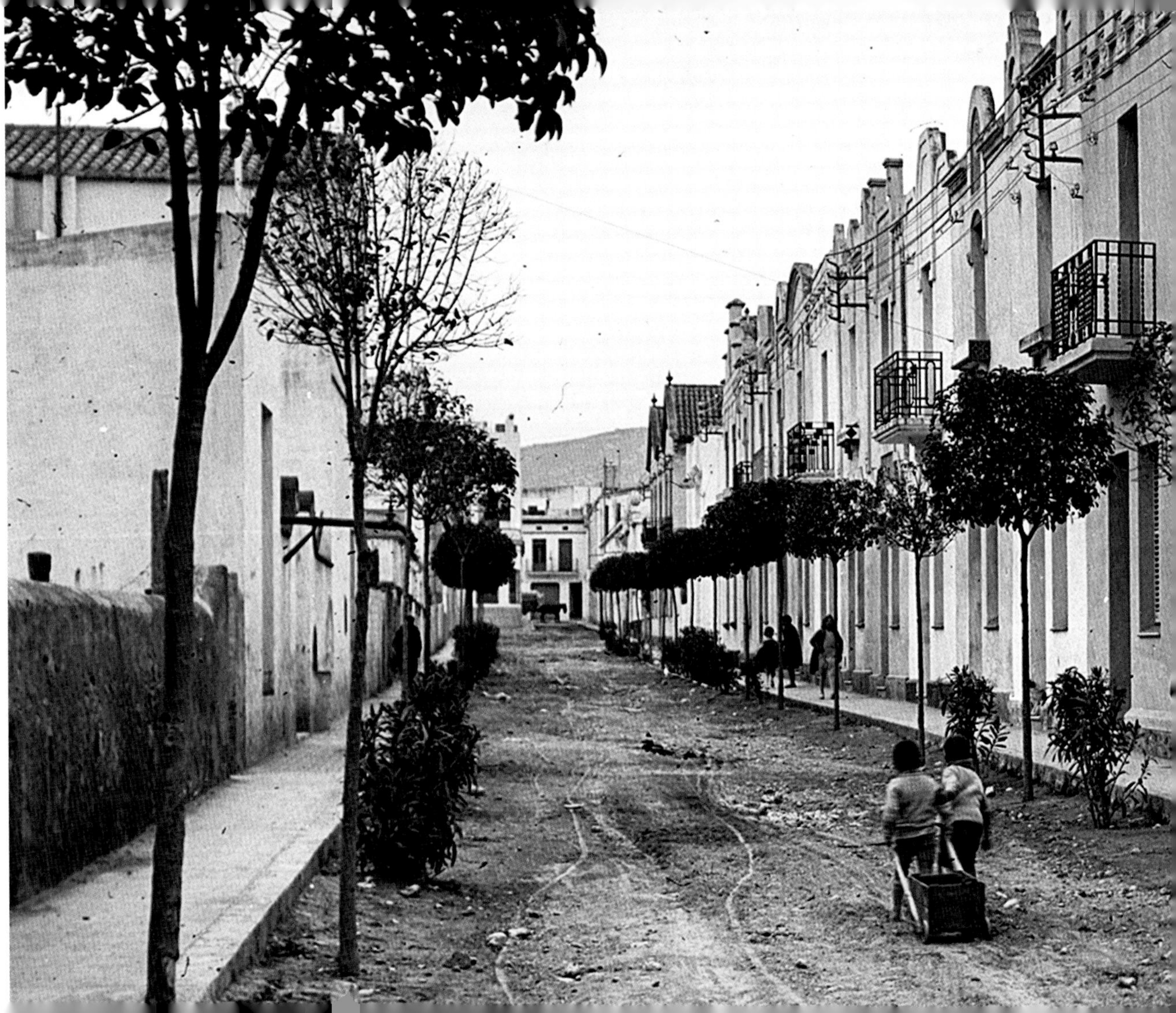

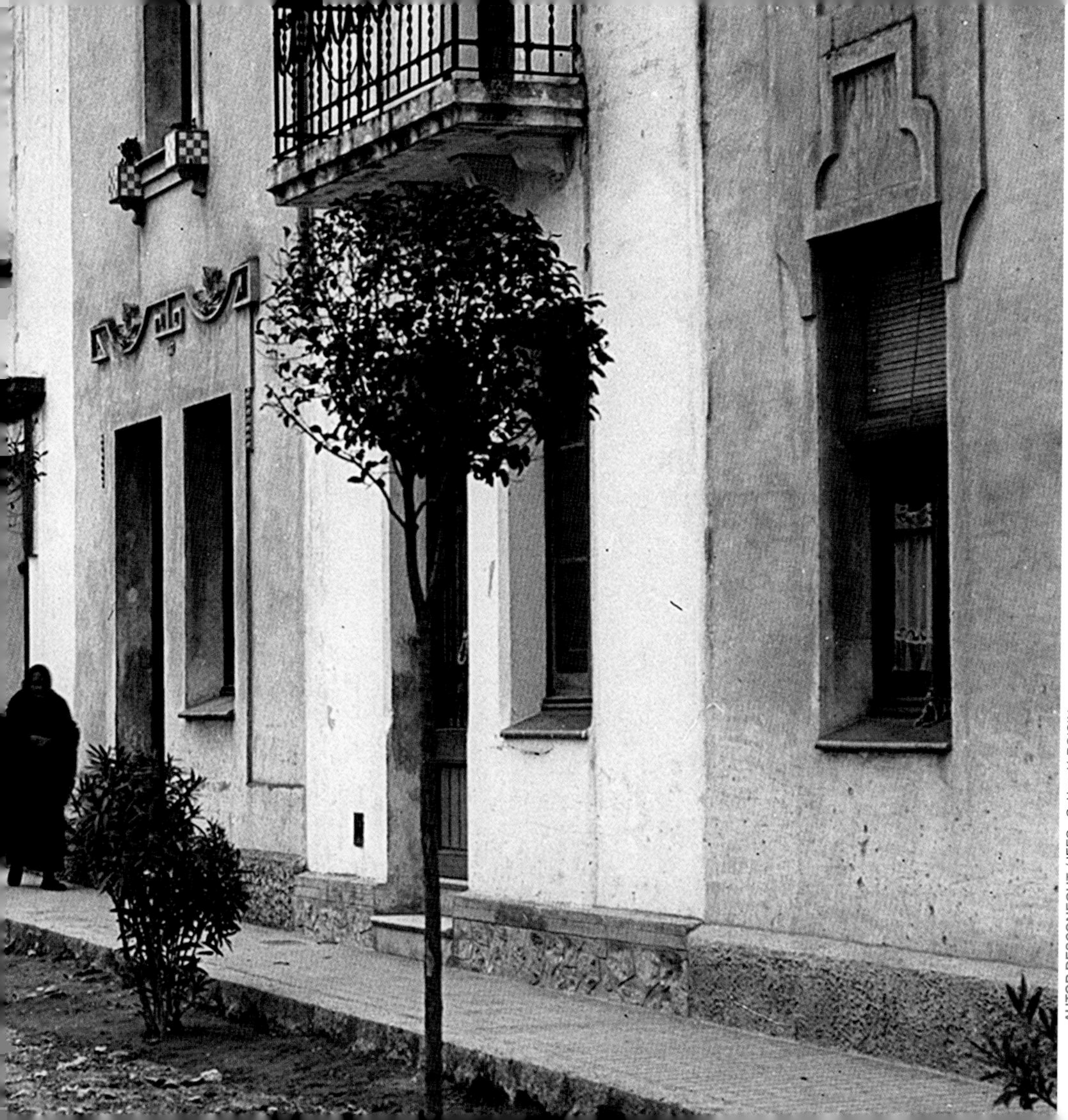

AUTOR DESCONEGUT / IEFC - Col·lecció ROISIN

## CASES BARATES

-----

Al llarg del segle xx s'edificaren, en diferents llocs de Sitges, diversos grups d'habitatges destinats a famílies obreres. Indefectiblement, tots reberen el nom de *Cases Barates*. Al carrer d'Espalter se'n construïren dinou. Les claus de les tretze primeres es lliuraren als adjudicataris l'abril del 1918. L'acte revestí molta solemnitat i fou presidit pel governador civil de Barcelona en representació d'Alfons XIII. A la imatge, dels anys vint, el carrer i les cases des d'una perspectiva oposada a la de la pàgina anterior. A la vorera esquerra, en primer terme, la fàbrica de gel, oberta el 1924.

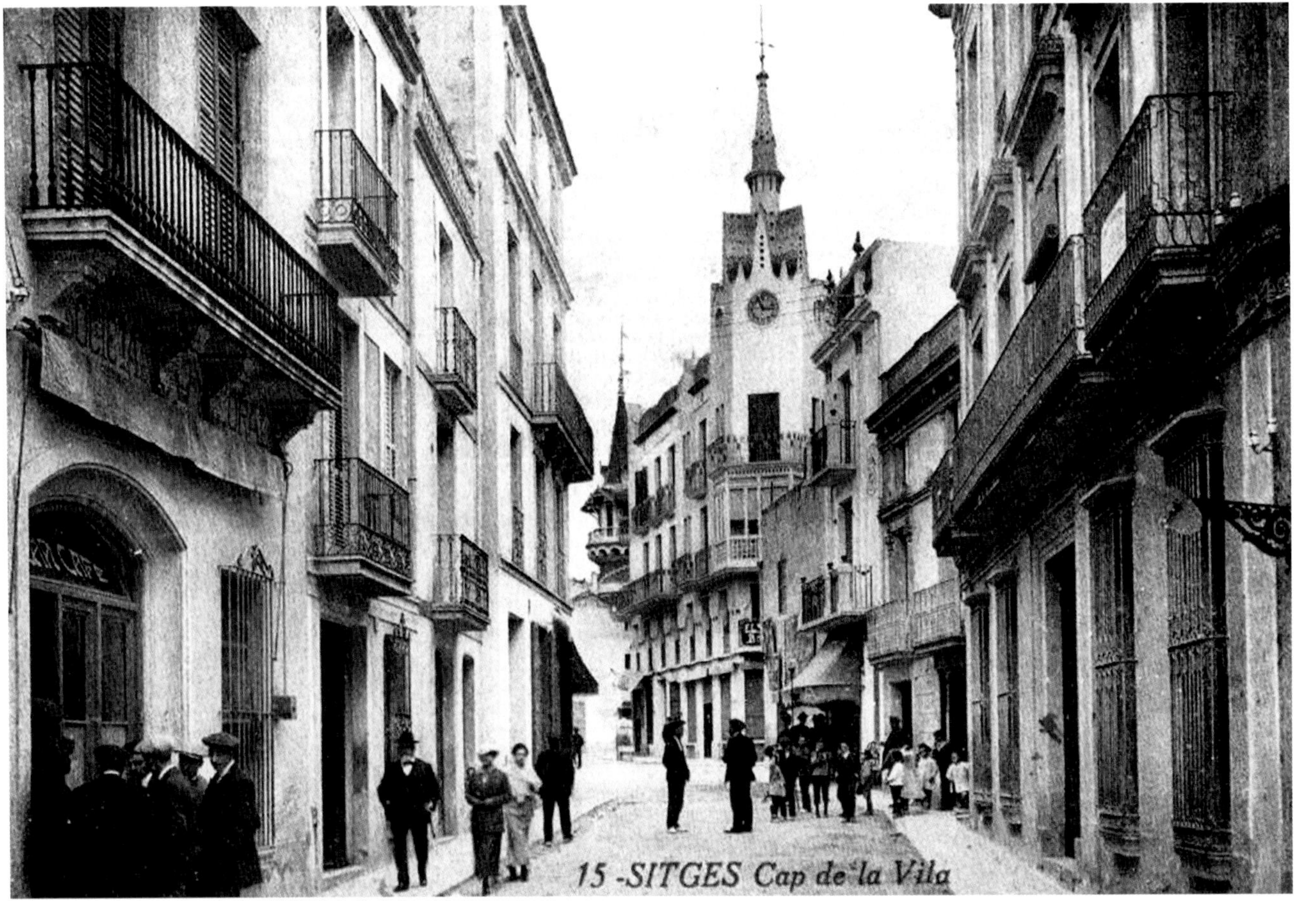


L. ROISIN (ED.) / Fons JOSEP M. ALEGRE ALMIRALL

## CARRER DE LES PARELLADES

-----

Antigament, el carrer de les Parellades era un camí que partia del Cap de la Vila i continuava per Bonaire fins a arribar a la platja. Posteriorment s'urbanitzà la resta del carrer, que a les acaballes del segle XVIII ja desembocava a la plaça del Pou Vedre. Al costat, imatge entorn del 1915. Destaca, en primer terme, el cafè del Coro, dit així perquè hi tenia la seu la coral La Unió Sitgetana. En aquesta pàgina, jugadors del Club Bàsquet Sitges celebren l'ascens a Primera Divisió catalana el 1959. La fotografia fou enregistrada a l'altura de can Vergés. La comitiva es dirigia al santuari del Vinyet.

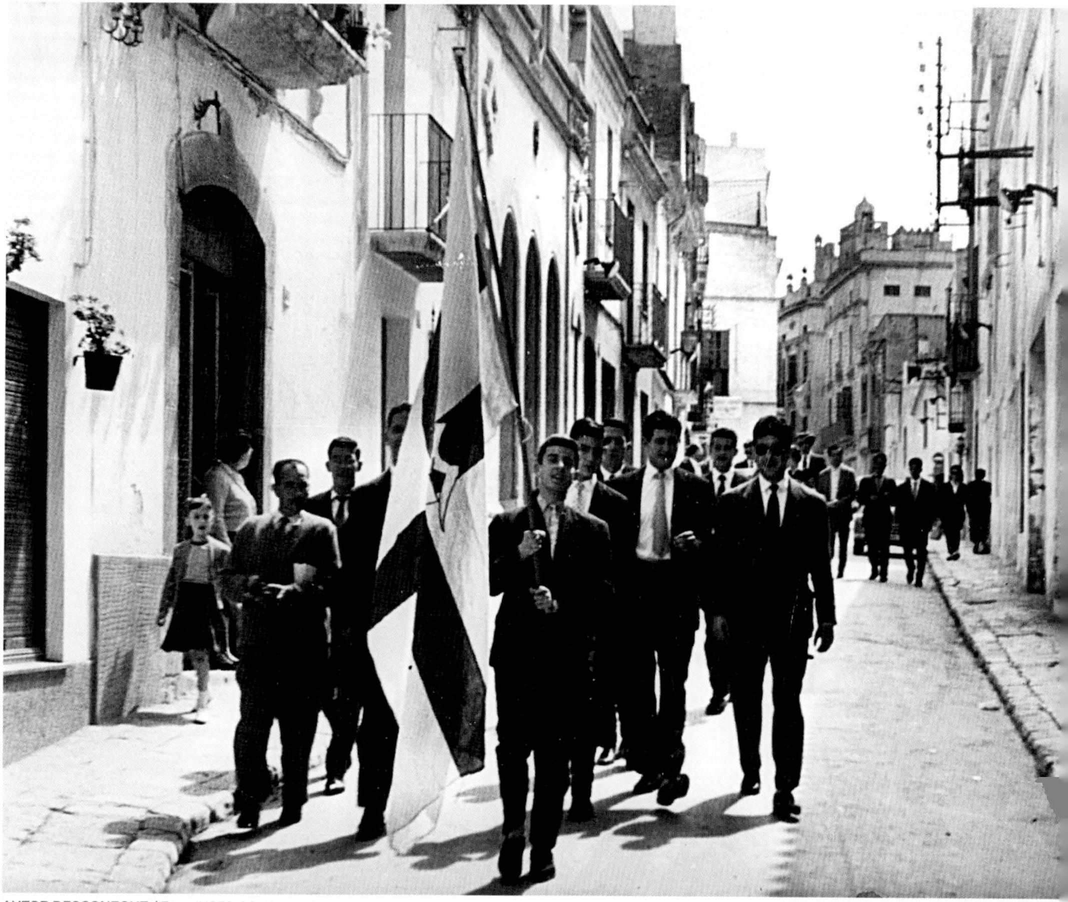

**AUTOR DESCONEGUT** / Fons JUSTO CONDE ESTEVE

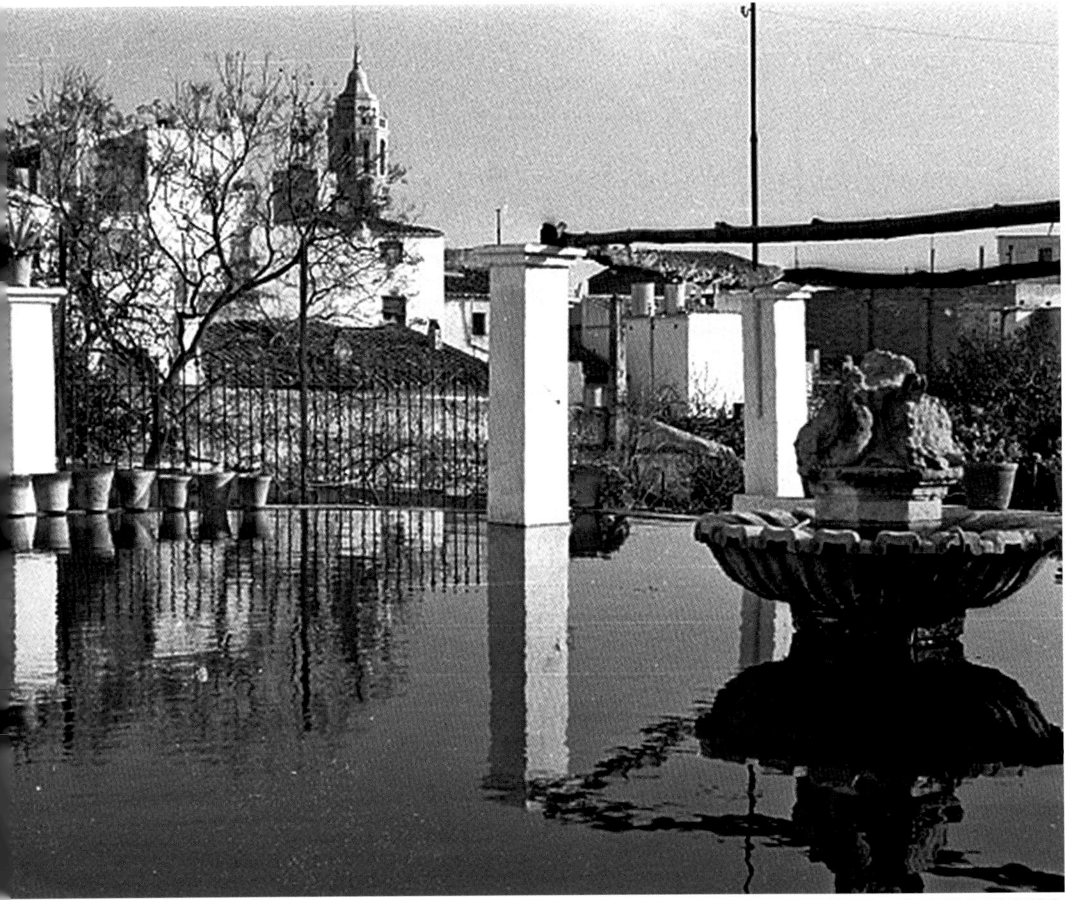

JORDI MIRABENT CASTIEL / Fons JORDI MIRABENT CASTIEL

## HORT DE CAN FALÇ

-----

Durant dos segles, l'hort de can Falç fou un espai tancat al públic. El 1795 es va enjardinar –seguint l'estètica romàntica– i s'hi plantaren prop de 200 tarongers. Fou aleshores també que s'hi col·locà un estany, conegut com el *xup d'en Falç*, recognoscible en aquesta pàgina en una imatge del 1956.

## CARRER DE SANT PAU

-----

Convertit avui en un dels més transitats de Sitges –sobretot als estius, quan milers de persones l'agafen per anar i venir de la platja diàriament–, a mitjan anys deu, data de la imatge del costat, era un carrer força tranquil, llevat de l'hora en què sortien de classe els alumnes del senyor Magí.

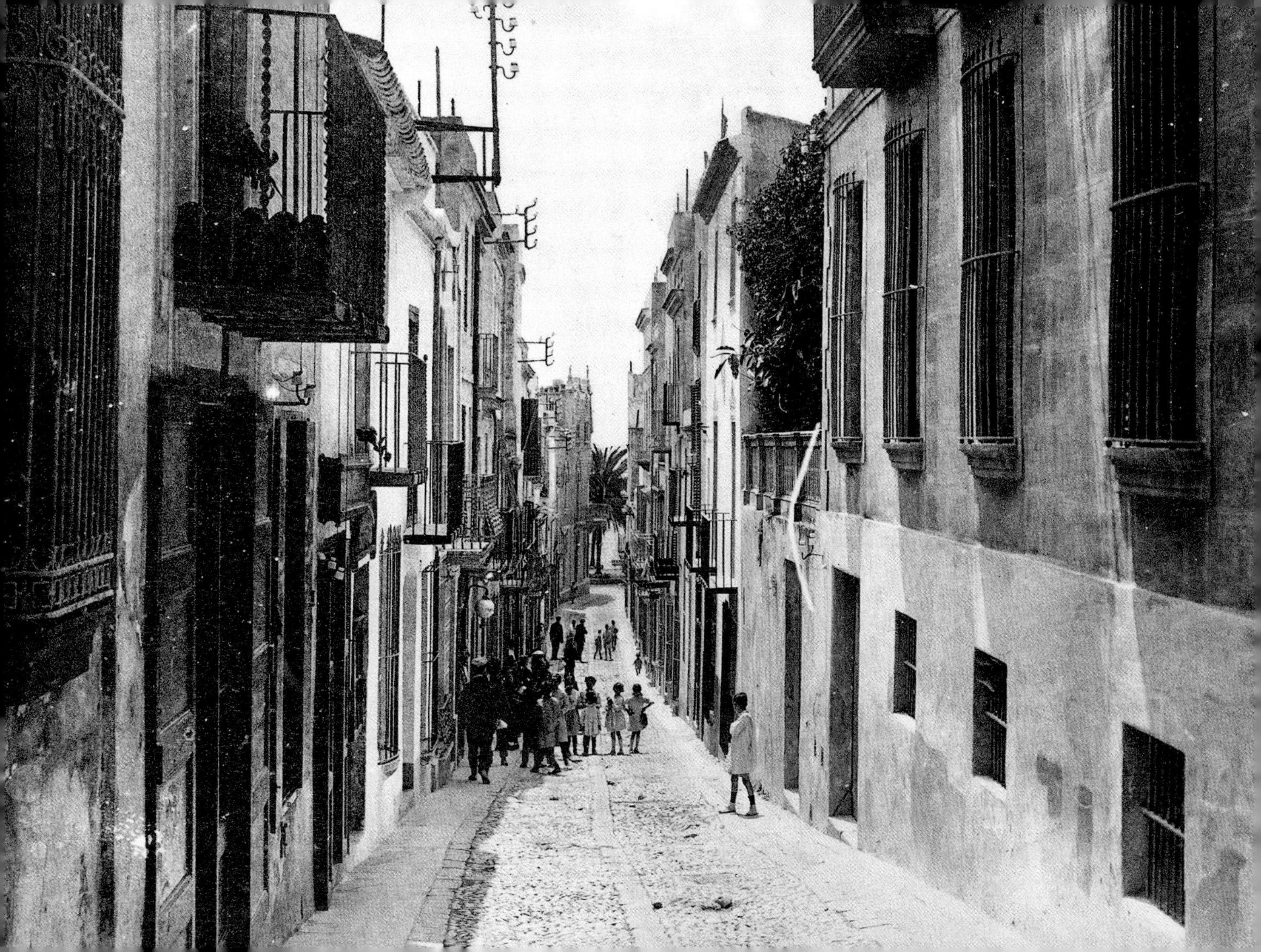

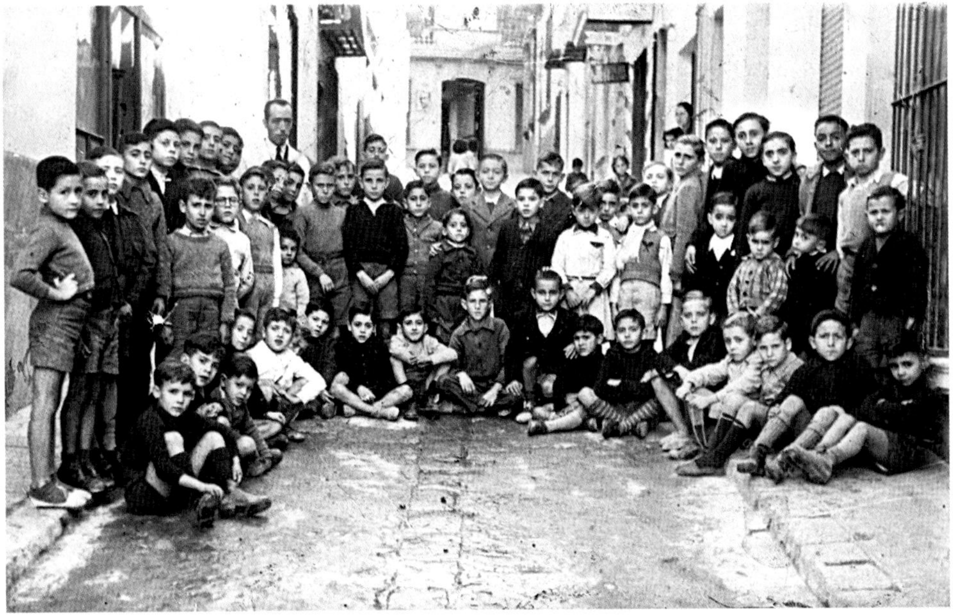

AUTOR DESCONEGUT / Fons FAMÍLIA CAMPS-VIDAL

## COL·LEGI DE SANT JOSEP

-----

Inaugurat el 1890 pel mestre Magí Casanovas al carrer de Sant Pau, al col·legi de Sant Josep aprengueren a llegir i escriure diverses generacions d'infants. En morir el seu fundador, se'n feu càrrec Sebastià Cabistany, que apareix sobre aquestes línies amb un grup d'alumnes pels voltants del 1940.

## CARRER DE BONAIRE

-----

A la pàgina del costat, la part alta del carrer de Bonaire el 1897. Llavors era una via pública on s'alternaven edificis modestos i residències benestants. Entre les últimes cal incloure la casa Maria Bues de Catasús, al centre de la imatge. Anys a venir, als baixos s'hi instal·laria la drogueria Sella.

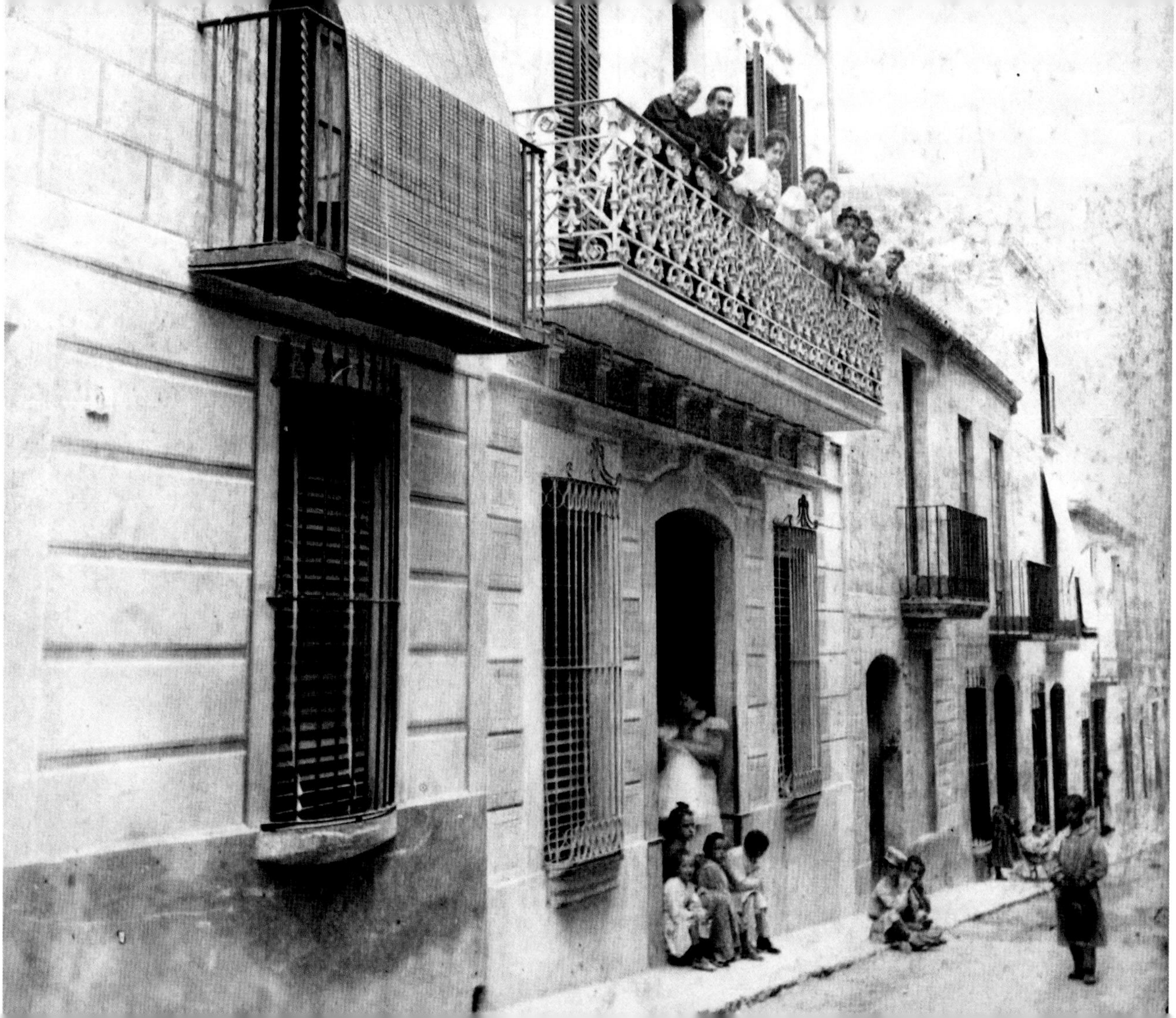

AUTOR DESCONEGUT / Fons ROLAND SIERRA FARRERAS

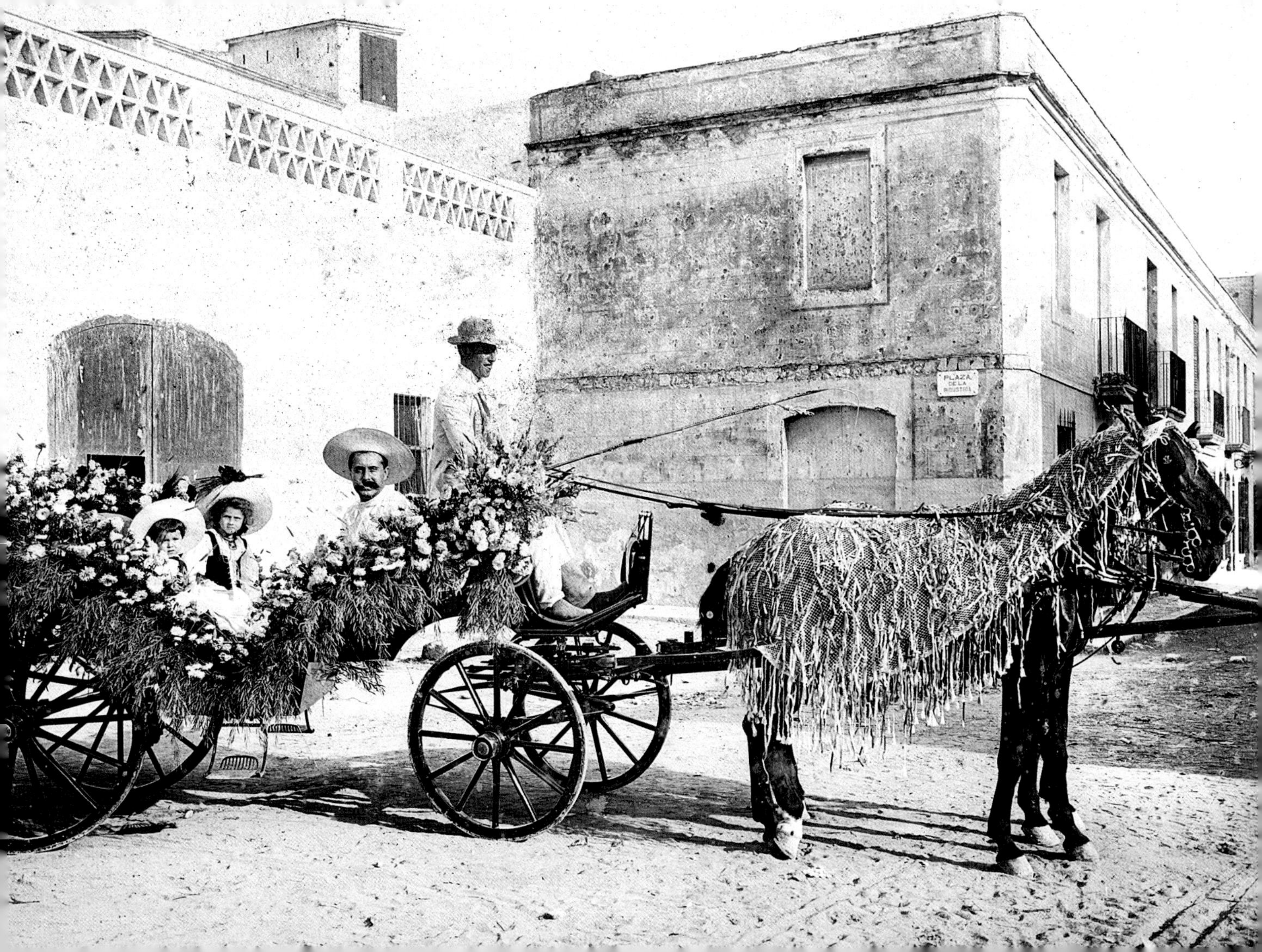
PLAZA
DE LA

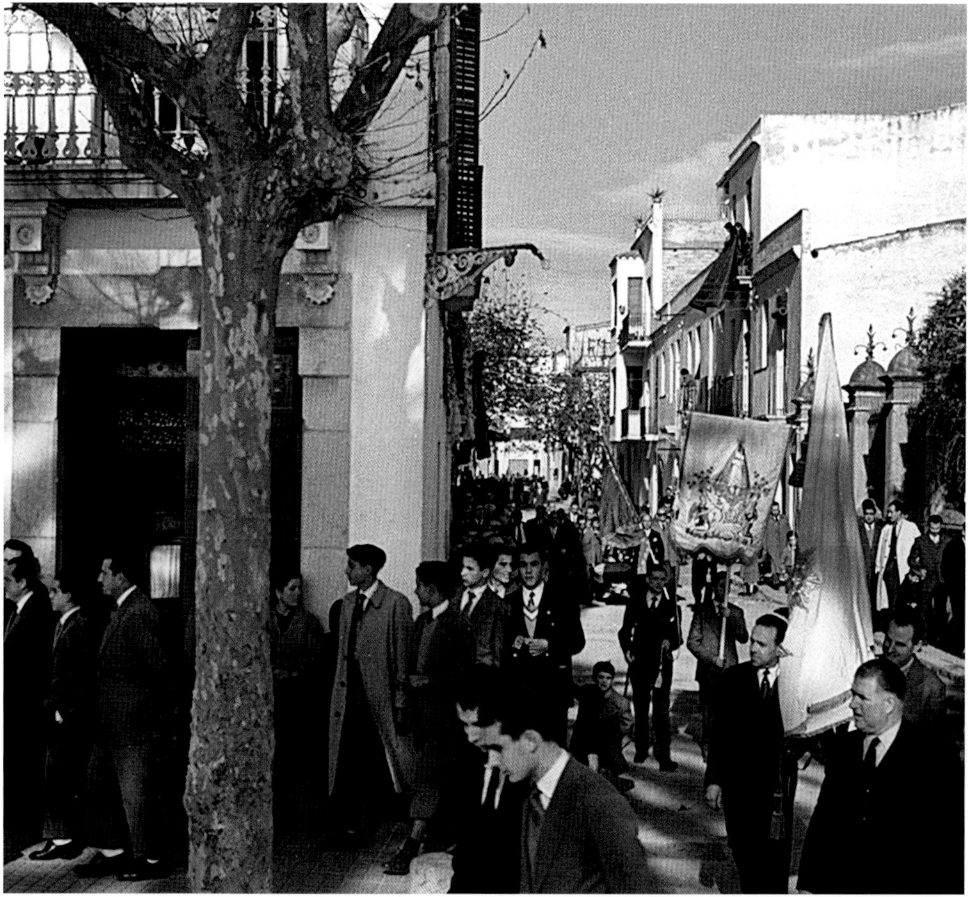


## L'‘ENSANXE’

-----

La plaça de la Indústria i el carrer del Primer de Maig sorgiren arran de la creació del barri de l'*Ensanxe*, projectat a finals de la dècada del 1860 per fer-hi cases on allotjar els obrers de la veïna fàbrica de filats Batlló. A la pàgina del costat, la plaça i el carrer en una imatge del 1907 en què es veuen aquests habitatges. Asseguts al carruatge hi ha Simó Llauradó i dos dels seus fills. En aquesta pàgina, el carrer del Primer de Maig cantonada amb la Ribera el 1954 durant una de les processons celebrades per cloure l'Any Marià. A la dreta, algunes de les cases obreres que restaven encara dempeus.

## FÀBRIQUES DE SABATES

-----

La indústria del calçat fou el gran motor econòmic de la vila al llarg de vuit dècades. En aquesta pàgina, la fàbrica Termes, situada a la confluència dels carrers d'Espalter i de Santa Bàrbara, a l'inici dels anys vint. A la pàgina del costat, treballadors de can Tarrida davant la fàbrica, al carrer de la Bassa-rodona, el 1892. Joan Tarrida Ferratges, pioner de la fabricació de calçat a la vila, endegà el seu negoci el 1874 amb cinquanta treballadors, que esdevindrien 400 després d'adquirir la fàbrica Batlló. Cal fixar-se en el gran nombre de dones i nens –mà d'obra barata– que surten a la fotografia.

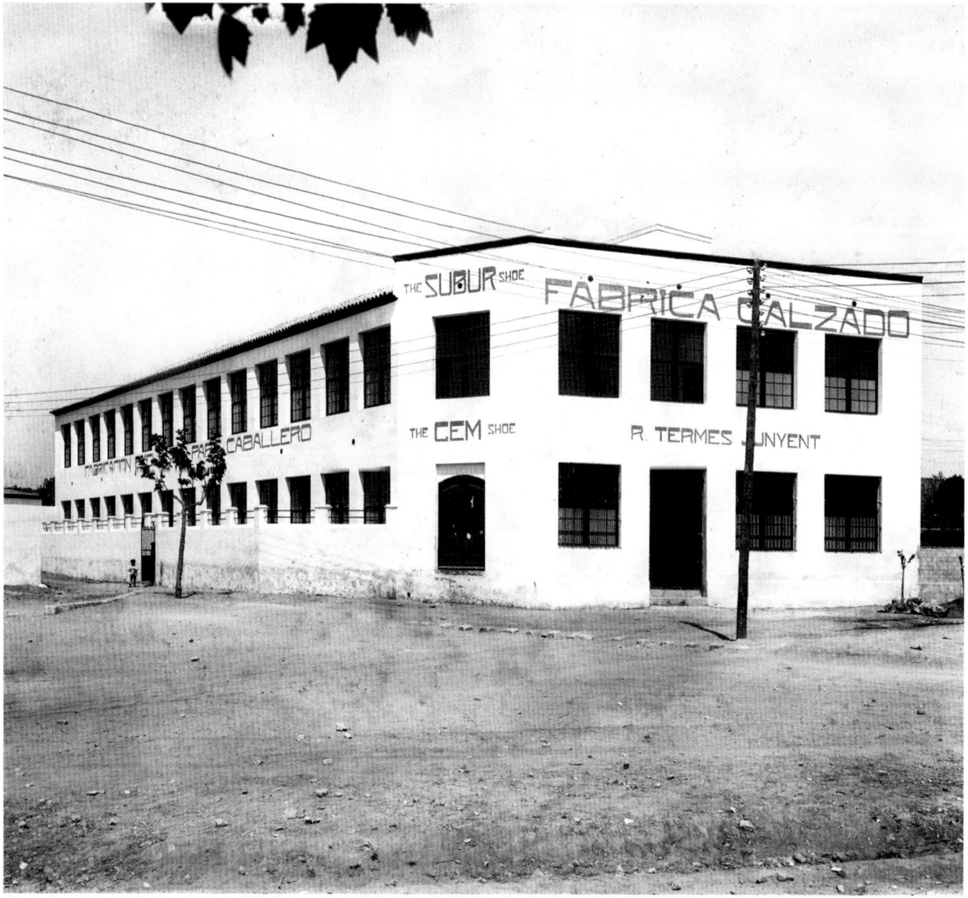


AUTOR DESCONEGUT / IEFC - Col·lecció ROISIN

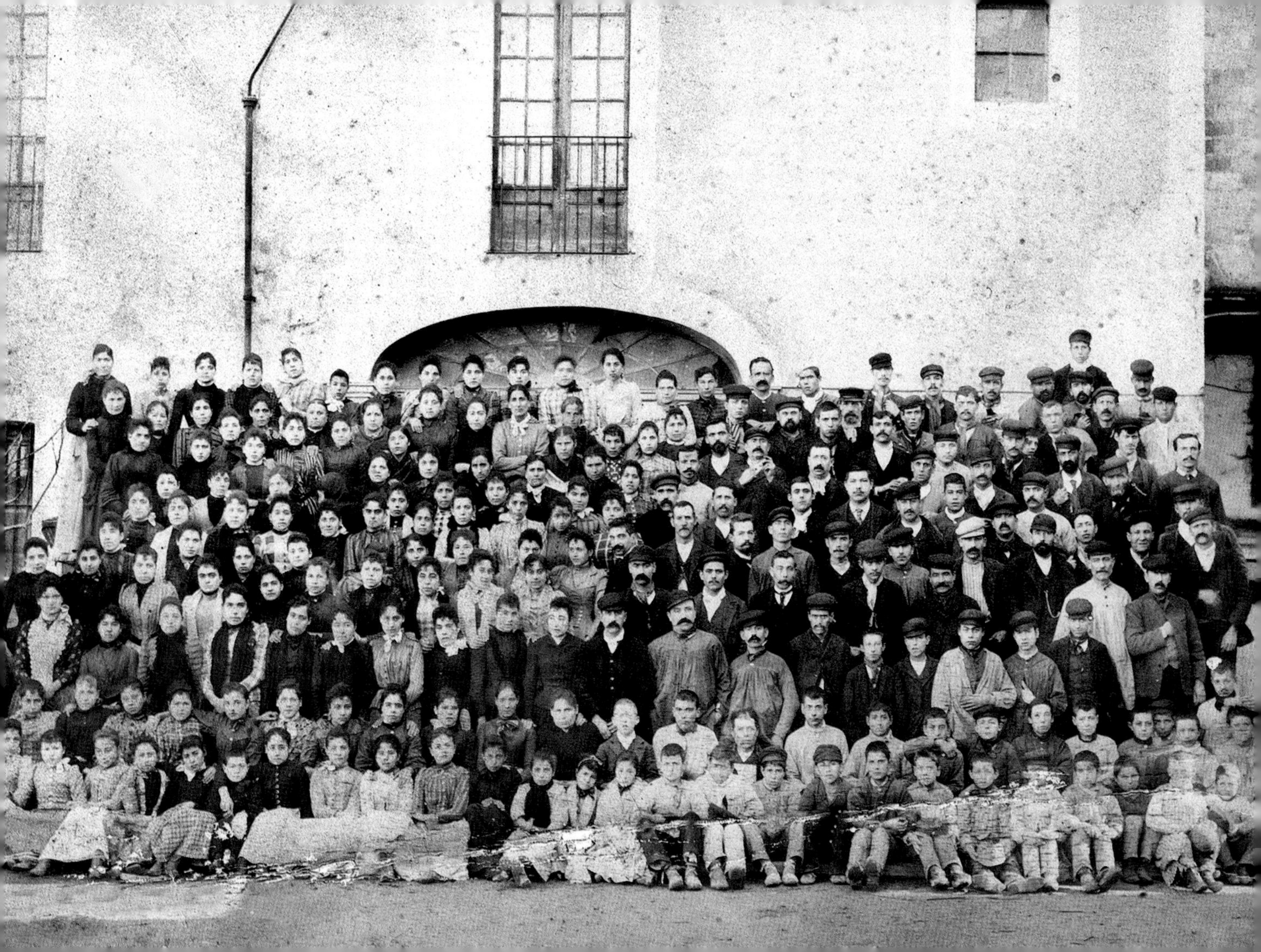

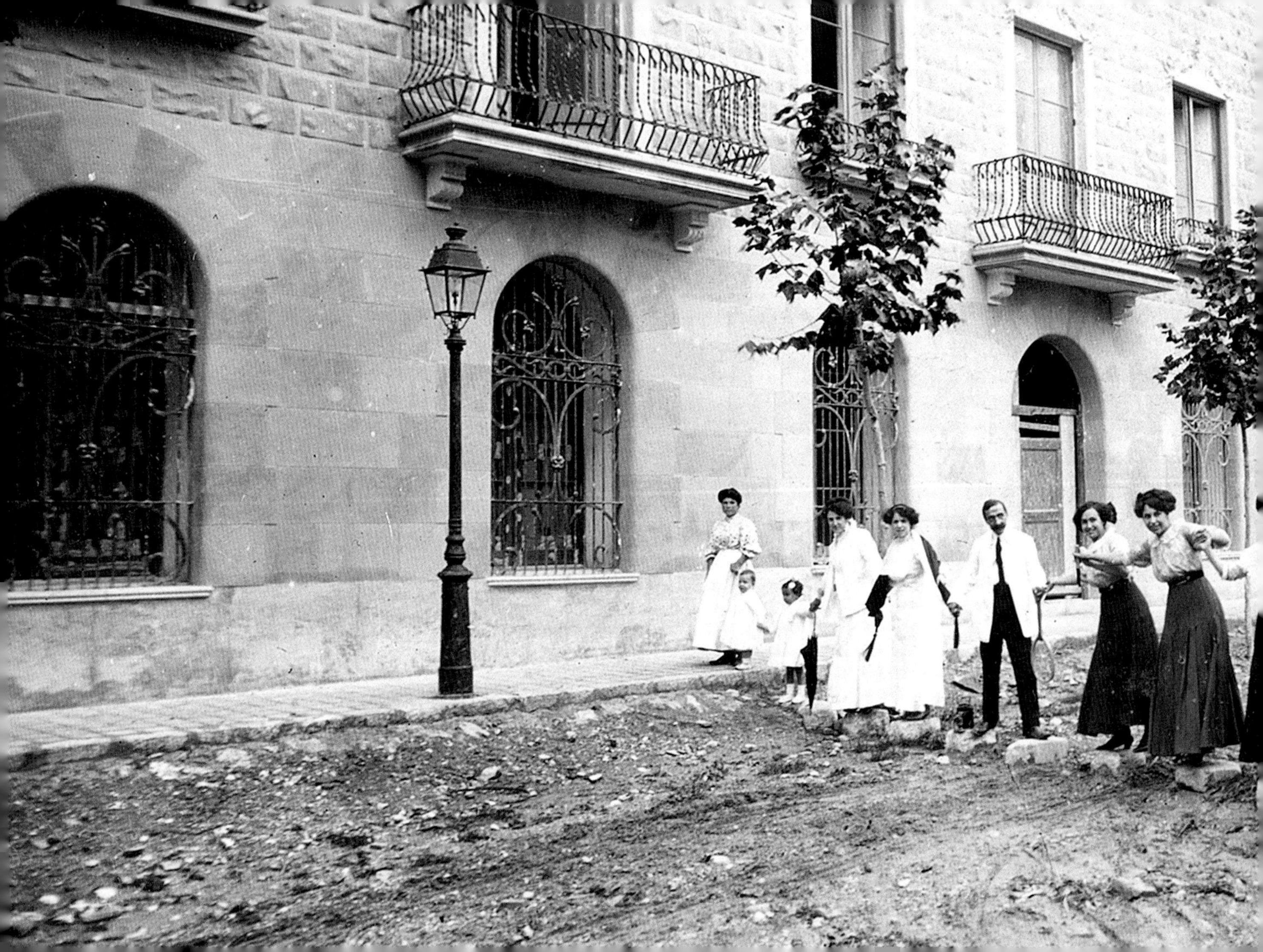

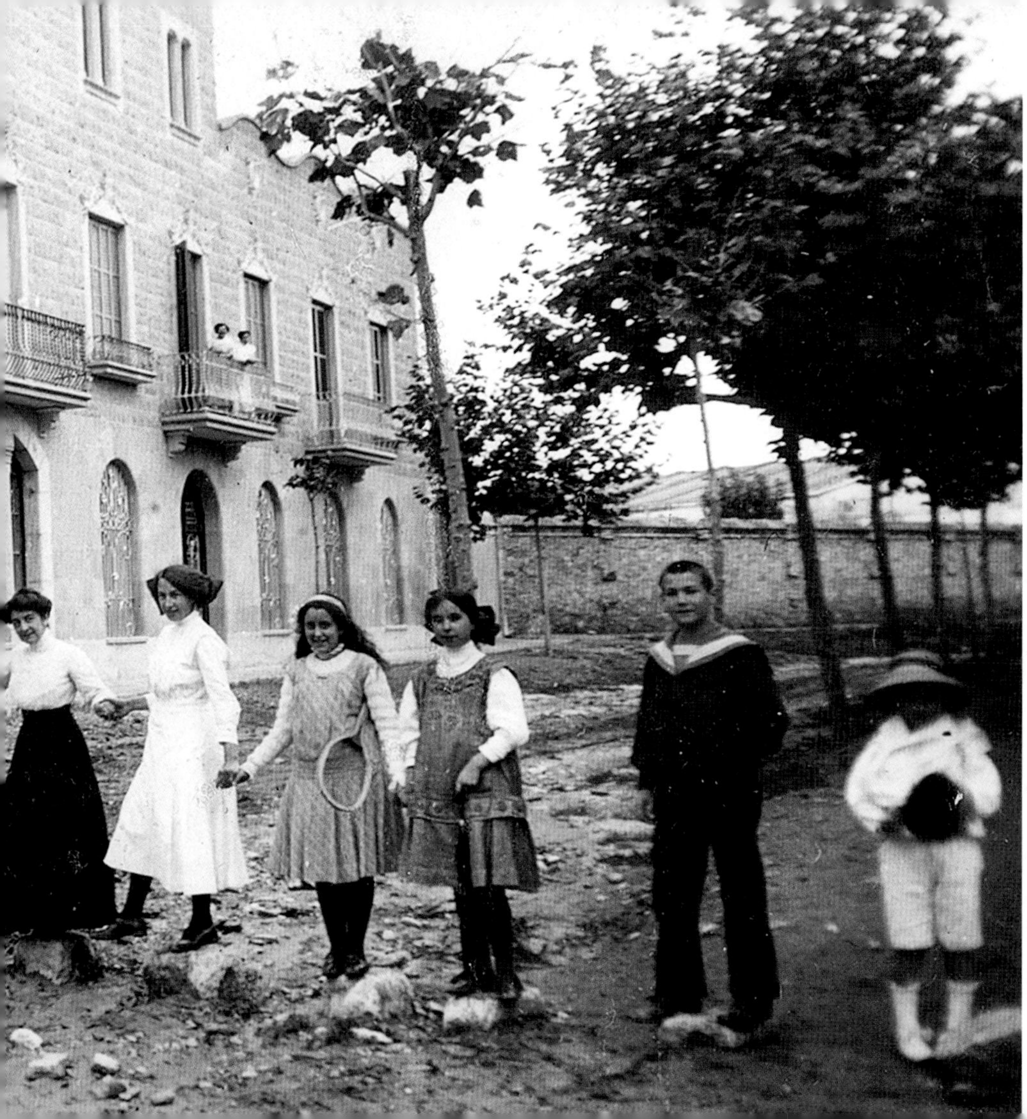

AUTOR DESCONEGUT / Fons FAMÍLIA BERGNES TERRÉS-CAMALÓ

## CARRER DE LA BASSA-RODONA

-----

La indústria dels Tarrida tancà portes el 1908. Poc després, la fàbrica fou enderrocada i uns parents seus aixecaren allà una gran casa unifamiliar. A la imatge, dels volts del 1910, s'observa can Ferratges –nom amb què es coneix encara avui el casalot– i al davant, un grup familiar que posa en actitud divertida damunt les passeres del carrer de la Bassa-rodona. Com es pot constatar, en realitat era un torrent, i així se l'anomenà fins que fou batejat com a *carrer d'Espanya*. De fet, tothom recorda dies no gaire llunyans en què les pluges intenses el convertien en una trampa per a vehicles i vianants.

## HOTEL SUBUR

-----

L'altra gran construcció del carrer de la Bassa-rodona era l'hotel Subur, inaugurat el 1916 i considerat al seu dia un dels més luxosos de la costa catalana. Abans de la Guerra Civil s'hi hostatjaren personatges de renom mundial, com ara l'escriptor Gilbert K. Chesterton. En primer terme de la imatge, dels anys vint, es veu el garatge, i més a l'esquerra, l'entrada principal. A la cantonada n'hi havia una altra, per la qual s'accedia al restaurant. Les torratxes del terrat, un dels elements més emblemàtics de l'hotel, desaparegueren als anys seixanta, quan es reformà l'establiment de dalt a baix.

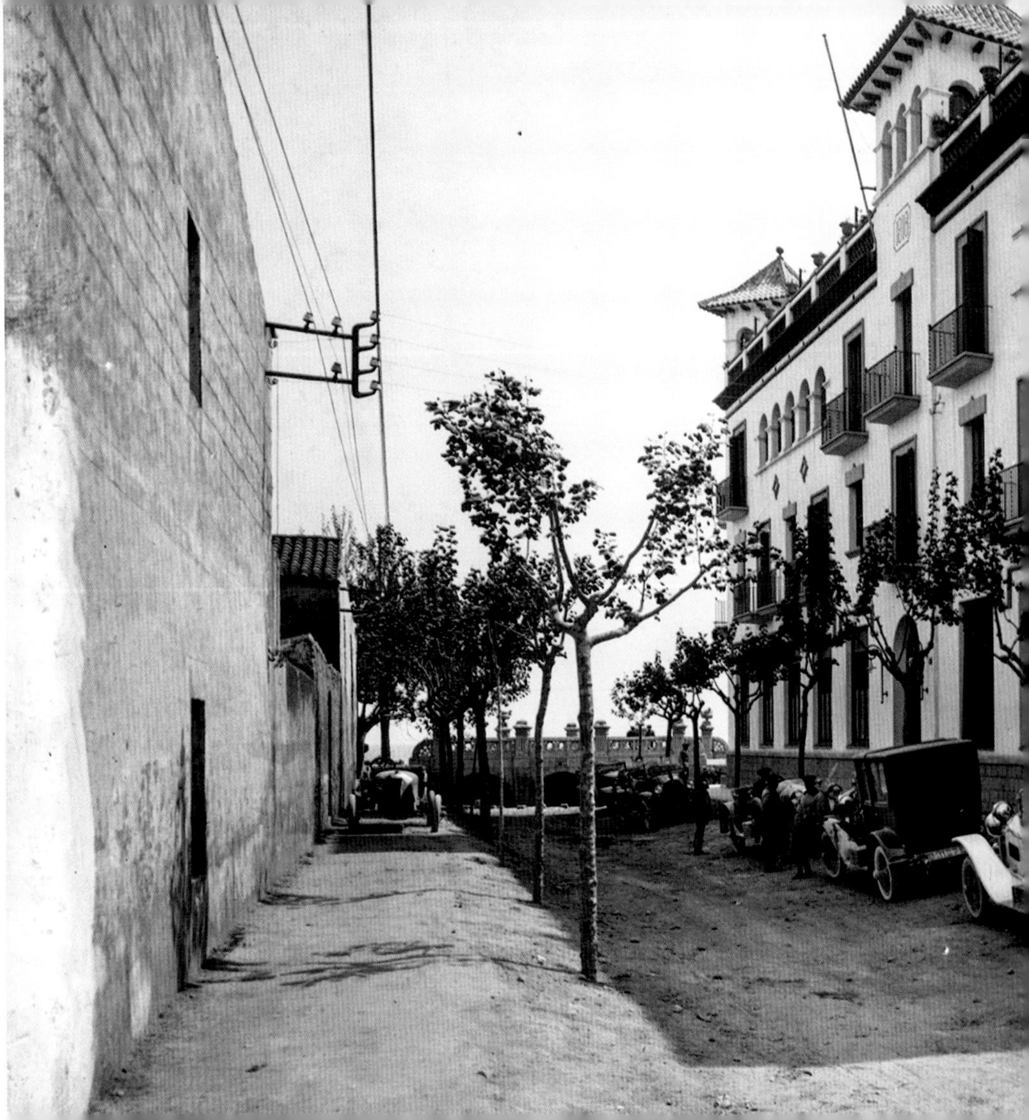

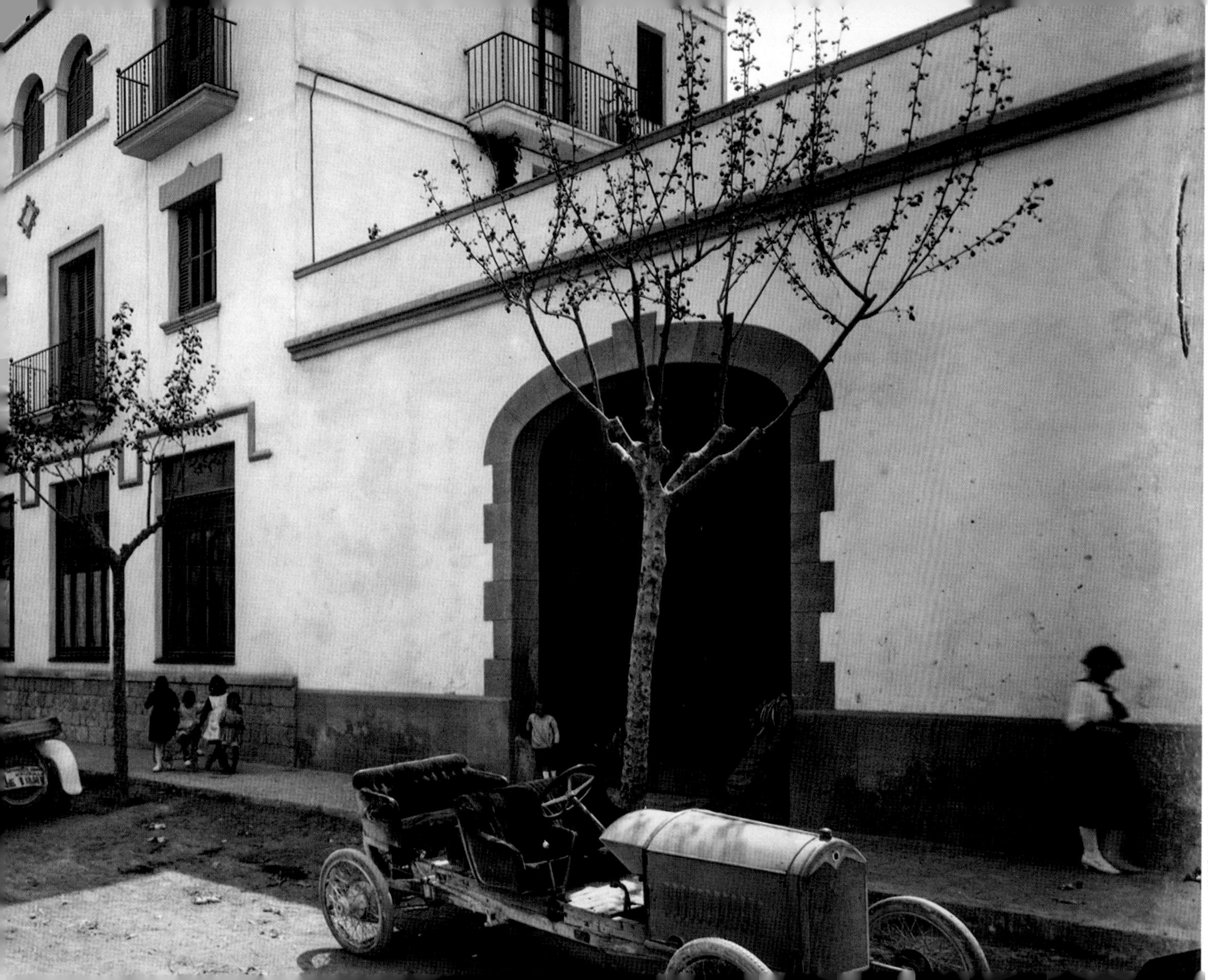

AUTOR DESCONEGUT / IEFC – Col·lecció ROISIN

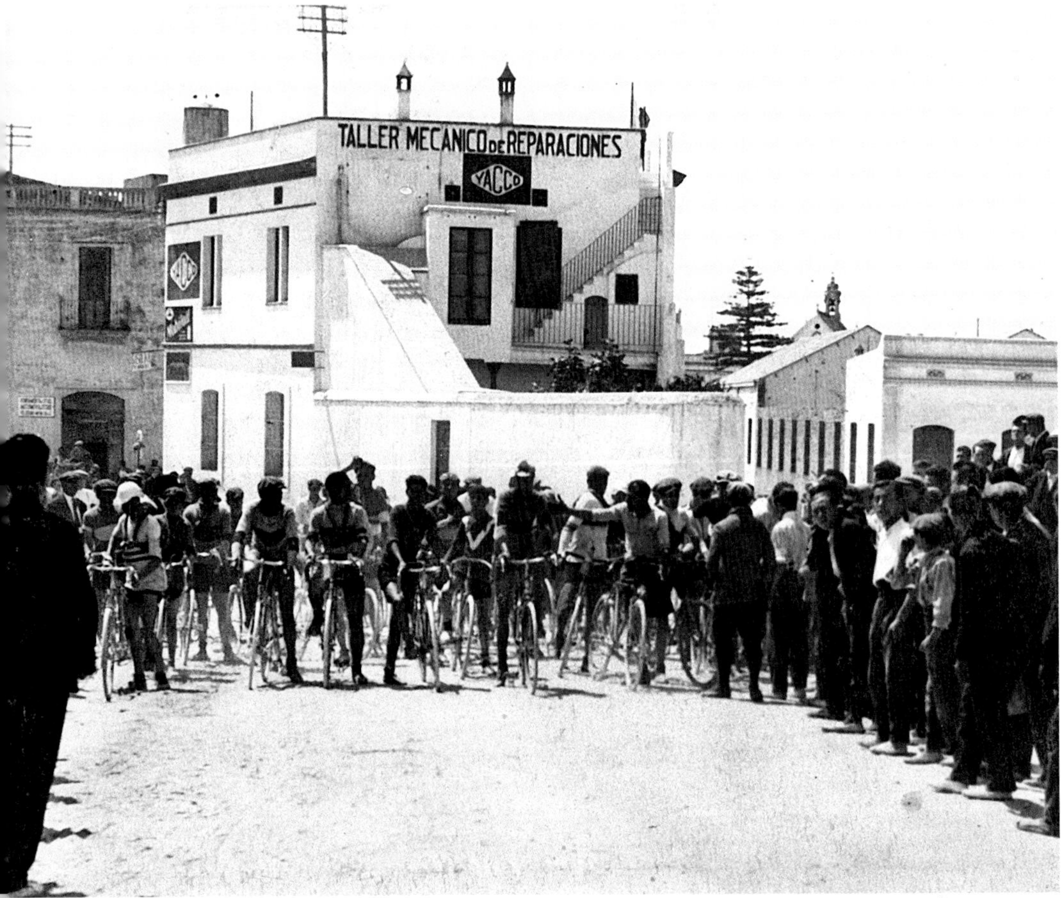


AUTOR DESCONEGUT / Fons RAMON VIÑOLA CARBONELL

## PASSEIG DE VILAFRANCA

-----

Dues vistes oposades del passeig de Vilafranca cap als anys trenta. En aquesta pàgina, sortida d'una cursa ciclista. Darrere els corredors hi ha el taller de reparacions de Pere Balcells. Malgrat que el taller no existeix des de fa molt de temps, l'indret –on avui hi ha una rotonda– ha conservat el nom de *can Perico*, sobrenom de Balcells. Més a la dreta s'aprecia la fàbrica nova de can Benazet i, a la llunyania, la coberta i l'espadanya del Patronat. Al costat, instantània d'una altra cursa, potser una etapa de la Volta a Catalunya, que en aquella època passà per Sitges més d'una vegada.

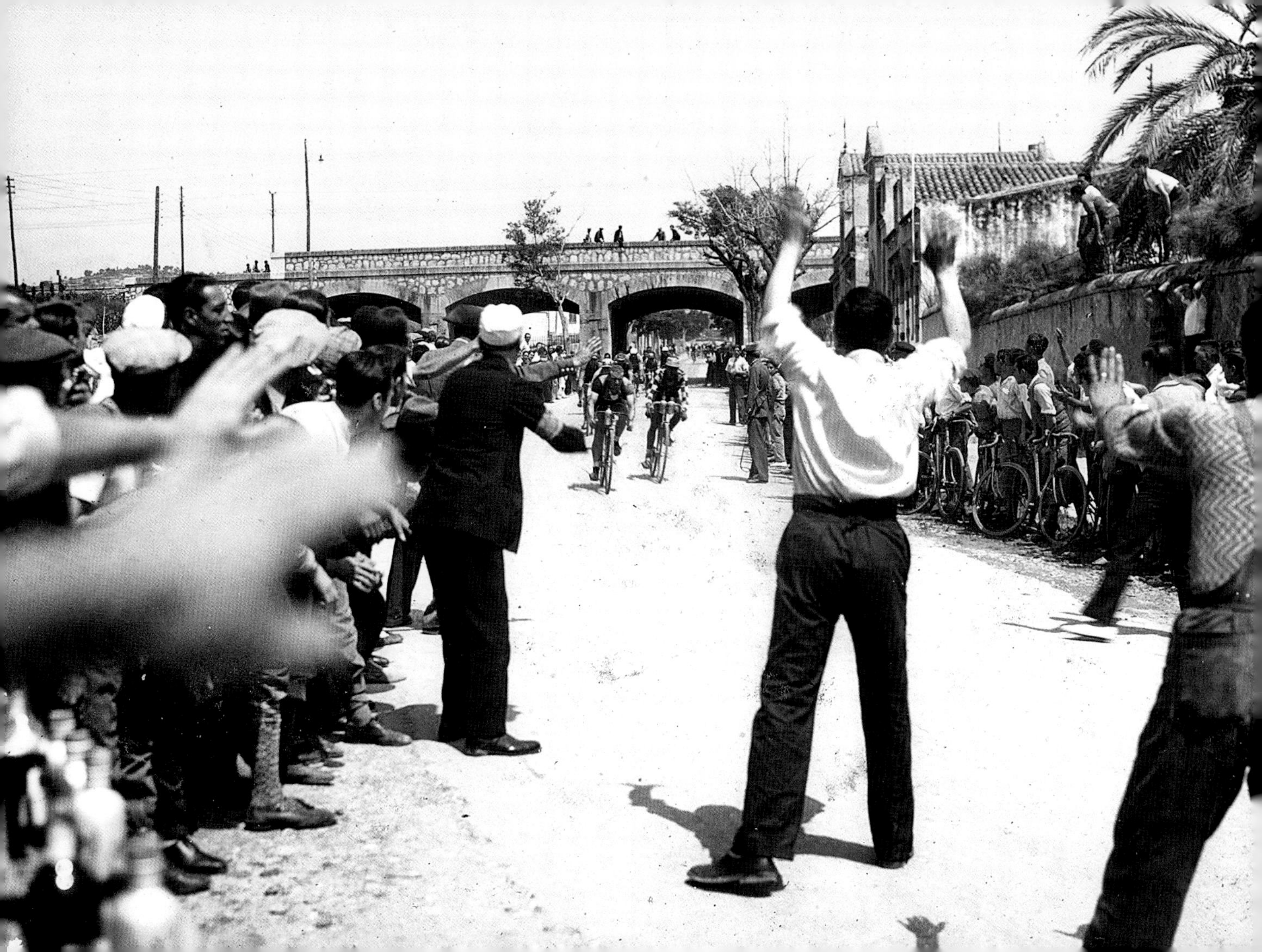

## PONT DEL TREN

-----

Construït vers el 1880, fins ben entrat el segle XX només un dels ulls era obert al trànsit rodat. És el de la imatge d'aquesta pàgina, captada el 1913 durant la cursa de motocicletes Copa Anís del Lince. Rere el pont, que en aquell moment s'estava eixamplant, es distingeix l'asil de Sant Josep.

## BARRI DE SANT CRISPÍ

-----

Al costat, fotografia aèria del 1965. En primer terme, encaixonat entre la via del tren i el passeig de Vilanova, hi ha el barri de Sant Crispí. Més enllà es veu la finca El Cortijo i la sínia Morera, i, al fons, el que ara és el sector de l'Oasi i les cases del passatge de Josep Carbonell.

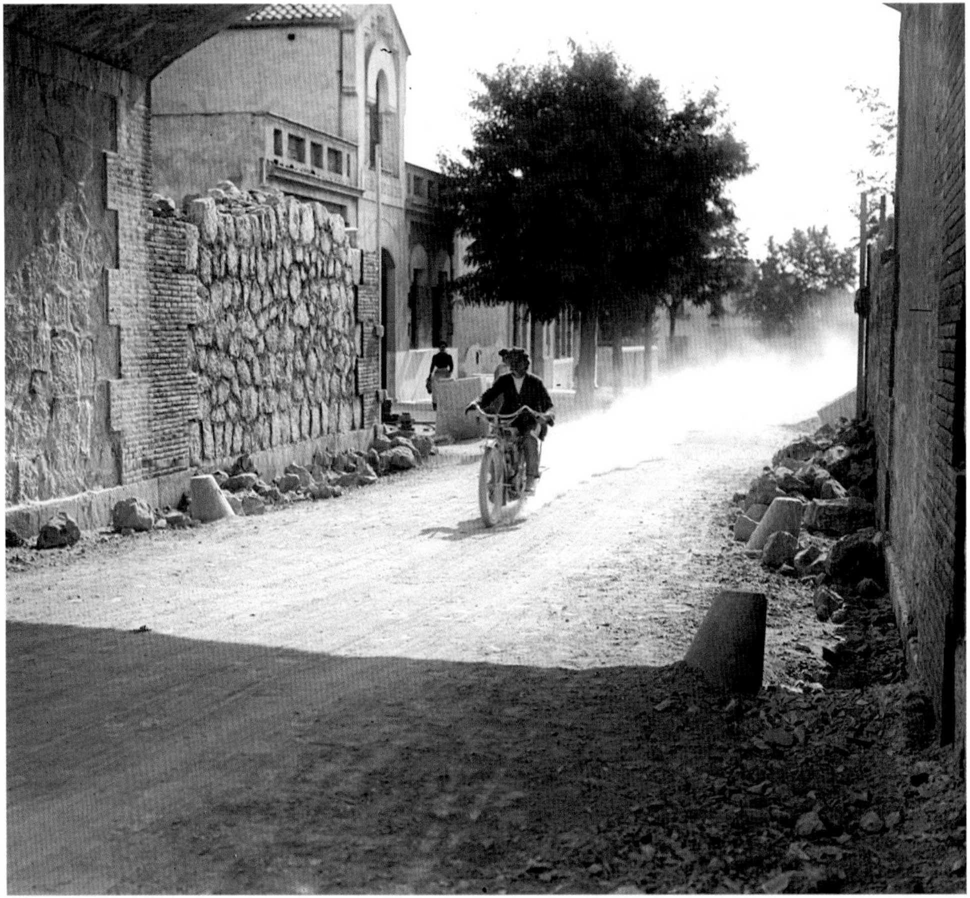

JOSEP M. CO DE TRIOLA / AFCEC

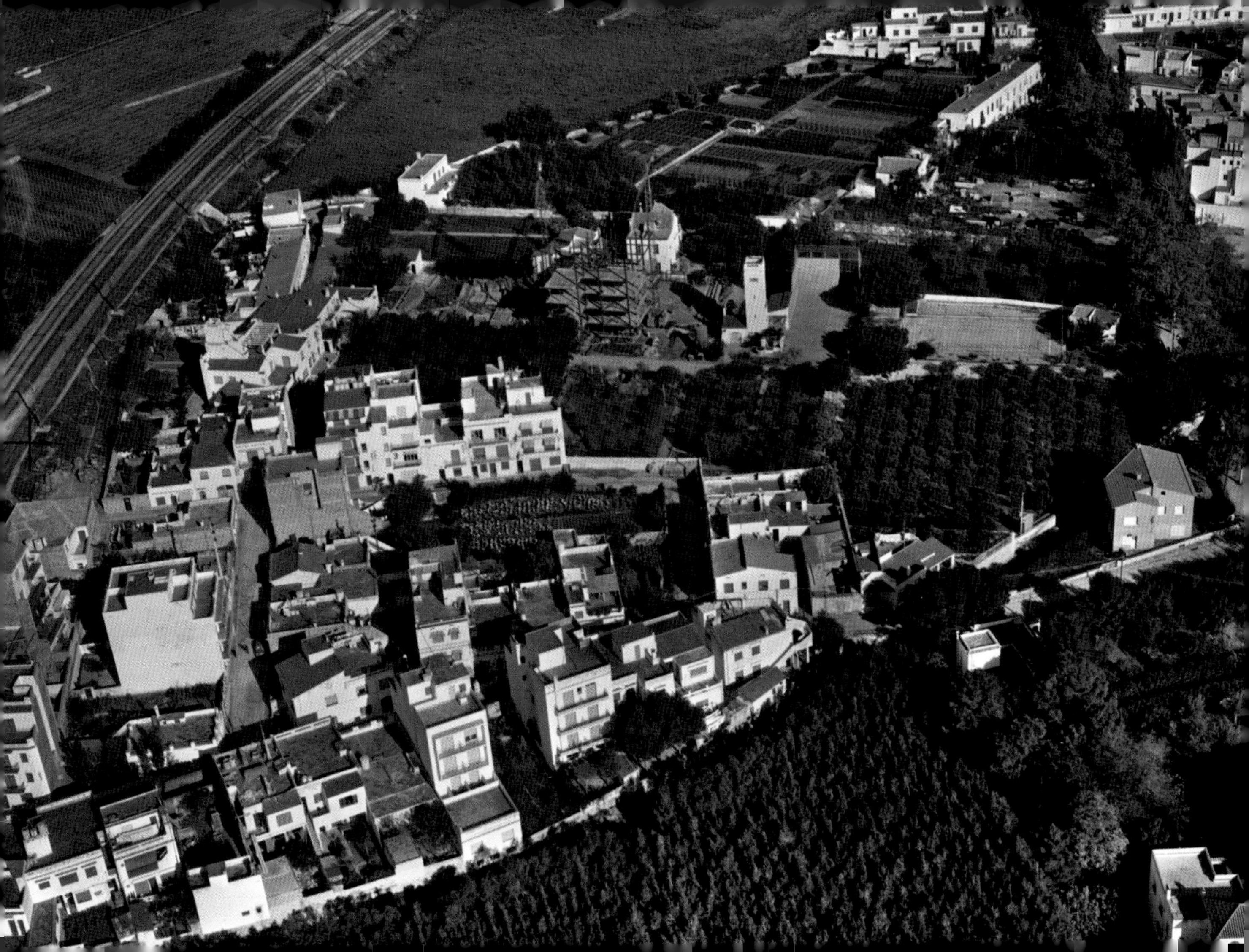

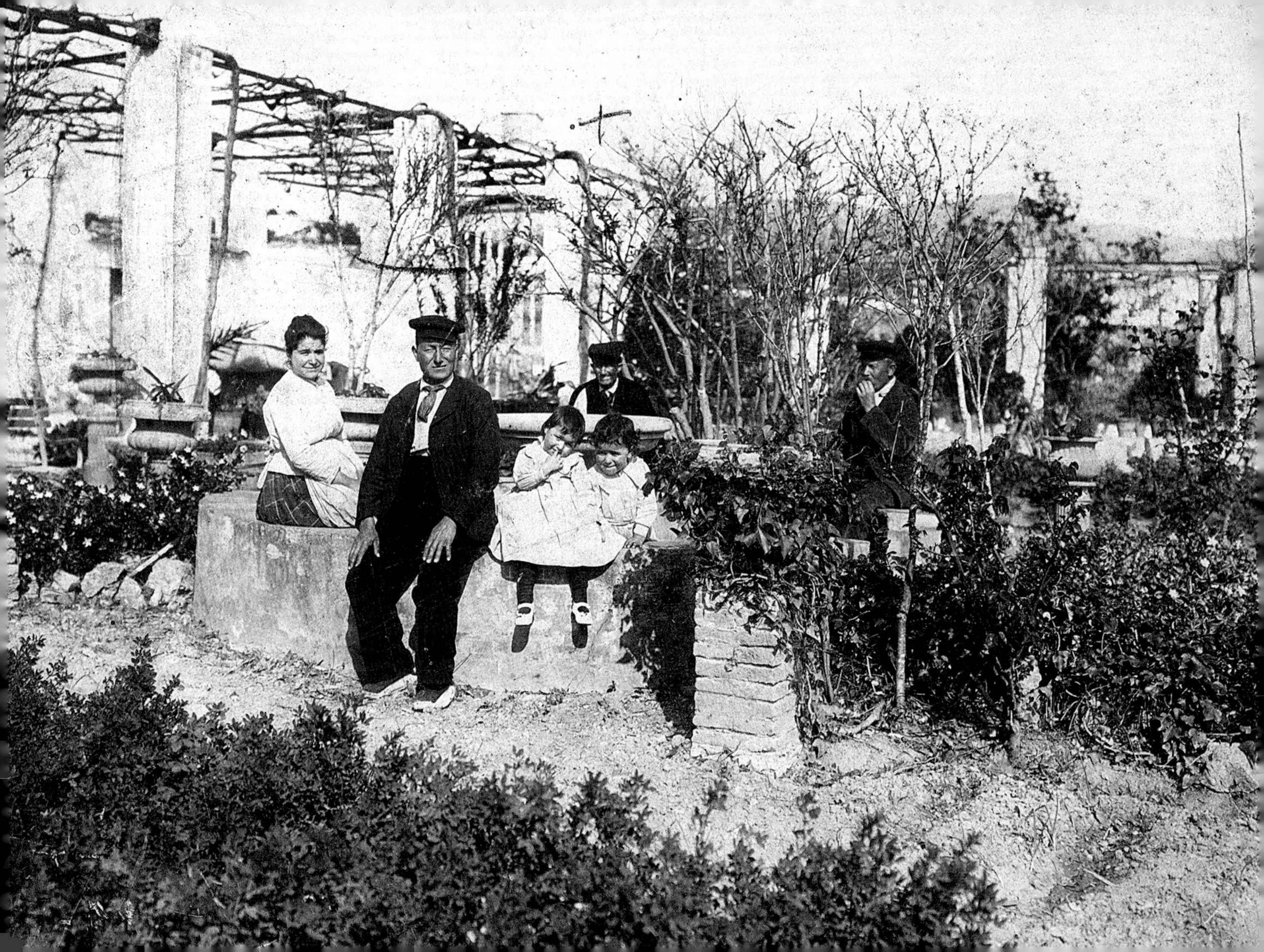

## SÍNIA DE CAN MILÀ

-----

Abans, passat el pont del tren, el paisatge estava clapejat de masies i sínies. Can Robert, cal Rostit, ca la Dionísia i can Milà eren algunes de les quals es guarda record. Al costat, imatge de finals del segle XIX de la família Camps-Vendrell, parcers de can Milà, al bell mig de la sínia.

## SÍNIA DIONÍSIA

-----

Amb el temps, la família Camps-Vendrell tingué la seva pròpia sínia, ca la Dionísia –el nom de la mestressa–, en aquesta pàgina a finals dels anys quaranta. Situada a l'encreuament de la carretera de Ribes amb el camí dels Capellans, a partir de la dècada del 1970 s'aixecaren allà diversos edificis.

AUTOR DESCONEGUT / Fons MONTSERRAT MARCÉ ROVIRA

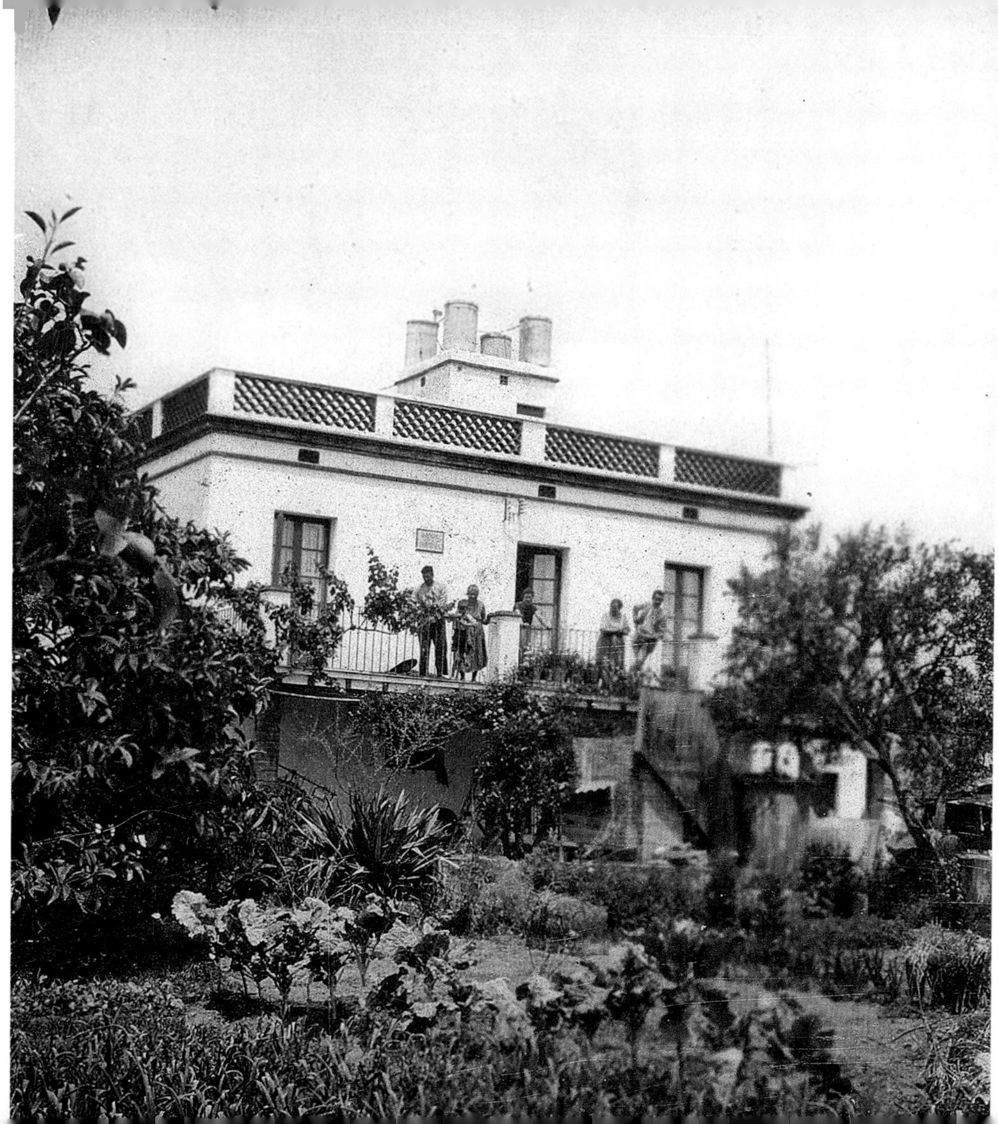

AUTOR DESCONEGUT / Fons MONTSERRAT MARCÉ ROVIRA

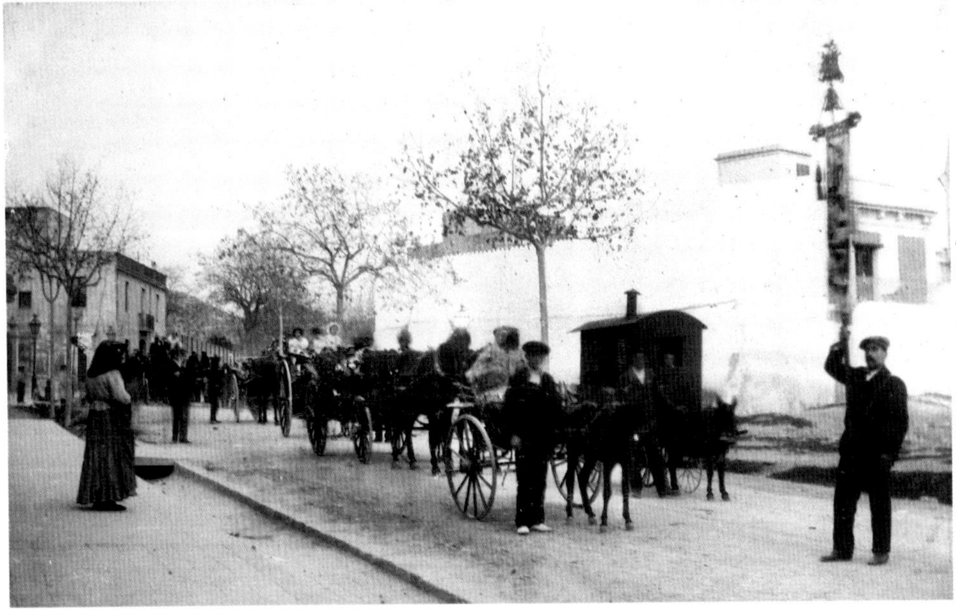

AUTOR DESCONEGUT / BIBLIOTECA SANTIAGO RUSIÑOL

## PUJADA DE L'ESTACIÓ

-----

Sobre aquestes línies, la pujada de l'Estació –avui avinguda d'Artur Carbonell– a l'altura del carrer de Sant Bartomeu. La imatge mostra la cavalcada de Carnaval que organitzà el Casino Prado el 1913. El carro que hi ha en primer terme, a mà dreta, estava inspirat en *L'alegria que passa*, de Rusiñol.

## HOTEL CAU FERRAT

-----

Situat davant la plaça de l'Estació, el bar i després hotel Cau Ferrat –al costat en una imatge dels anys vint– va ser actiu durant mig segle. L'assortidor de benzina fou col·locat el 1922 per l'empresa Catasús i Cia., aleshores propietària de la majoria de gasolineres que hi havia a Catalunya.

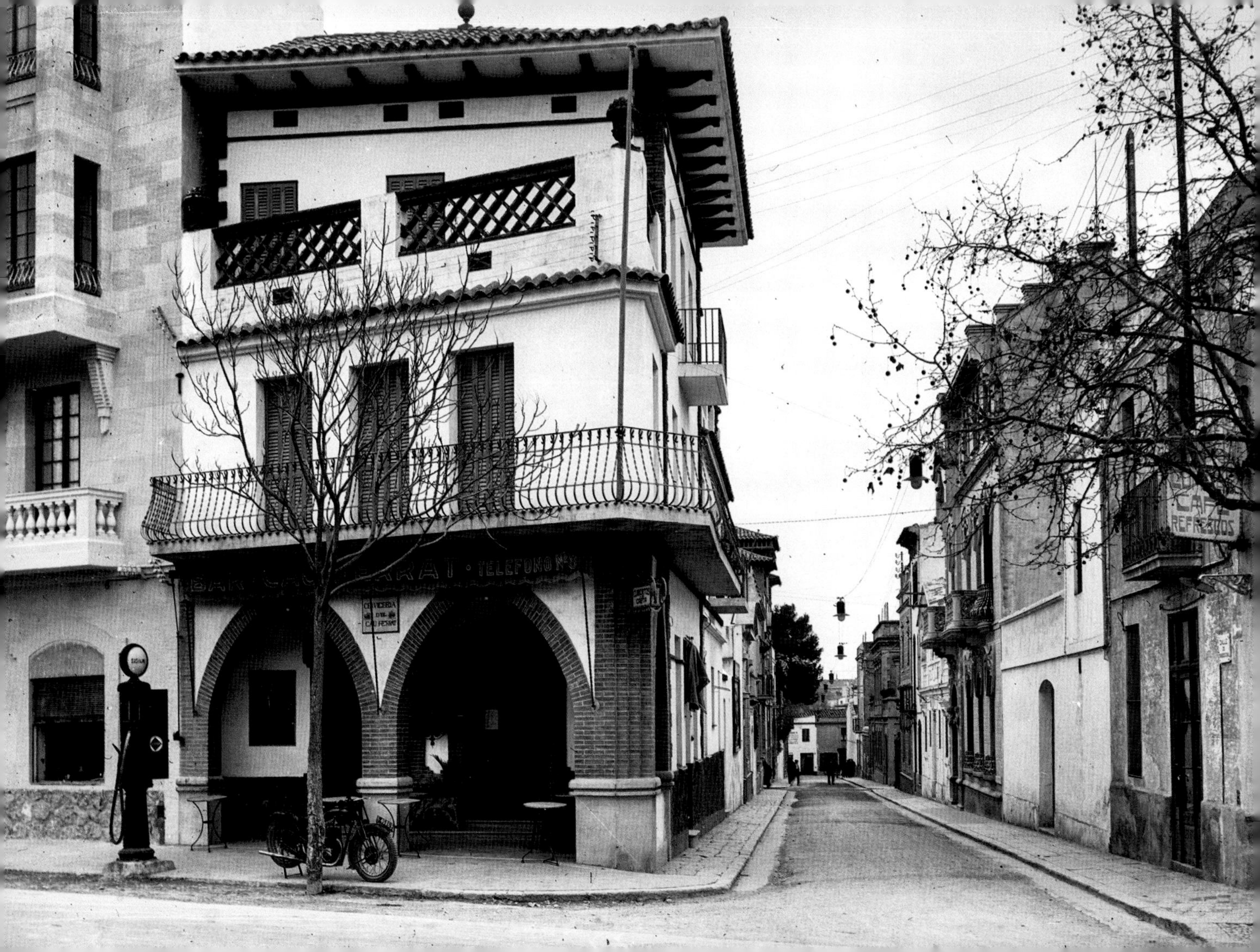
TELEFONO Nº 3
REFRESCOS

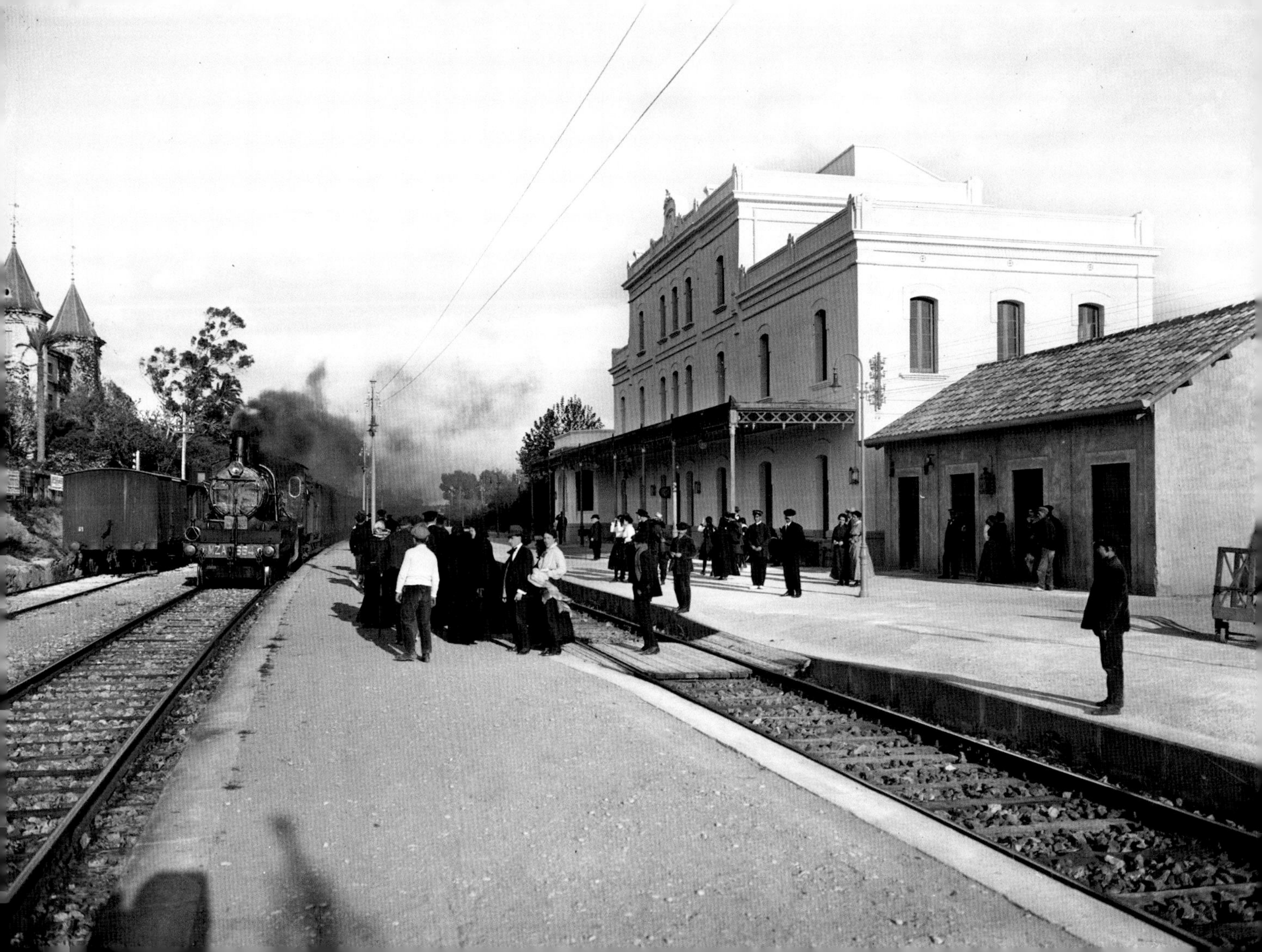
MZA

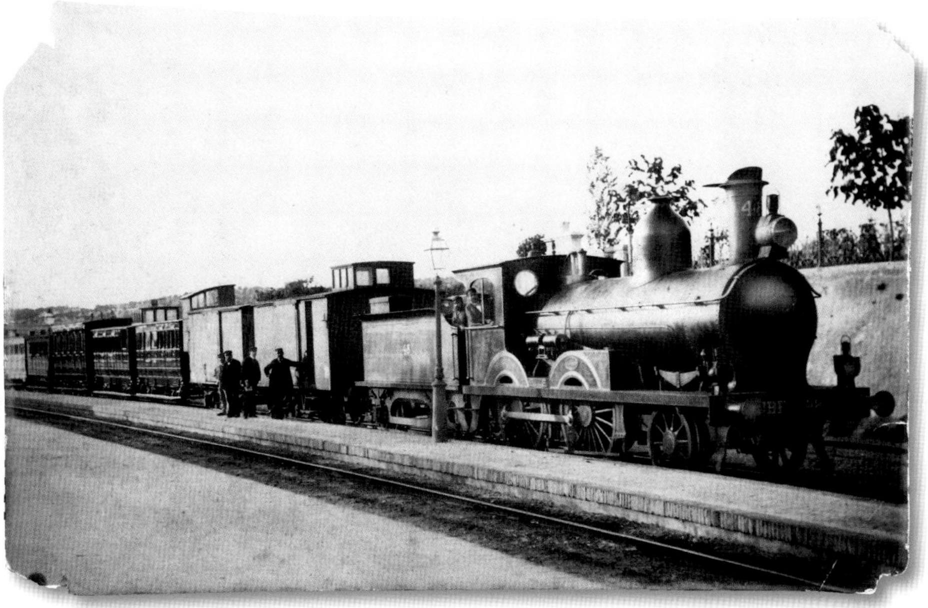

AUTOR DESCONEGUT / Fons JOAN OLIVELLA PENA

## ESTACIÓ DEL FERROCARRIL

L'arribada del ferrocarril a Sitges, l'any 1881, va representar un abans i un després en la vida de la població, que a partir de llavors disposà d'un mitjà de transport –tant de persones com de mercaderies– més ràpid i segur que no pas el que es feia per via marítima o a través de la sinuosa carretera de les Costes de Garraf. D'altra banda, el tren afavorí que la vila es convertís en un dels llocs d'estiueig preferits de les famílies benestants de Barcelona. Al costat, l'estació pels voltants de l'any 1915. Sobre aquestes línies, un tren aturat a la via morta a finals del segle XIX.

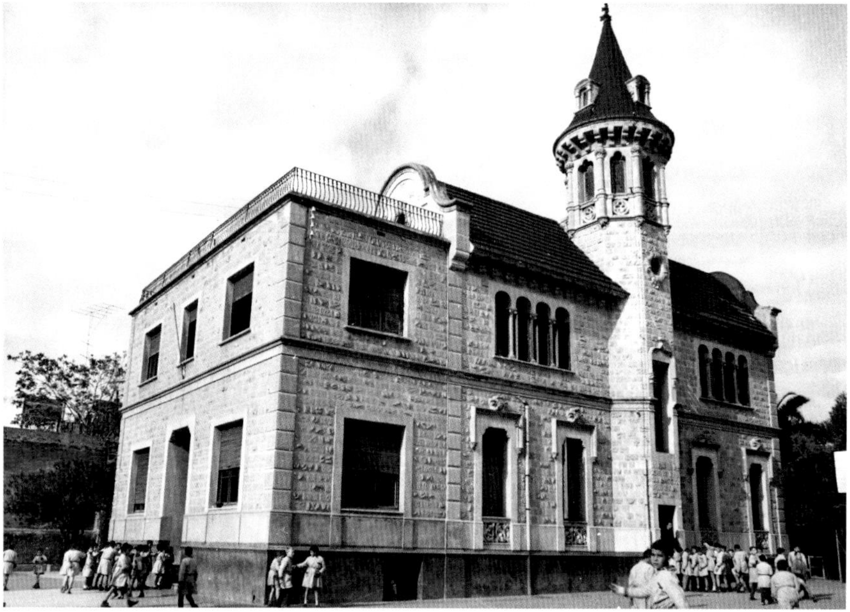

AUTOR DESCONEGUT / Fons SEBASTIÀ GIMÉNEZ MIRABENT

## ESCOLA PIA

A principis del segle xx, l'*americano* Pere Montané edificà una casa d'estil modernista entre la carretera i els carrers de Francesc Gumà i de les Ànimes. A la dècada dels trenta s'hi instal·laren els escolapis. La imatge d'aquesta pàgina data del 1963, abans que el xalet fos aterrat per construir-hi el col·legi actual.

## 'LES BARRERES'

El pas a nivell del tren –a la pàgina del costat en una imatge dels anys deu– es coneixia popularment com *les Barreres*. Les cadenes originals que tancaven el pas es canviaren, més endavant, per unes barreres basculants. Això no evità, però, que les imprudències provoquessin molts accidents mortals.

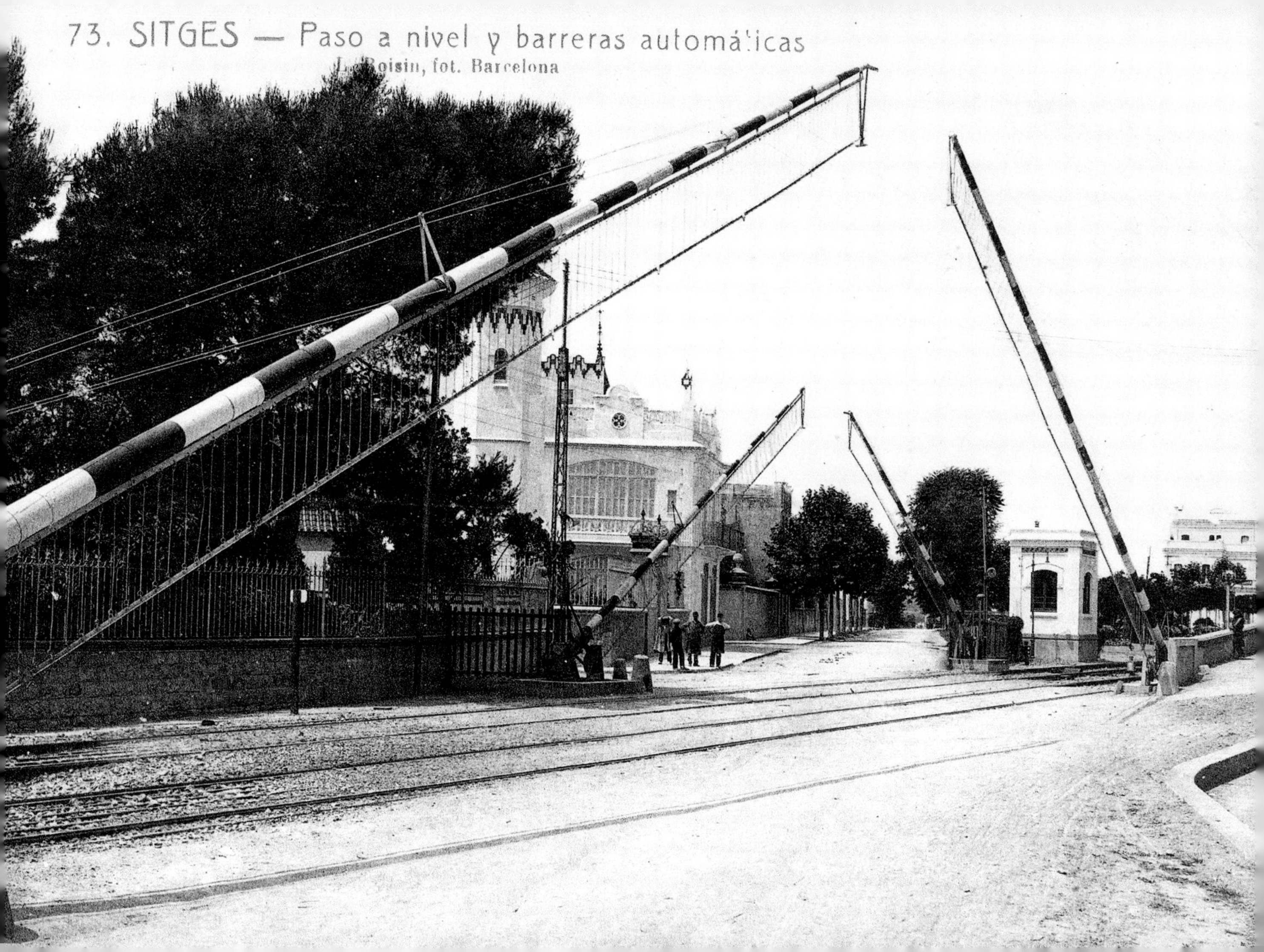
73. SITGES — Paso a nivel y barreras automáticas
L. Roisin, fot. Barcelona

## CARRER DE RAFAEL LLOPART

-----

El carrer de Rafael Llopart marcava, antigament, la línia divisòria entre el centre de la vila estricte i l'anomenat *Sector Oriental*. A l'inici del segle XX tingué diversos noms successius, fins que el 1927 va rebre el definitiu, en honor de qui havia estat fill predilecte de Sitges i gran benefactor de l'hospital de Sant Joan Baptista, el qual, a més, havia viscut en una luxosa residència del capdamunt del carrer. En aquesta pàgina, el casalot del prohom a les acaballes del segle XIX. A la pàgina del costat, uns homes traginen garrafes d'aigua a la cantonada de Rafael Llopart amb Jesús el 1963.

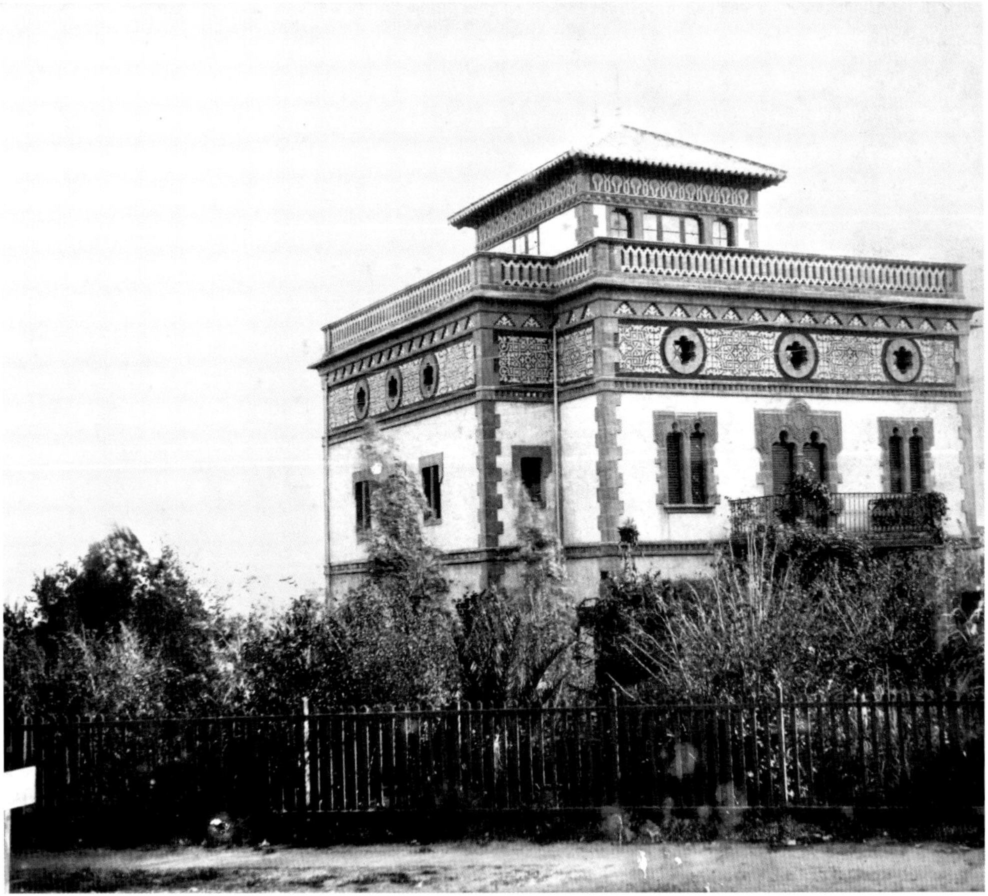

AUTOR DESCONEGUT / Fons JOAN OLIVELLA PENA

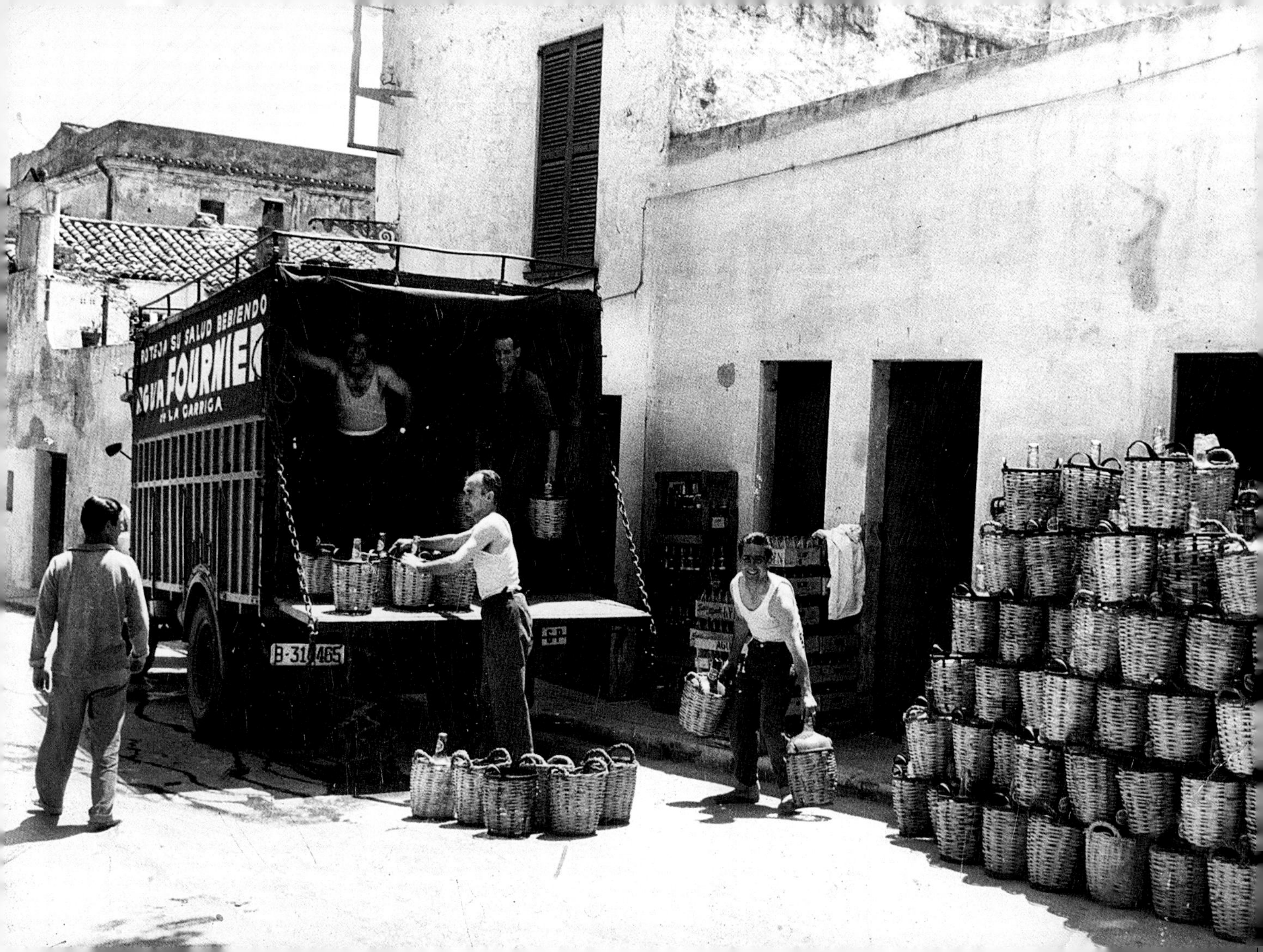
SU SALUD BEBIENDO
FOURNIER
LA GARRIGA

## PLATJA DE SANT SEBASTIÀ

-----

Panoràmica del barri i de la platja de Sant Sebastià, i del Sector Oriental de la vila, pels voltants del 1890. Al centre destaca el portal de Sant Sebastià, que tancava una part del barri i que fou enderrocat el 1902. Més a l'esquerra hi ha les cases de Manuel i Aleix Vidal Quadres, i el baluard de la Torreta. A la dreta, en primer terme, can Negret i el camí on després s'obriria l'avingu-da dels Balmins. La gran extensió de vinyes i camps de conreu que s'observa al darrere seria, en el futur, el carrer de Joan Maragall i adjacents. Al fons es dis-tingeixen els xalets de can Llopart i can Planàs.

AUTOR DESCONEGUT / Fons AGUSTÍ FERRER PINO

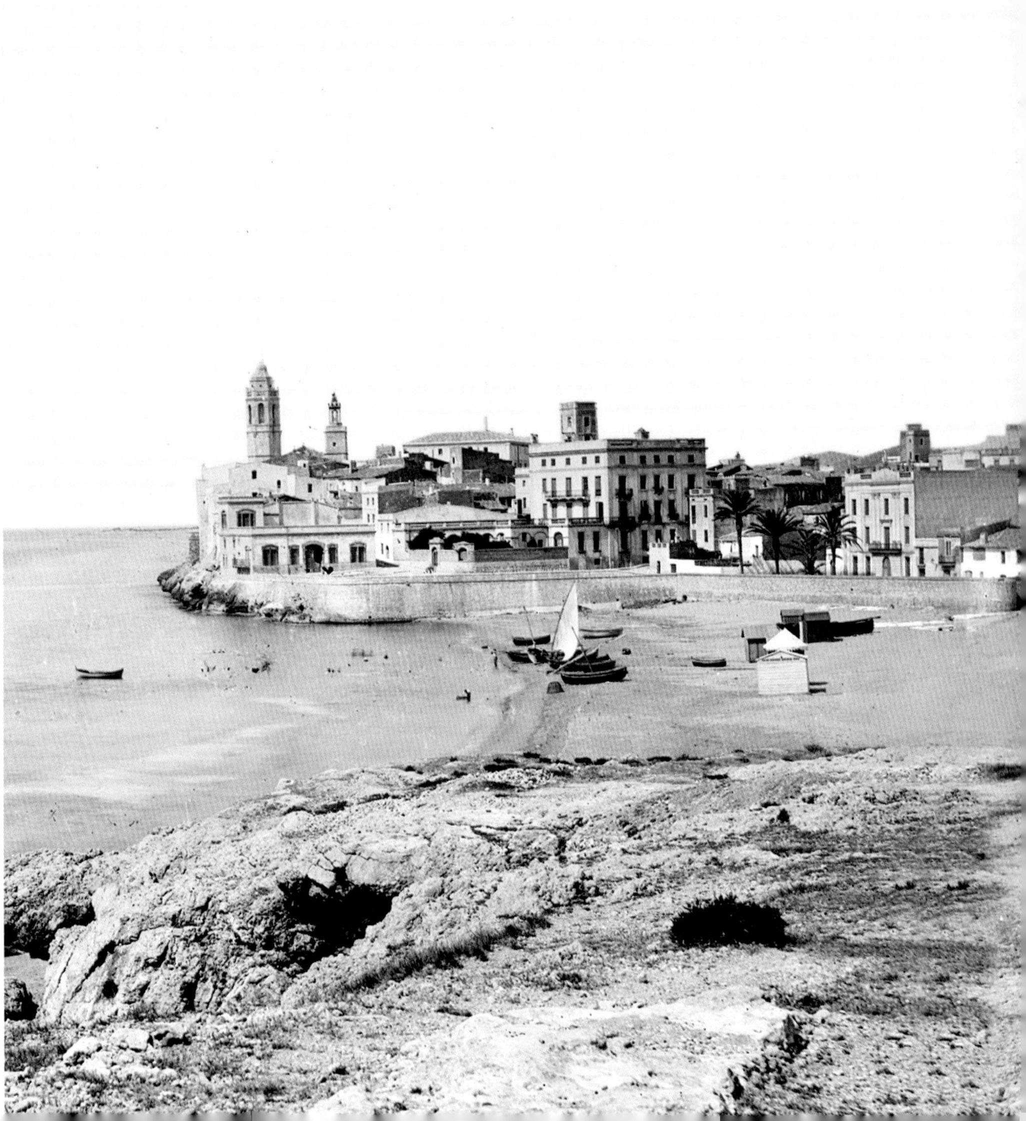

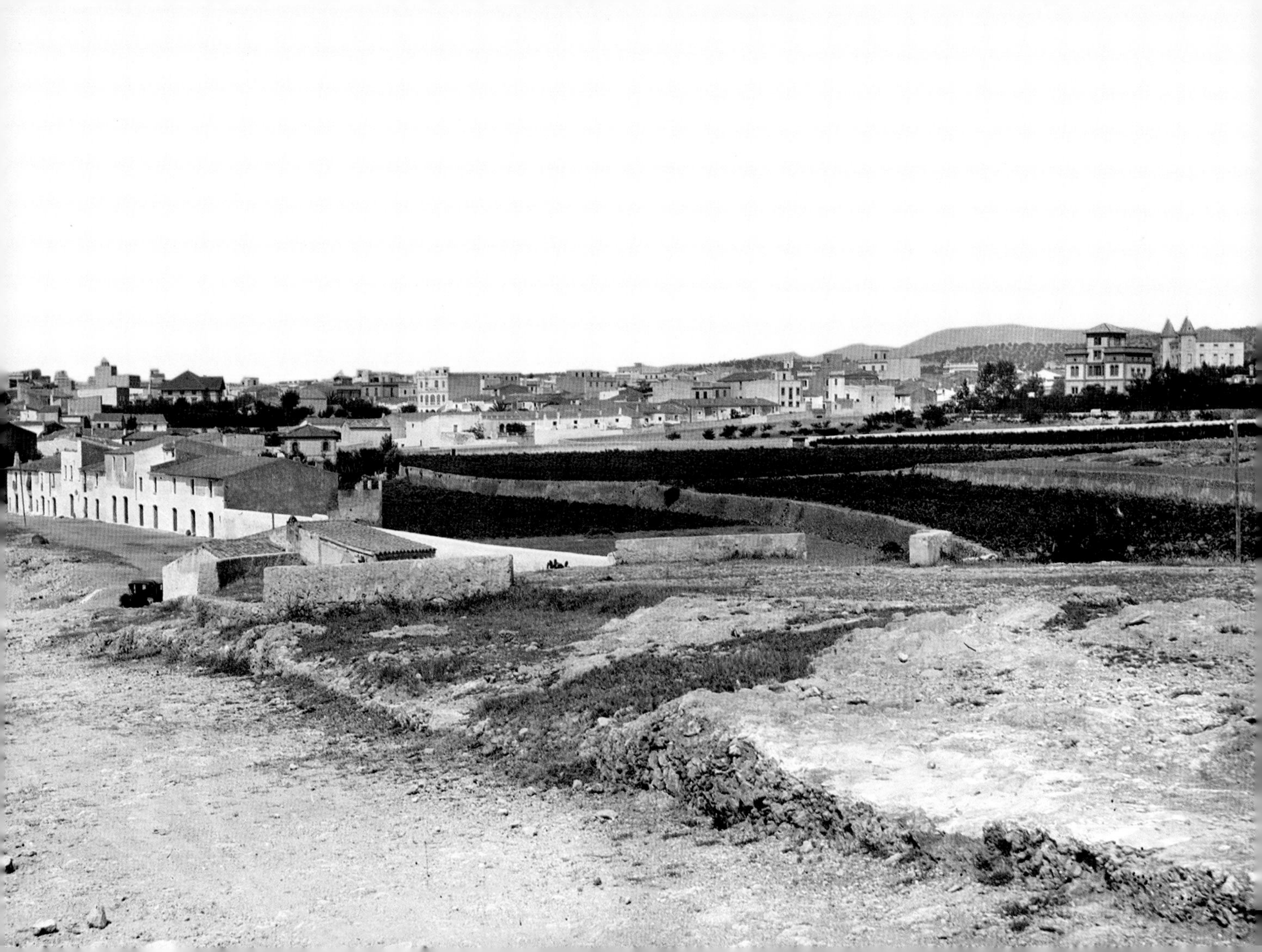

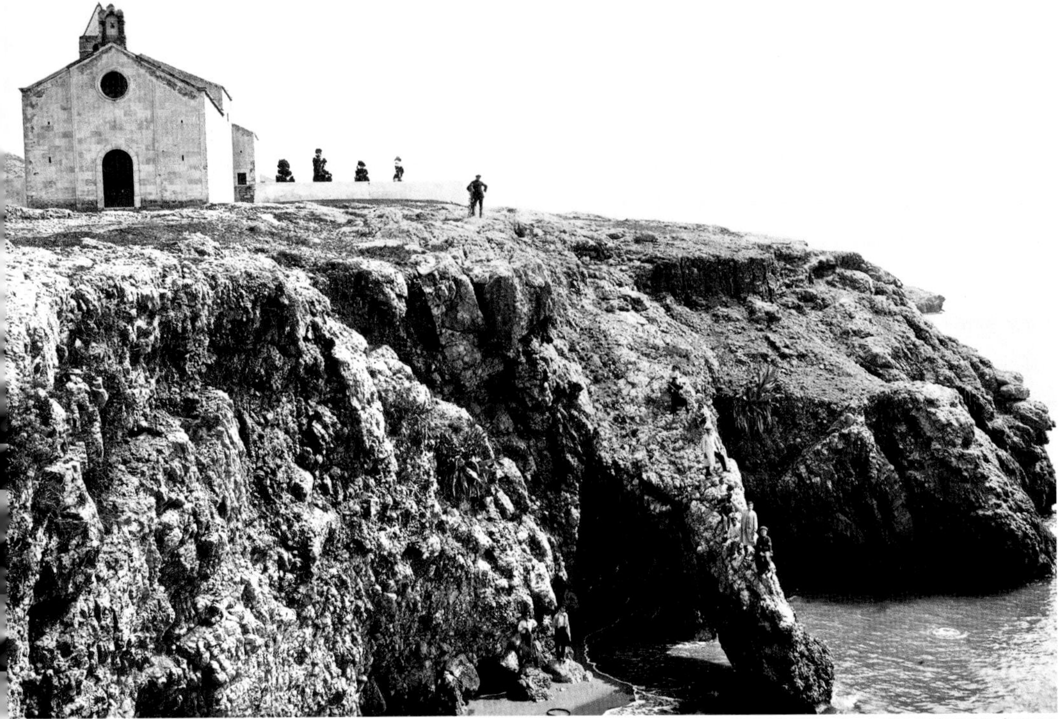

AUTOR DESCONEGUT / Fons TRINO CARBONELL ÁLVAREZ

## ERMITA DE SANT SEBASTIÀ

-----

Malgrat que es té notícia de la seva existència des de molt abans, l'actual ermita de Sant Sebastià fou construïda a mitjan segle XIX. Els seus principals impulsors foren els sacerdots Fèlix Clarà i Manuel Sans –la família d'aquest últim sufragà una bona part de les obres–. En aquesta pàgina, l'ermita al començament del segle XX. La cova que es veu en primer terme, dita també *de Sant Sebastià*, s'esfondrà no fa gaires anys a causa de l'embat de les onades. Al costat, vista parcial de la platja de Sant Sebastià, amb l'ermita al fons, cap al 1930. Rere les barques, uns banyistes descansen sota els tendals.

AUTOR DESCONEGUT / BIBLIOTECA SANTIAGO RUSIÑOL

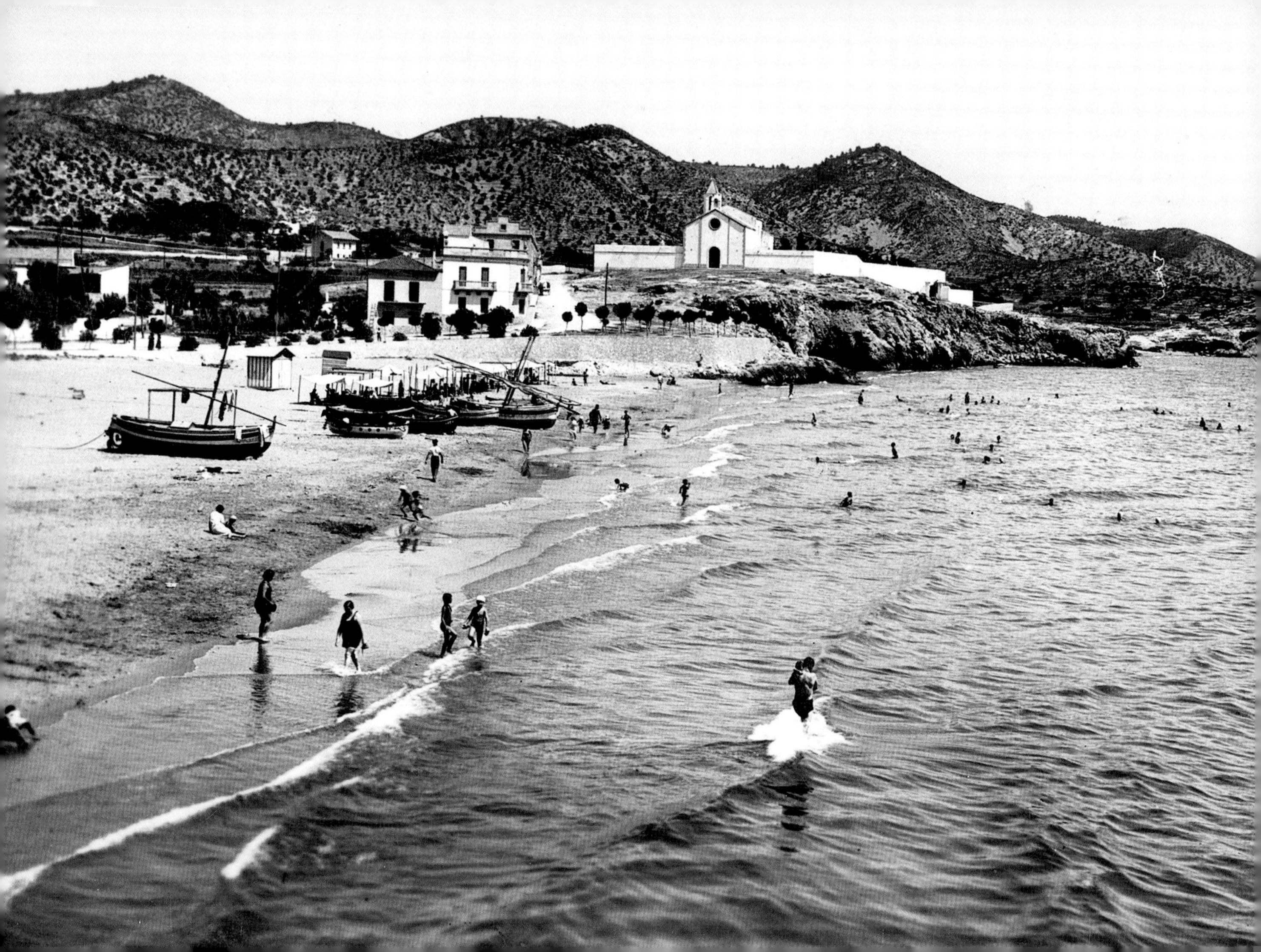

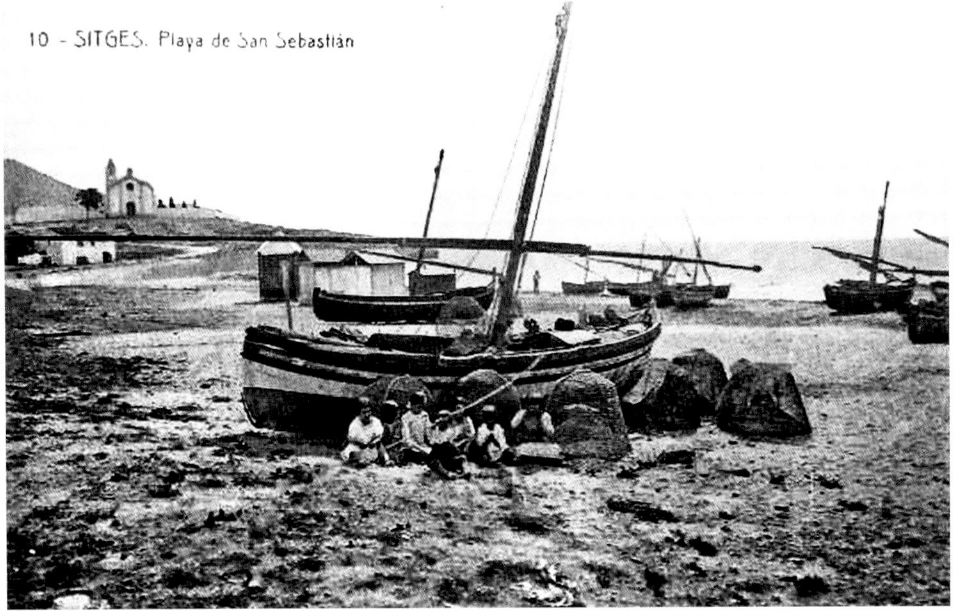


AUTOR DESCONEGUT / Fons JOSEP M. ALEGRE ALMIRALL

## BARRI MARINER

-----

L'agricultura i, sobretot, la pesca foren la principal ocupació dels veïns de la platja de Sant Sebastià fins ben entrat el segle xx. En dona fe la imatge d'aquesta pàgina, dels volts del 1905, en què apareixen uns nens asseguts a la sorra, arrecerats al fustam d'una barca i entremig de grosses nanses.

## CASETES DE BANY

-----

A la pàgina del costat, una altra perspectiva de la platja captada vers els anys deu del segle xx. Algunes de les primeres casetes de bany que hi hagué a Sant Sebastià pertanyien a les famílies Tarrida i Llopart, la segona de les quals –molt nombrosa– tenia per costum arribar-se fins allà amb carruatge.

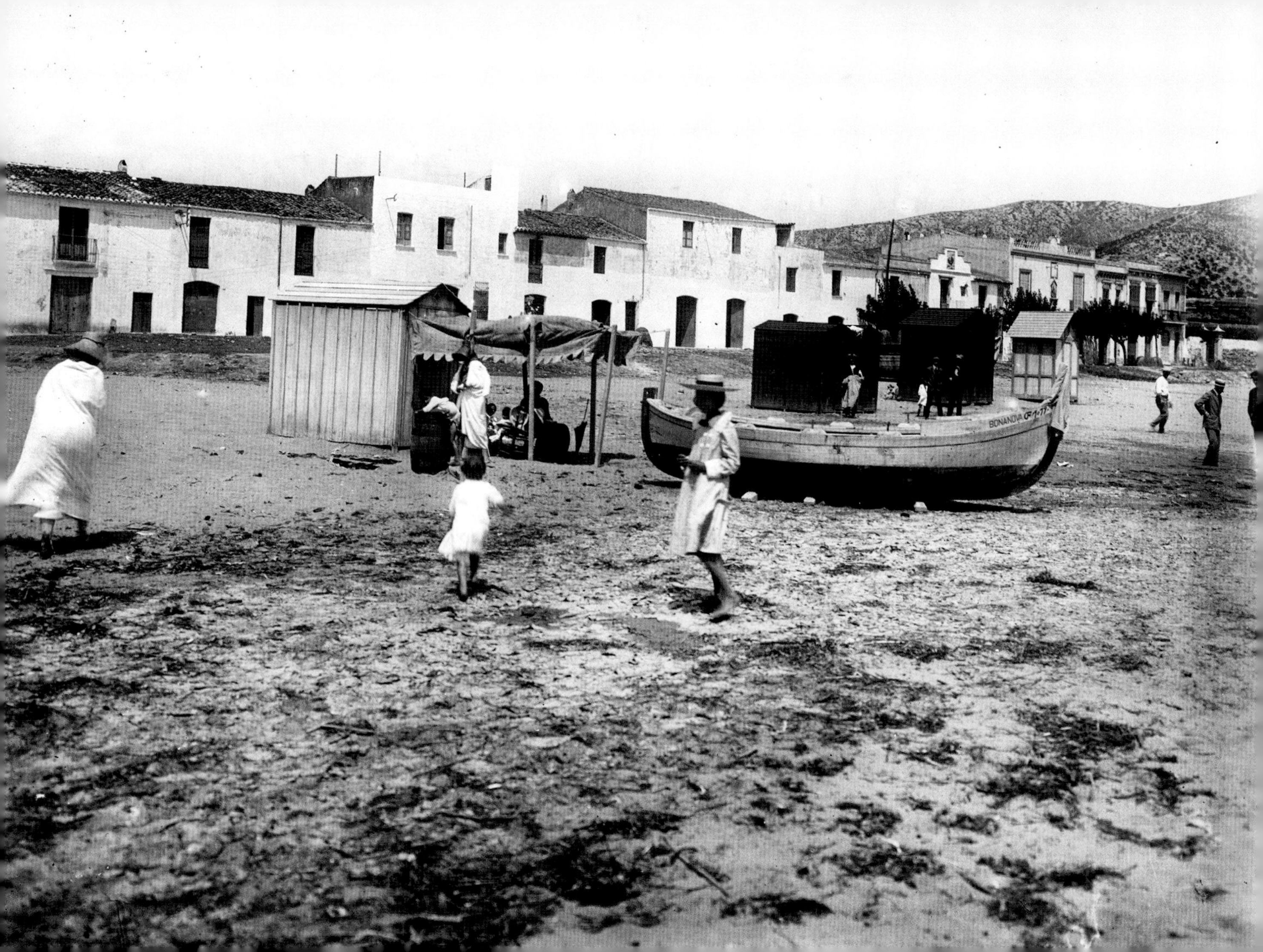
BONANOVA

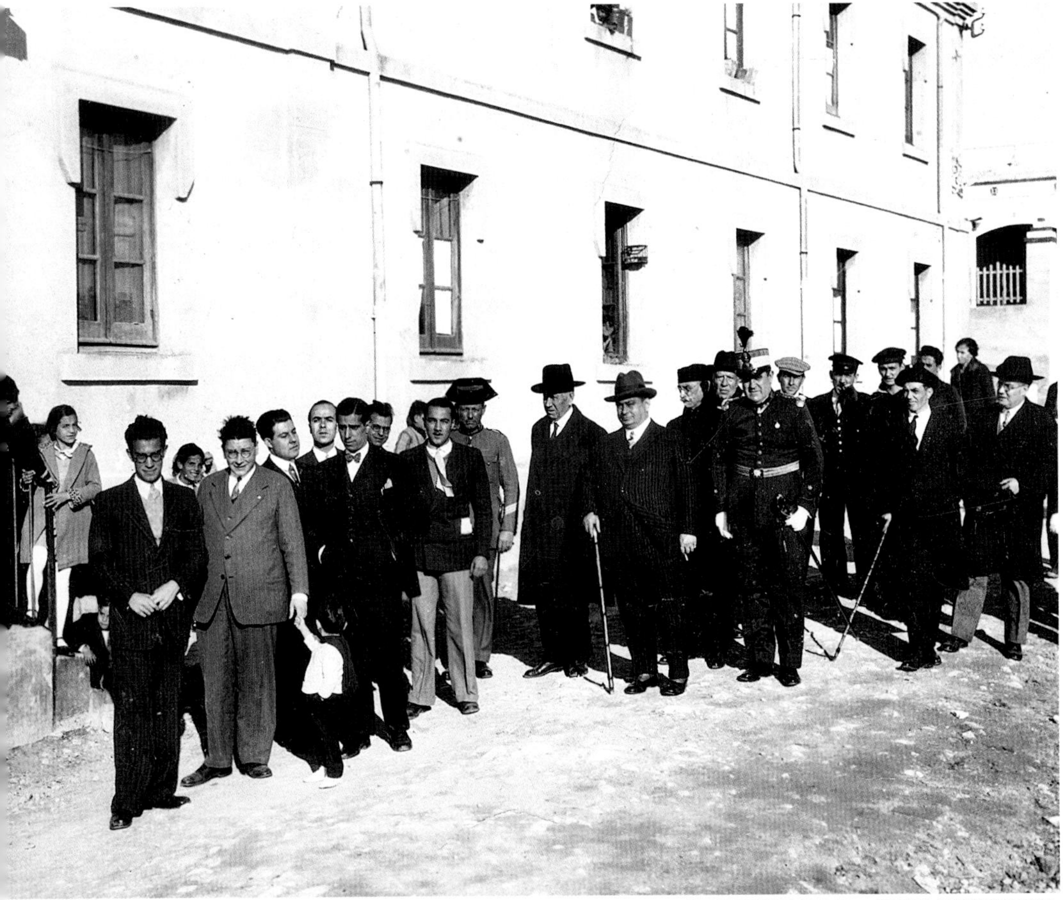

AUTOR DESCONEGUT / Fons JOSEP M. ALEGRE ALMIRALL

## AVINGUDA DELS BALMINS

-----

Durant una gran part del segle xx, les dues grans construccions d'aquesta via pública foren la caserna de carrabiners –avui ja desapareguda– i el cementiri vell o de Sant Sebastià. No per casualitat, de l'avinguda dels Balmins se'n deia *camí del Cementiri*. La caserna –en aquesta pàgina en una imatge dels anys vint– fou bastida per donar cabuda als carrabiners que s'encarregaven de la vigilància de les Costes de Garraf. Acabada la Guerra Civil, passà a ocupar-la la guàrdia civil. Al costat, un home contempla l'arribada d'un enterrament amb cotxe de cavalls a la porta del cementiri pels volts del 1930.

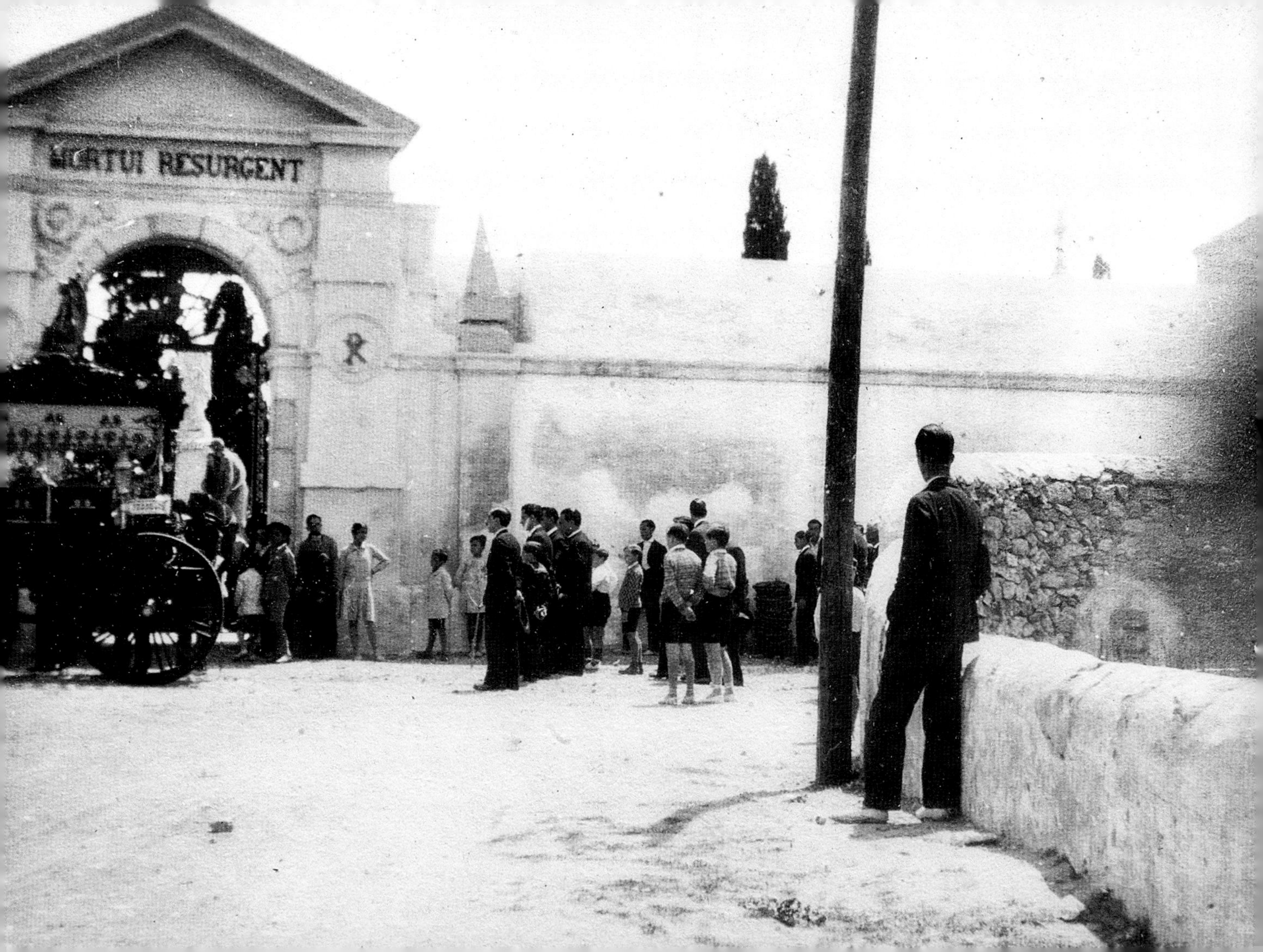
MORTUI RESURGENT

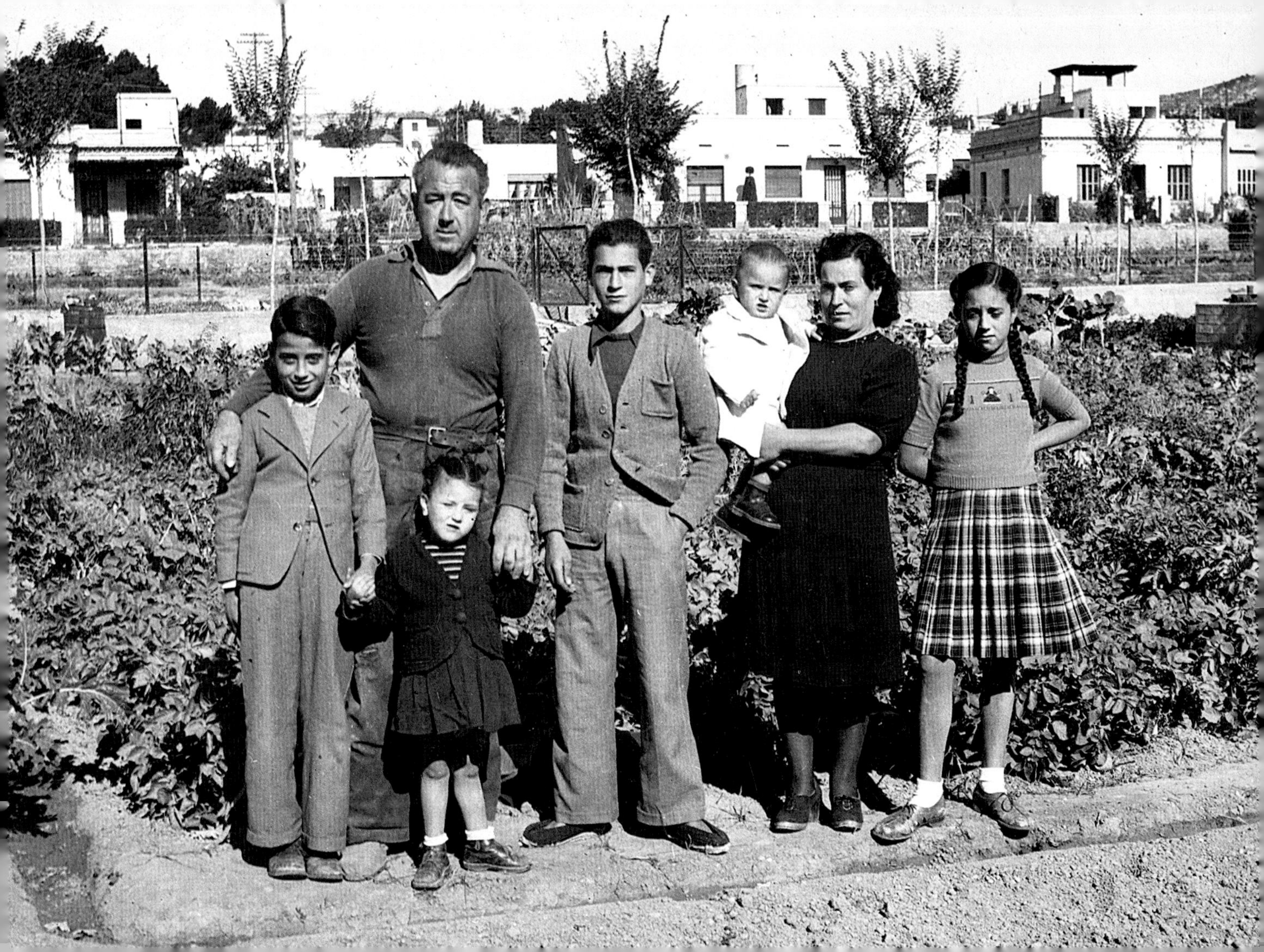

## CARRER
## DE JOAN MARAGALL

-----

Dues fotografies del carrer de Joan Maragall que mostren –si fa no fa– el mateix lloc, però amb dues dècades de diferència.
A la pàgina del costat, el matrimoni format per Josep Andreu i Rosa Almirall amb els seus cinc fills (Jaume, Rosa, Josep, Siscu i Nuri) entorn del 1940 a l'hort que la família tenia en aquell carrer –no era l'únic que existia a la zona–. Rere seu hi ha el passatge de Muiño, que aleshores només estava edificat per la banda de muntanya. En aquesta pàgina, en primer terme, la Central Corsetera –*la fàbrica dels Sostens*, com era coneguda– i, al costat, l'hotel Londres cap al 1965.

AUTOR DESCONEGUT / Fons ROSA ANDREU ALMIRALL

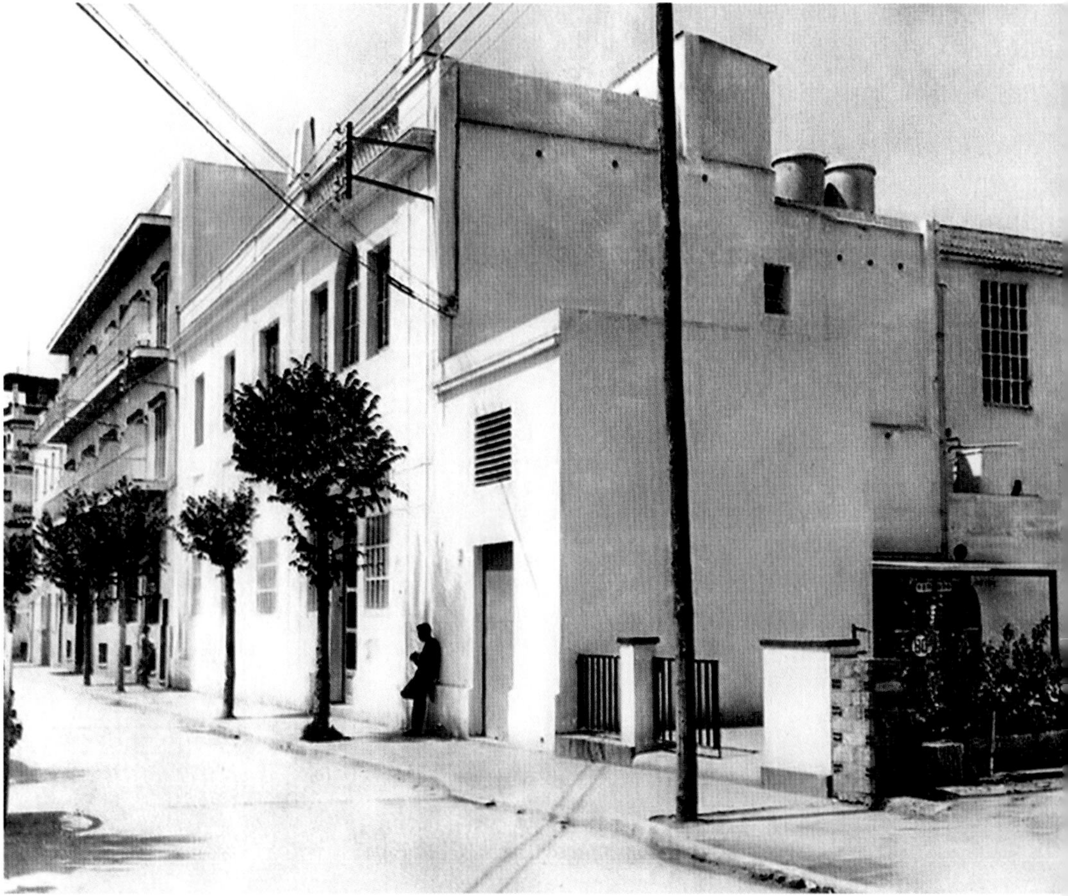

**AUTOR DESCONEGUT** / Fons JOAN YLL FONTANALS

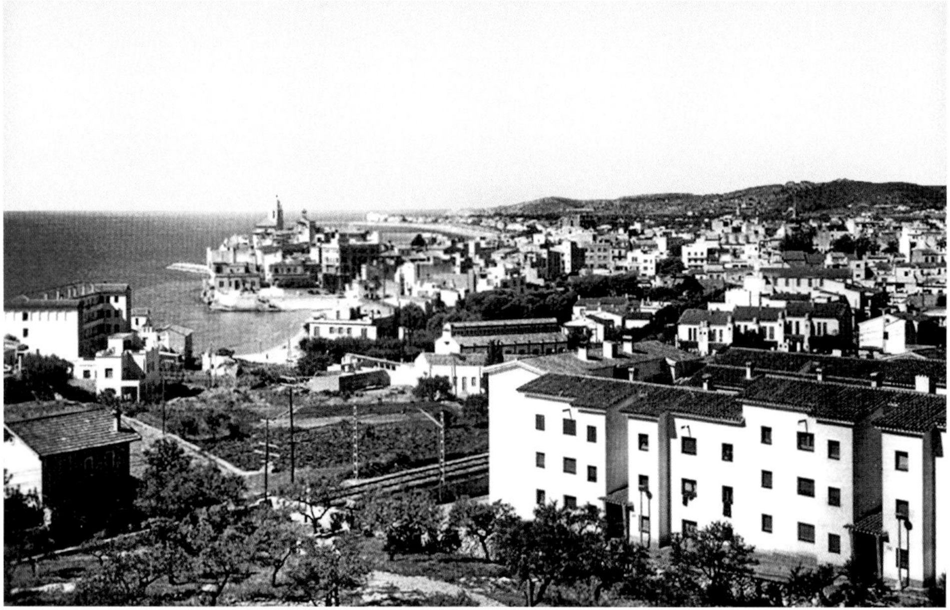

AUTOR DESCONEGUT / Fons JOSEP M. ALEGRE ALMIRALL

## 'LES CASES NOVES'

-----

*Les Cases Noves* és el nom popular amb què foren batejats des del començament els blocs de pisos promoguts als anys cinquanta per l'Obra Sindical franquista al límit del Sector Oriental. El nom acabà estenent-se a tot el barri, que experimentà un fort creixement urbanístic en el decurs de les dues dècades següents. Sobre aquestes línies, vista parcial de les Cases Noves als anys seixanta. Més enllà de la via s'aprecia l'últim tram –encara per obrir– del carrer de Joan Maragall. A la pàgina del costat, nens del barri al carrer de les Illes Balears, llavors el més llevantí de la vila, el 1960.

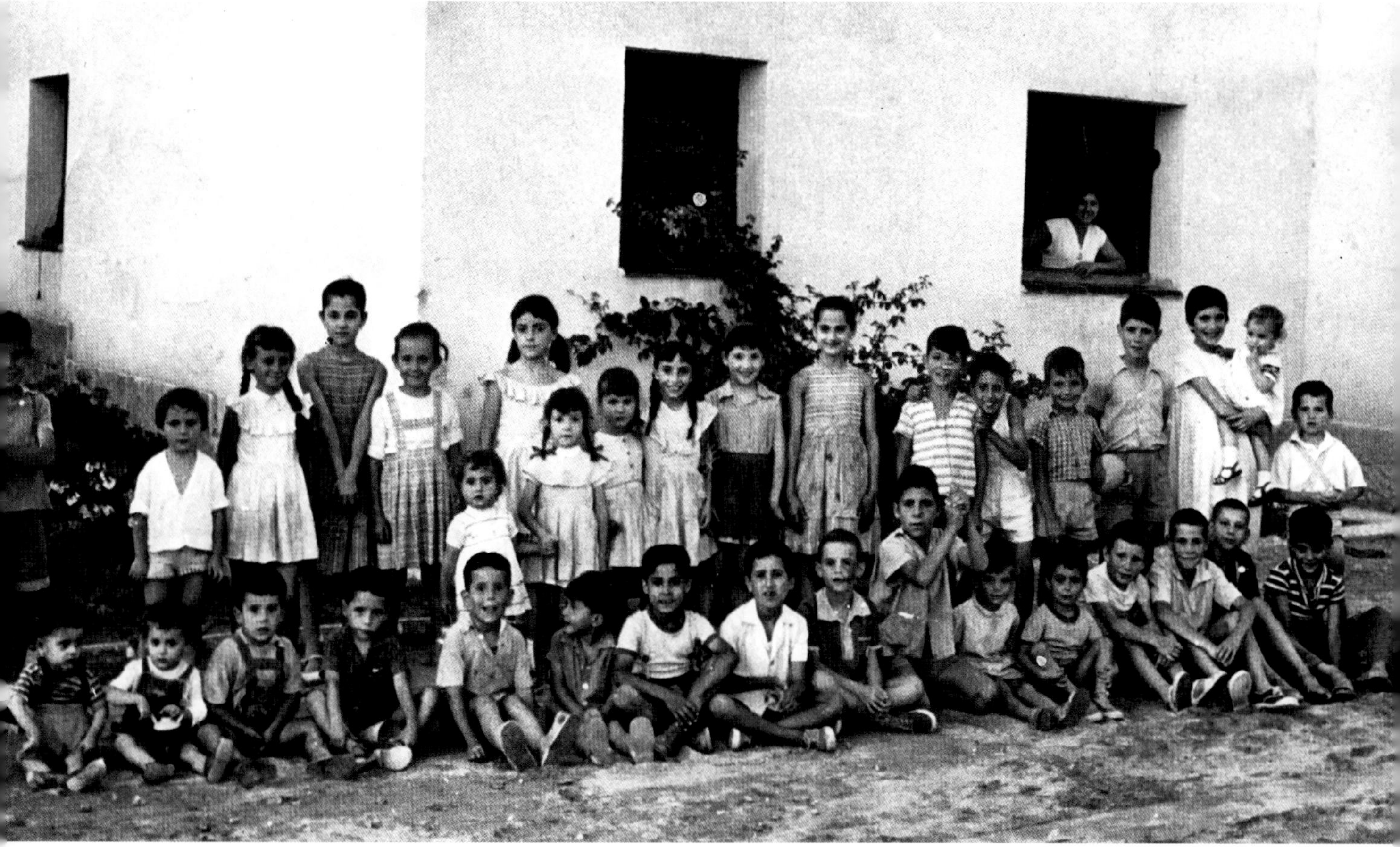

AUTOR DESCONEGUT / Fons LOURDES SOLER

## ELS MOLINS

-----

El barri dels Molins es diu així pels dos molins fariners que, des de temps antic, existien en aquell sector, un indret rocós i envoltat de garrofers. Al costat hi havia una era on els sitgetans acudien els dies de sortida al camp. El dilluns de Pasqua, les colles de caramelles i un bon nombre de persones s'hi aplegaven per ballar i menjar la mona. El 1916 s'enderrocà un dels molins i la pedra s'utilitzà en la construcció de la capella de les Mercedàries. L'altre fou aterrat el 1983. En aquesta pàgina, els Molins el 1914. A la pàgina del costat, un grup de joves menja la mona als anys deu del segle xx.

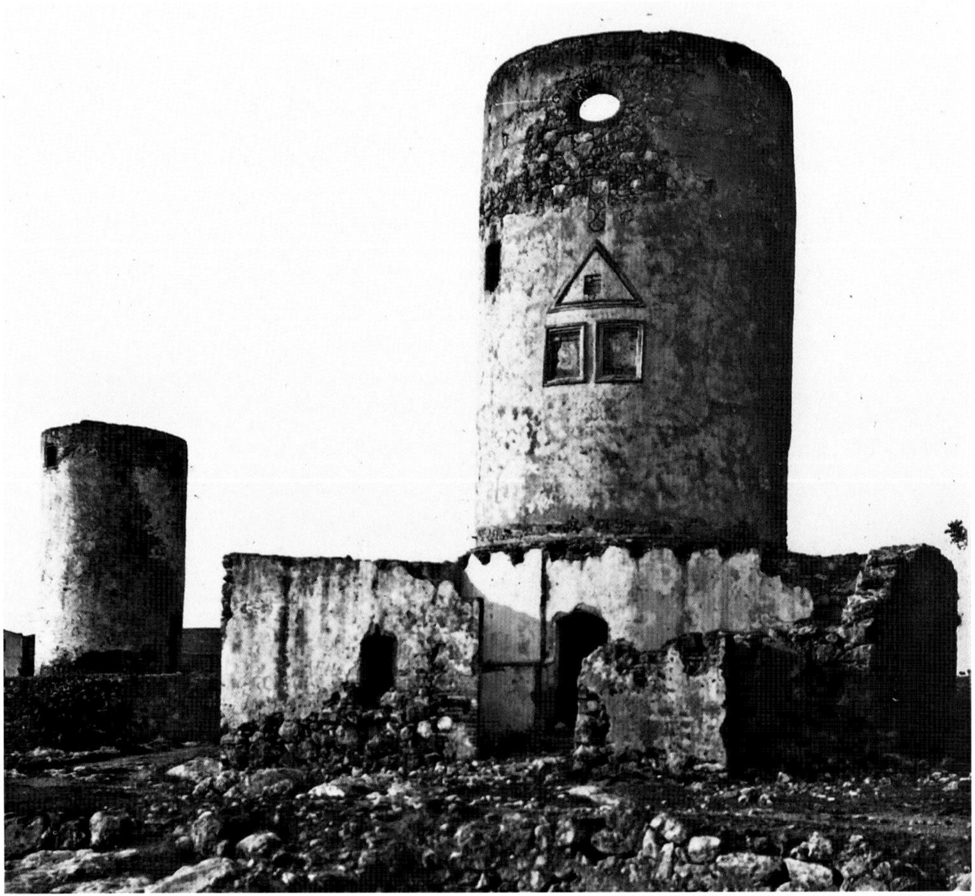

JOSEP SALVANY BLANCH / BIBLIOTECA DE CATALUNYA

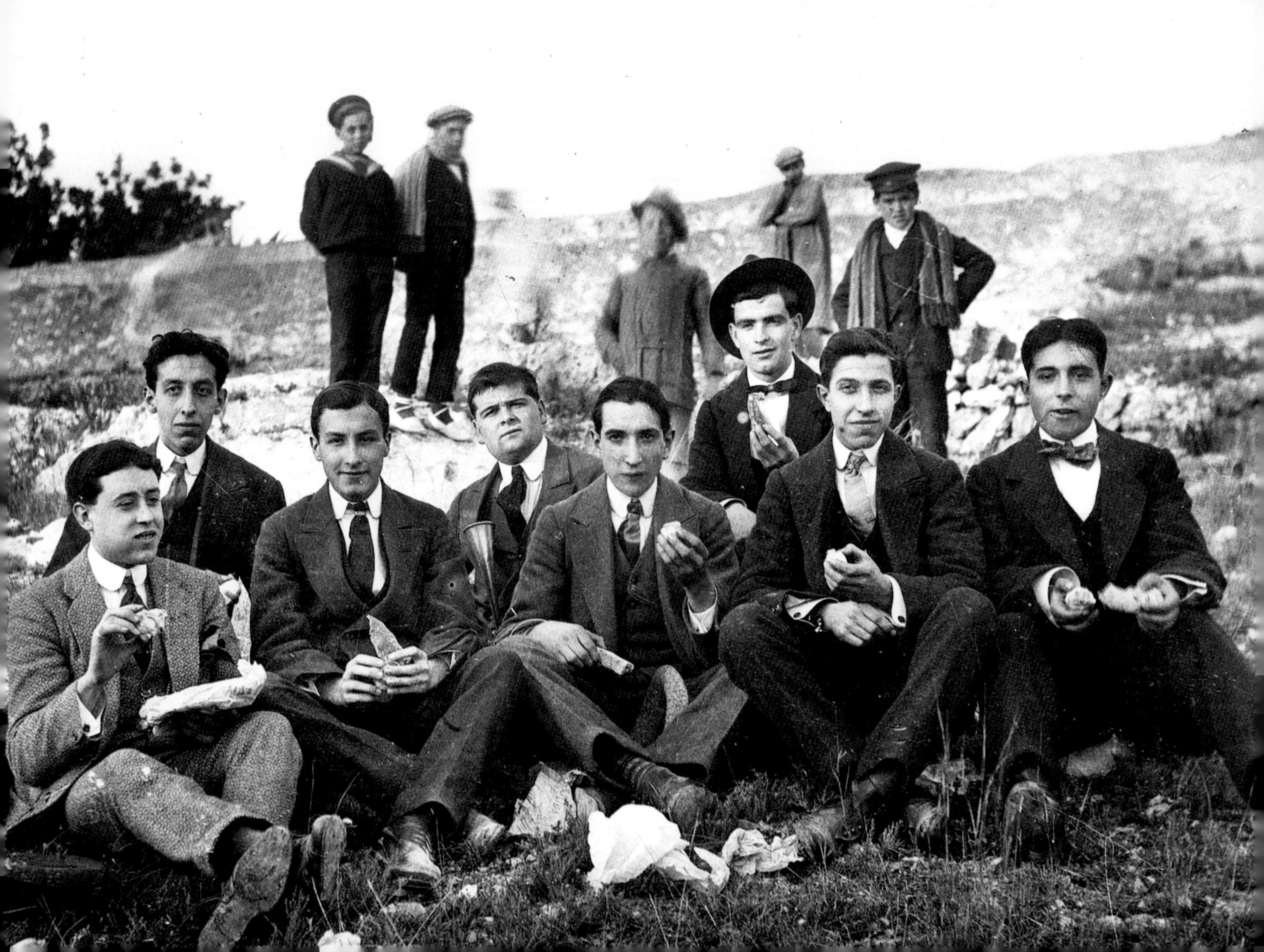

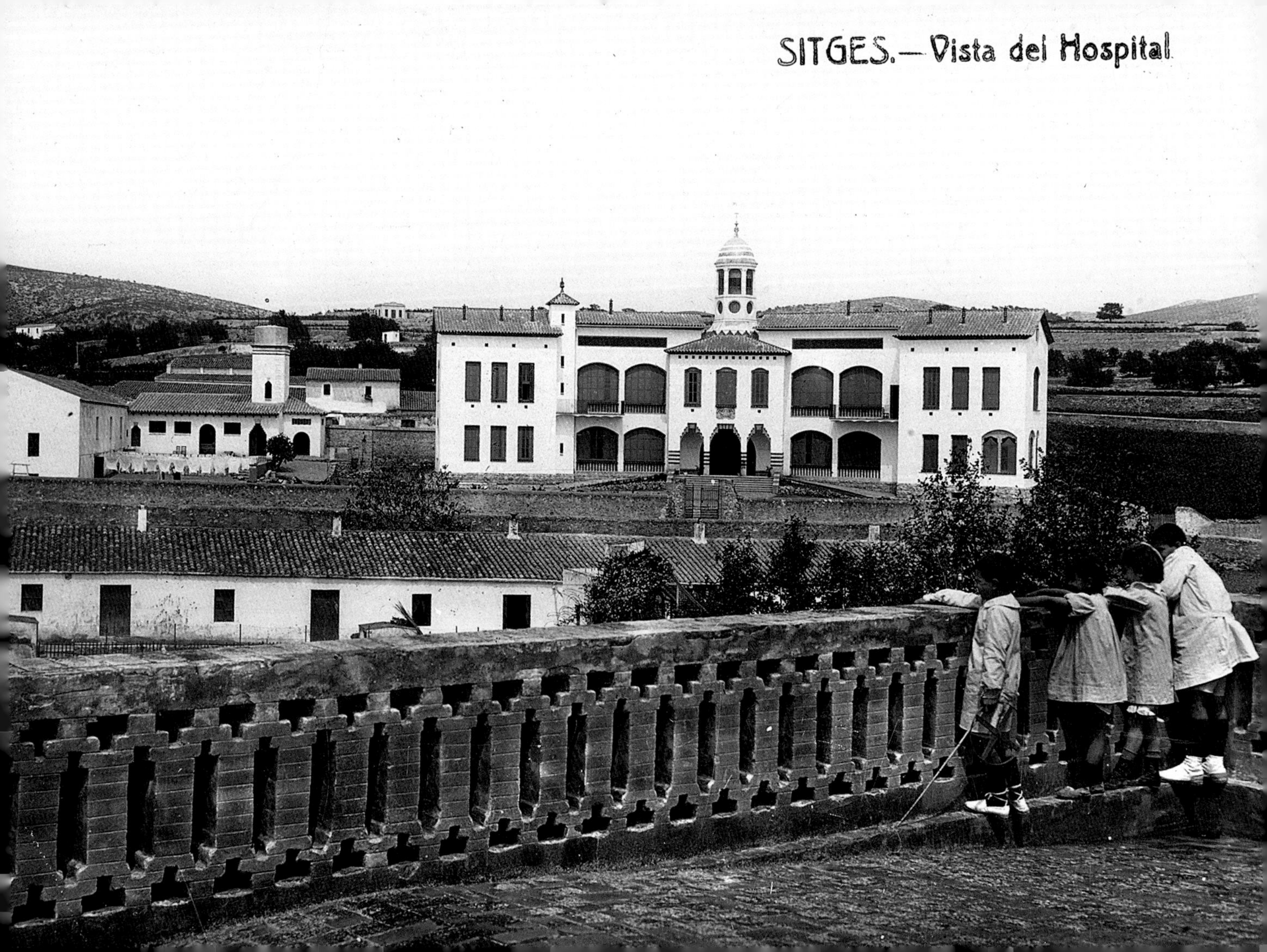
SITGES.—Vista del Hospital

ANDRES FABERT / FONS MERCE MILA GABERNET

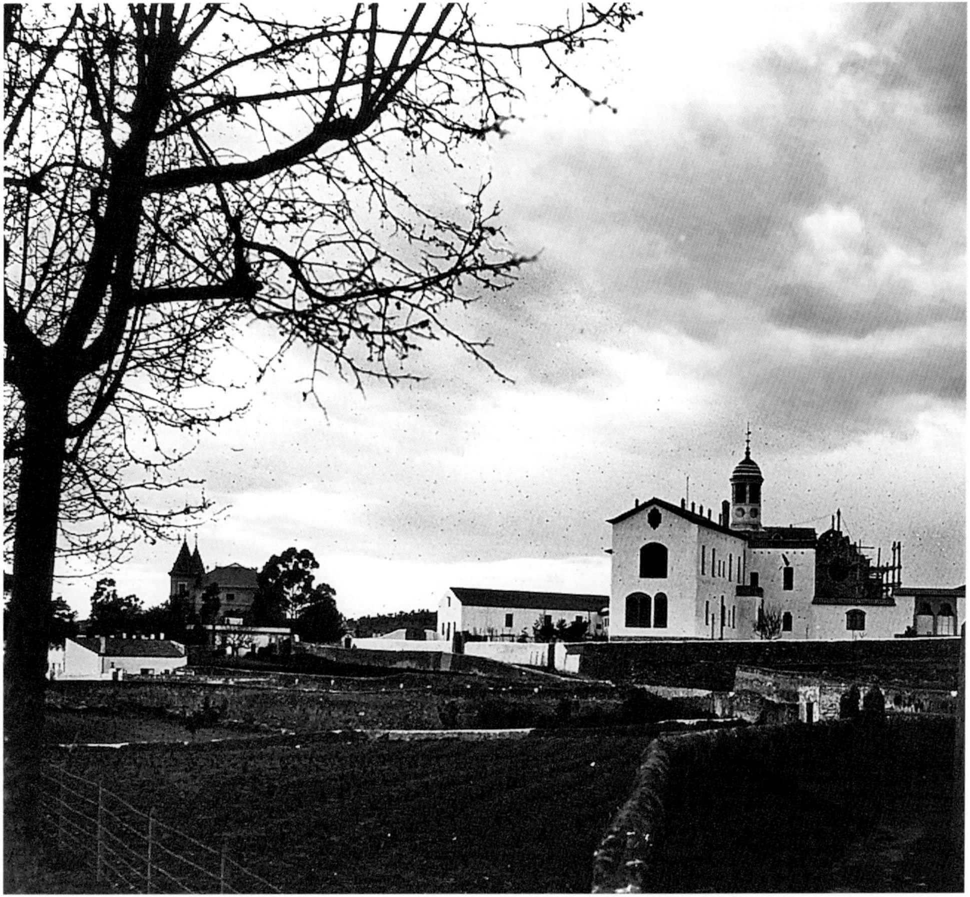

JOSEP SALVANY BLANCH / BIBLIOTECA DE CATALUNYA

## HOSPITAL DE SANT JOAN BAPTISTA

-----

La compra del vell hospital per part de Charles Deering obligà a aixecar-ne un altre als afores del poble. A la pàgina del costat, el nou hospital vist des de la terrassa de can Llopart vers el 1912. A l'esquerra hi ha el pavelló de desinfecció i, darrere, el Corral de la Vila. En primer terme, les cases d'en Silvestre, construïdes al segle XIX. En aquesta pàgina, imatge enregistrada aproximadament des de l'actual carrer de Sant Lli i datada el 1914, quan s'estava fent la capella annexa a l'edifici principal. El camí que voreja l'hospital és el torrent dels Ases, avui carrer del Doctor Benaprès.

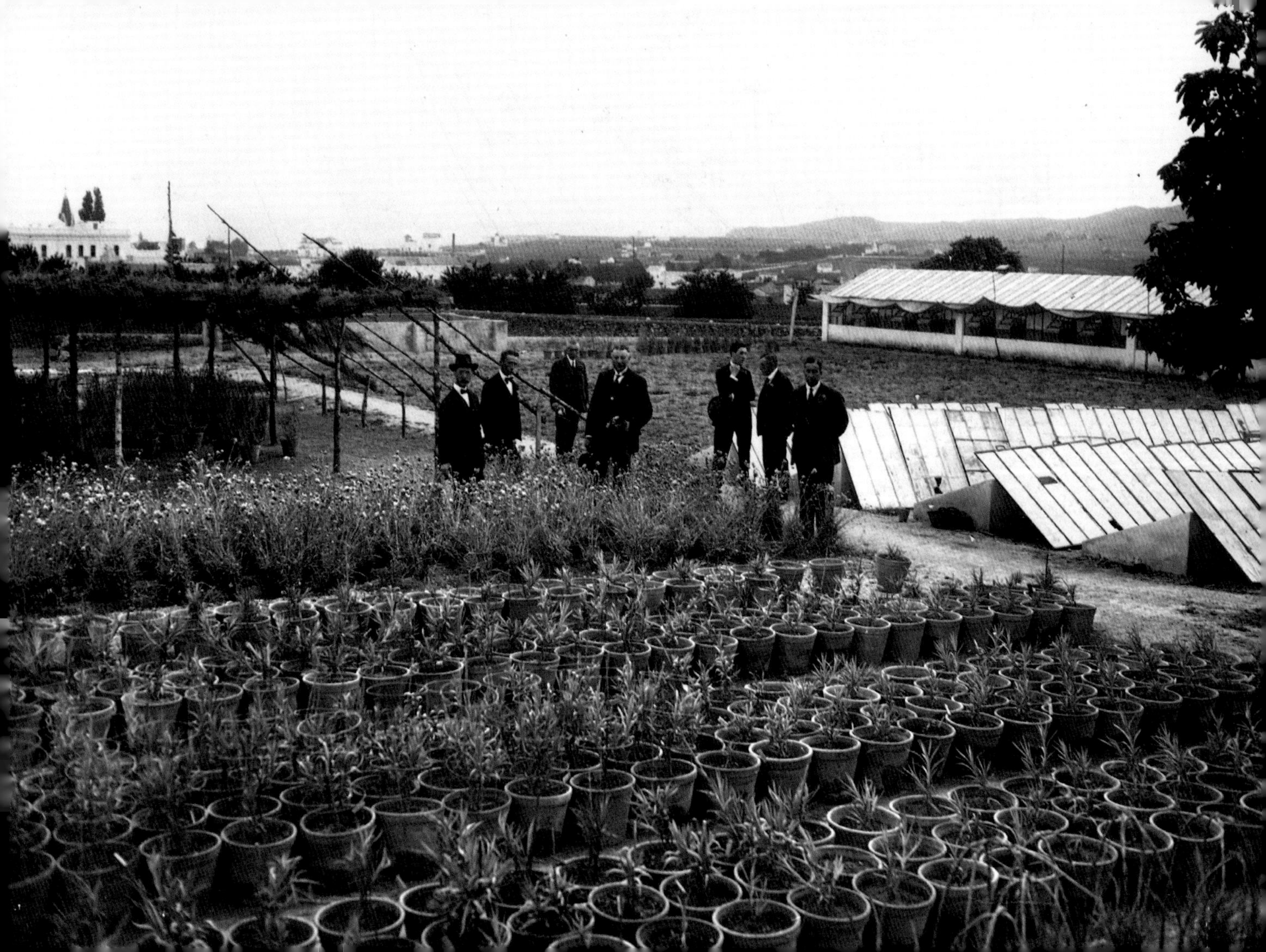

## EL POBLE SEC

-----

El barri del Poble Sec en un parell de fotografies de l'època en què l'habitaven molt poques famílies i l'entorn era del tot rural. La del costat, dels anys vint, mostra el terreny del Floreal, un hivernacle i viver de flors –especialment de clavells– que hi hagué fins al 1933 entre el camí dels Capellans, l'ara carrer dels Maristes i el camí de la Fita. La via pública que avui porta el nom del Floreal era, en aquell temps, un camí de carro que finia al planter. En aquesta pàgina, aspecte que tenien l'actual plaça de Catalunya i les cases del carrer de la Verge del Perpetu Socors a la dècada del 1930.

BRANGULÍ / ANC - Fons BRANGULÍ (FOTÒGRAFS)

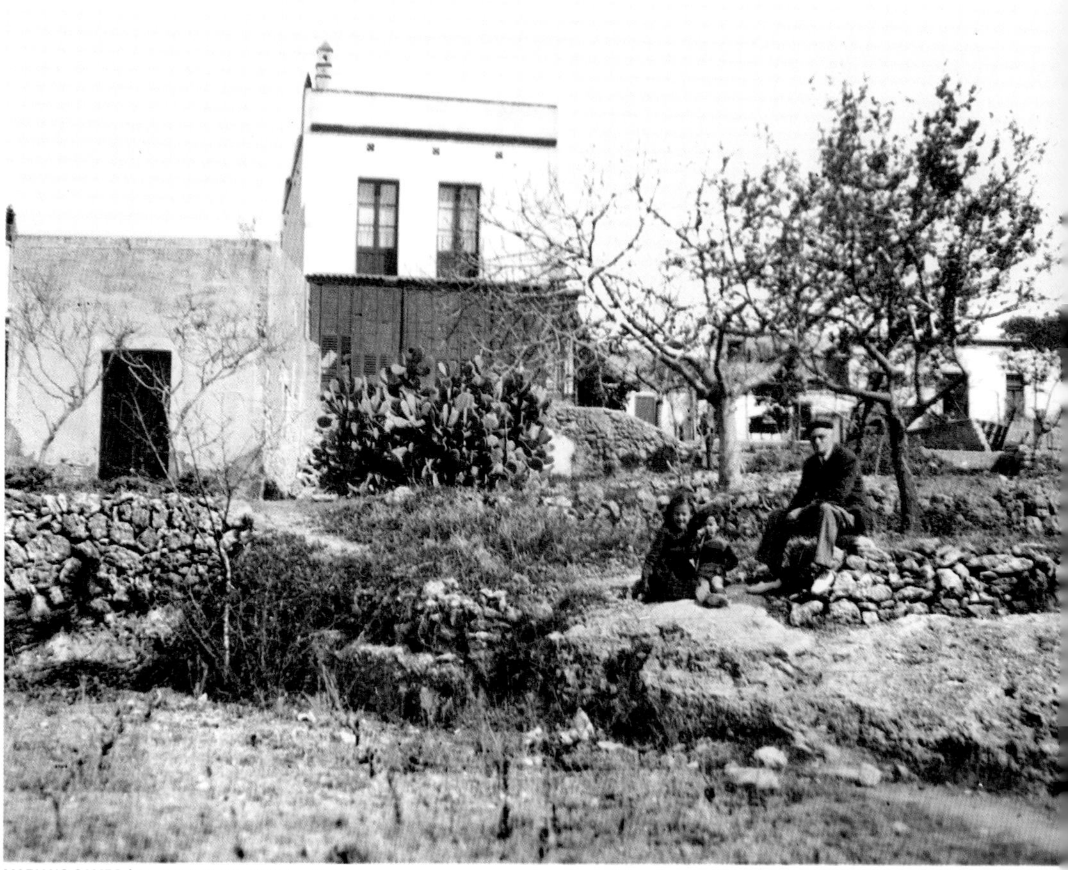

**MARIANO CAMPS** / Fons MARIANO CAMPS PLANAS

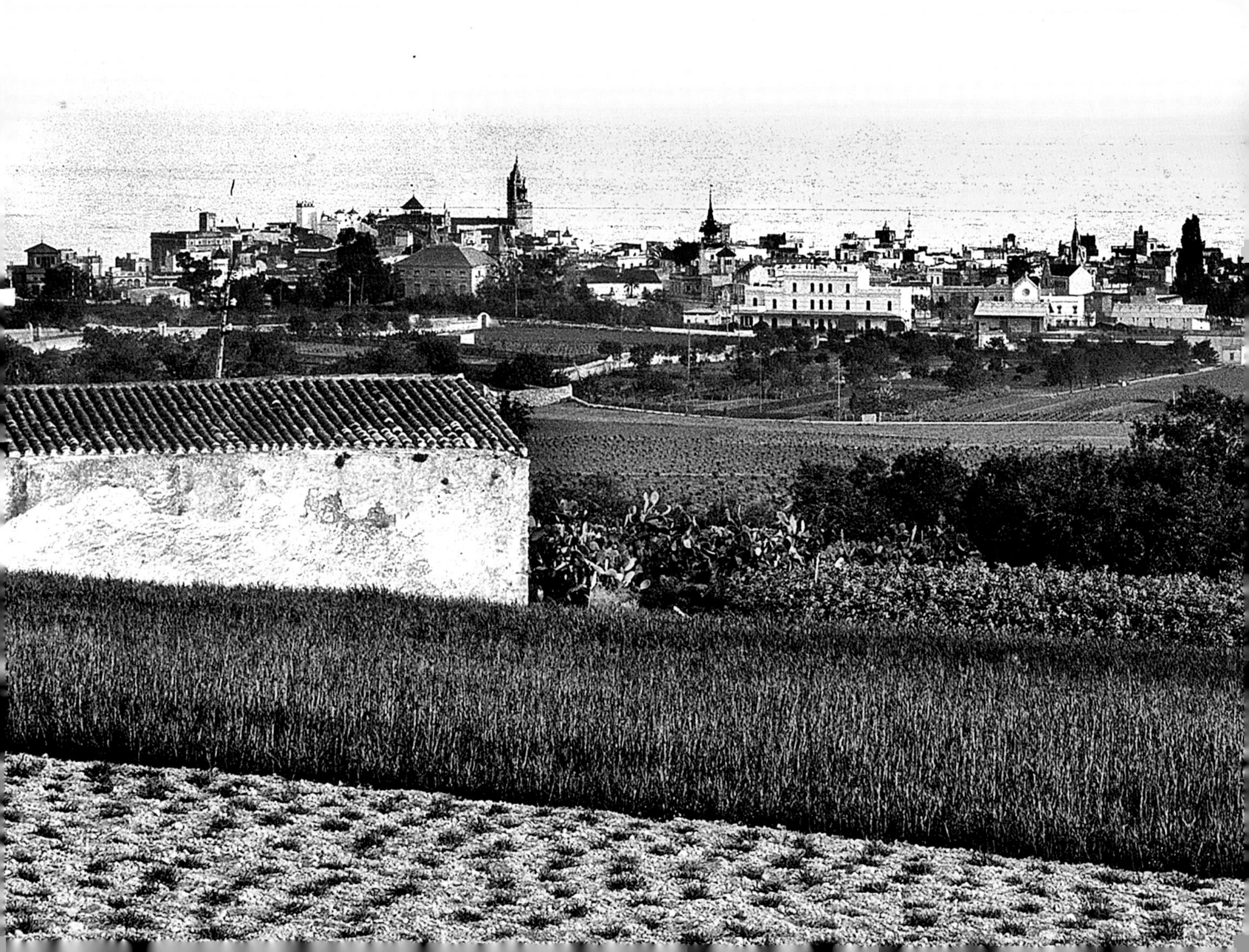

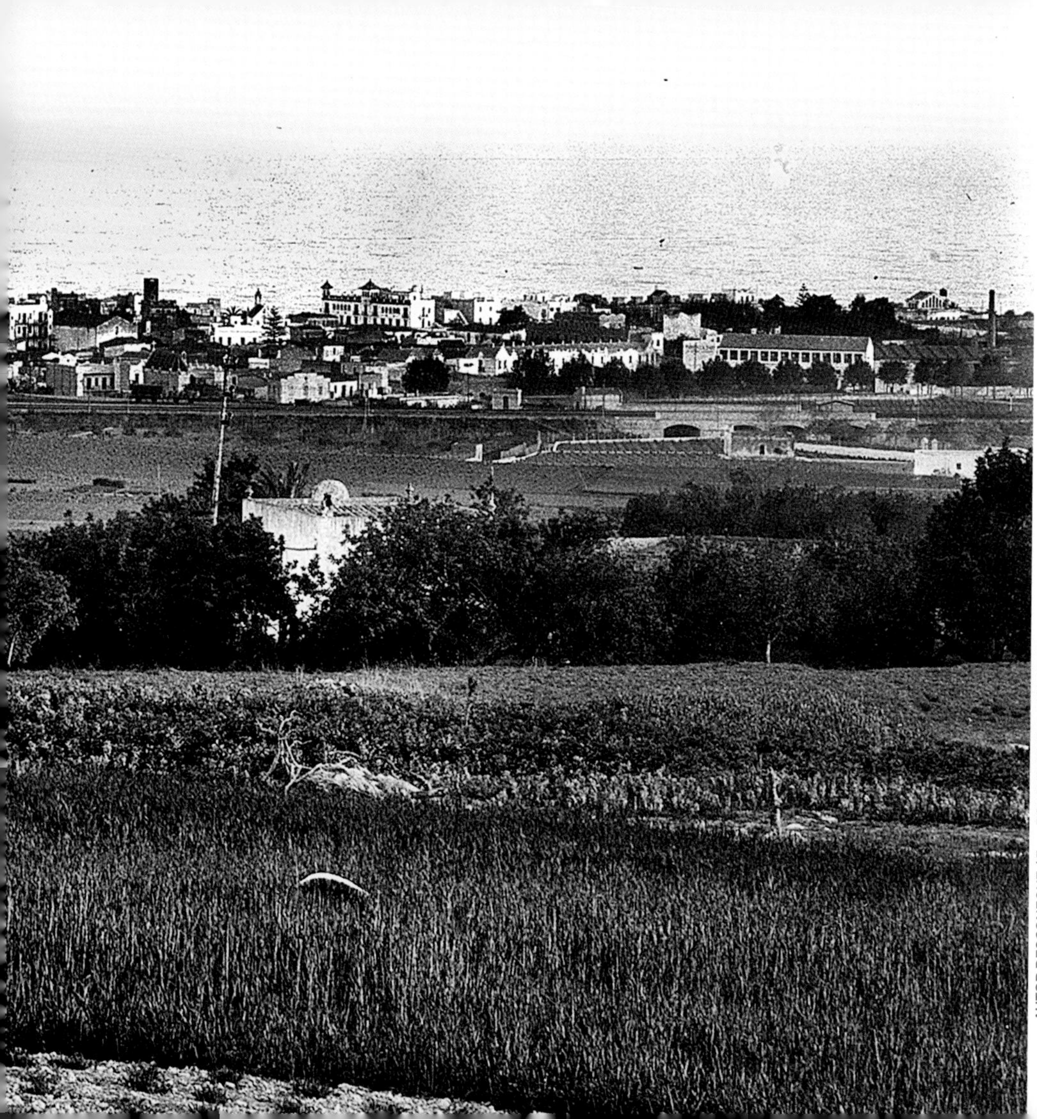

AUTOR DESCONEGUT / Fons ROLAND SIERRA FARRERAS

## DES DE CA LA BLANCA

Magnífica panoràmica de Sitges des de la masia de ca la Blanca. La imatge, de mitjan anys vint, palesa que el barri del Poble Sec era aleshores una successió de camps de conreu i garroferars. Dels edificis que es veuen a la llunyania, entre d'altres són identificables –d'esquerra a dreta– can Planàs, el temple parroquial, la torre d'en Severiano, l'estació del tren, el col·legi de les Mercedàries, l'hotel Subur, les Cases Barates del carrer d'Espalter, les fàbriques de can Termes i can Bóta, i l'antic escorxador. També es distingeix el camí de la Fita, que discorria zigzaguejant entre dos alts murs.

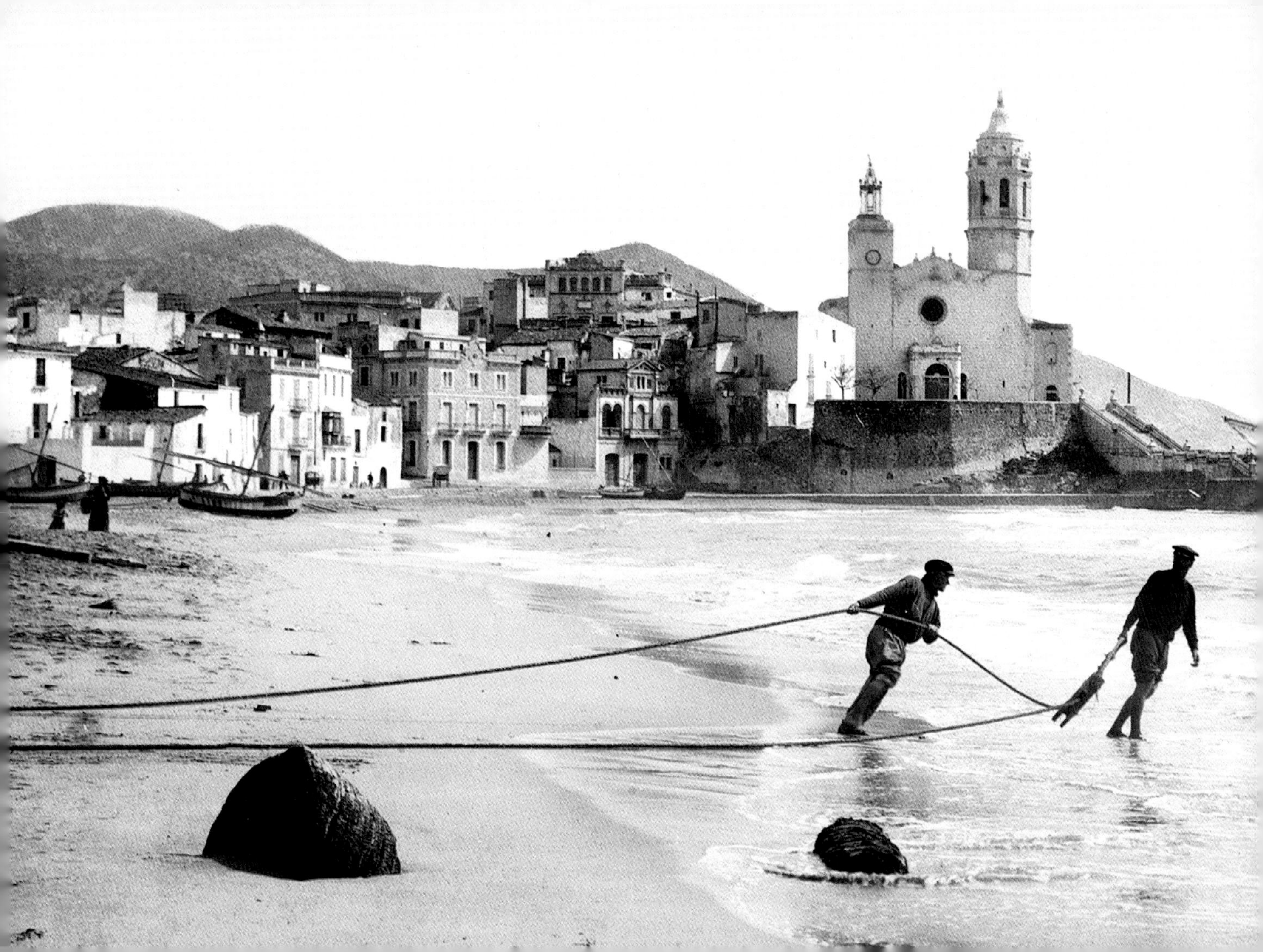

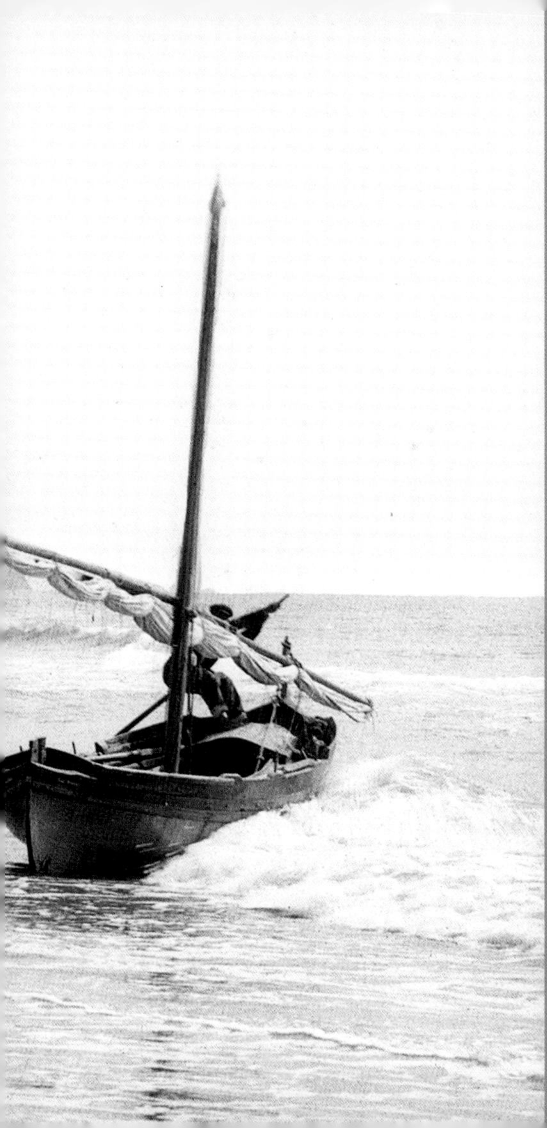
ANDRÉS FABERT / Fons MONTSE HILL BENAZET

## LA FAÇANA MARÍTIMA

# De la Punta a Terramar

Sitges ha estat, des de temps remots, una vila oberta al mar. Des que els primers pobladors s'establiren a la nostra rada, el Mediterrani ha deixat sentir tothora la seva influència i la seva atracció en la vida quotidiana dels sitgetans. Tant és així que tres dels elements que més identifiquen el poble arribaren per via marítima: la malvasia, les pedres del campanar de la parròquia i les palmeres de la Ribera.

Durant molts segles, la platja fou un patrimoni exclusiu dels mariners. A finals del vuit-cents, tanmateix, començaren a aparèixer petits grups de persones que anaven a prendre banys de mar amb finalitats terapèutiques. El que d'antuvi semblà un esnobisme s'acabà popularitzant a partir dels anys deu.

D'altra banda, entre el 1890 i el 1925, el paisatge de la façana marítima es transformà per sempre més. L'embelliment del passeig de la Ribera, la construcció del passeig Marítim i el projecte de ciutat jardí de Terramar farien que el nom de Sitges fos conegut més enllà de les seves fronteres.

AUTOR DESCONEGUT / Fons AGUSTÍ FERRER PINO

## VISTA DES DEL MAR

-----

En aquesta pàgina, imatge captada des d'una embarcació vers el 1885 i en la qual s'aprecien la Ribera, la Punta, l'antic castell –en segon terme–, l'hospital de Sant Joan, can Xicarrons –després can Rocamora–, les dues casetes de pescadors que Rusiñol convertí en el Cau Ferrat i les cotxeres Vidal Quadres.

## PUNTA XICA

-----

Amb el nom de *Punta Xica* es designava antigament la part inferior de la Punta. Tal com mostra la imatge del costat, del 1892, a nivell de mar hi havia una petita plataforma –conegu-da com *l'Amainador*– que feia les funcions de moll. Des d'allà embarcaren molts sitgetans que anaren a fer les Amèriques.

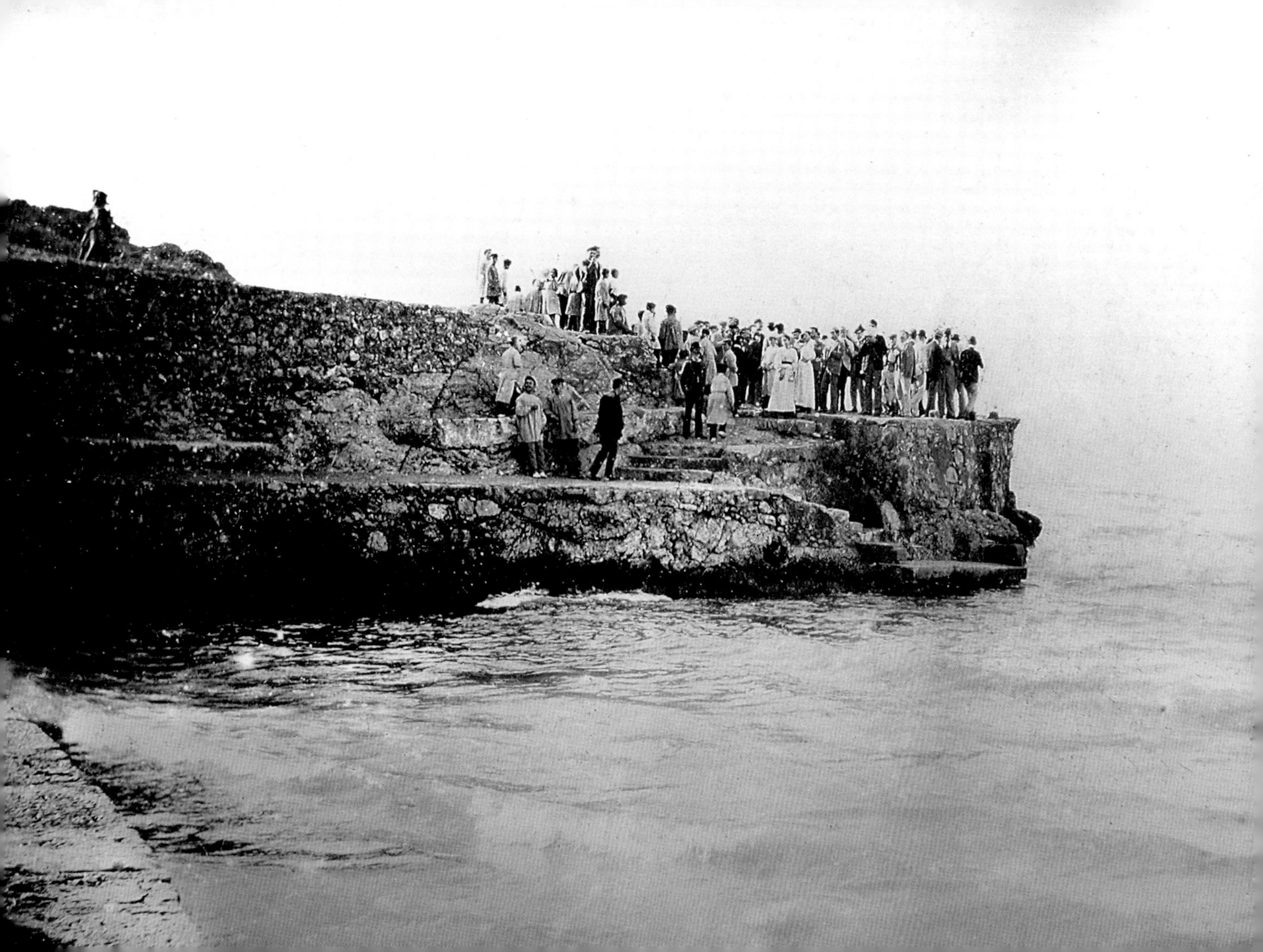

## ESCALA DE LA PUNTA

-----

Quan el 1900 s'inaugurà l'escala de la Punta, pocs podien imaginar que s'acabaria convertint en un dels elements identificadors del Sitges contemporani. El projecte de transformar aquell pendís rocós en una ampla escalinata sorgí el 1890. S'obrí una col·lecta pública i es formà una comissió, però l'inici de les obres –recollit a la pàgina anterior– encara trigà dos anys. Igualat ja el terreny i fets els graons, es produí una nova aturada, fins que l'*americano* Pere Catasús aportà els diners necessaris per acabar-la. En aquesta pàgina, l'escala cap al 1895. Al costat, a principis del segle xx.

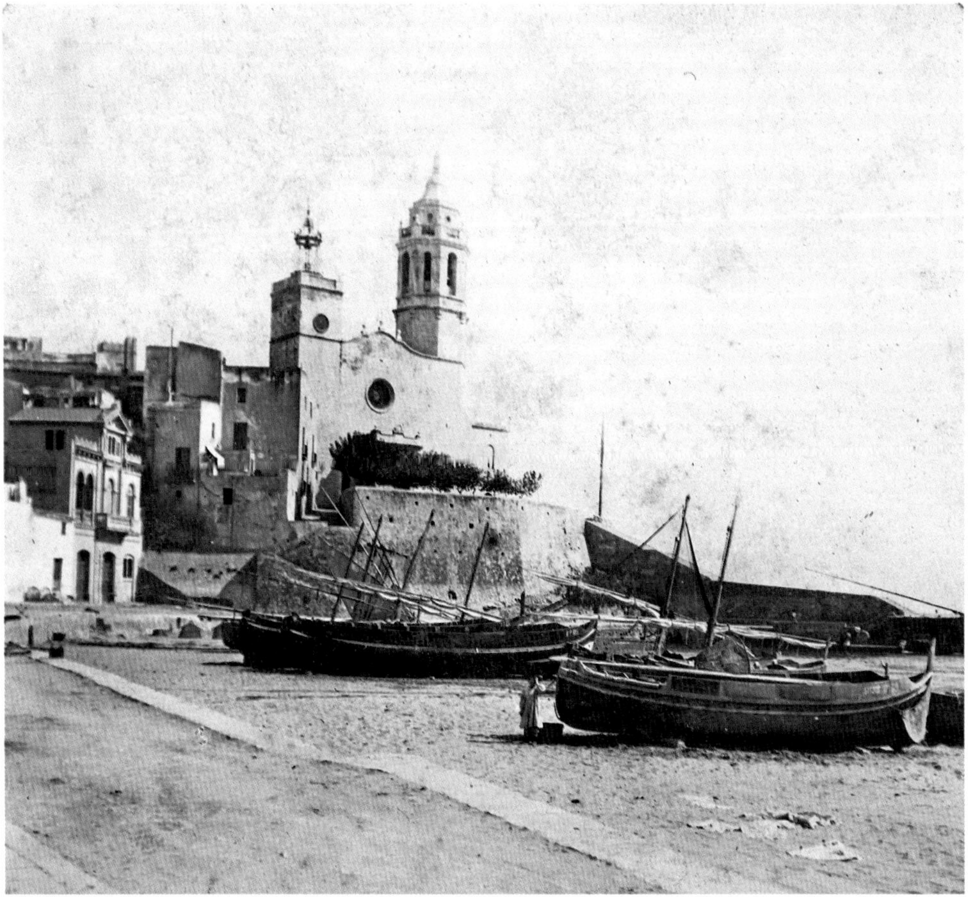

AUTOR DESCONEGUT / Fons ROLAND SIERRA FARRERAS

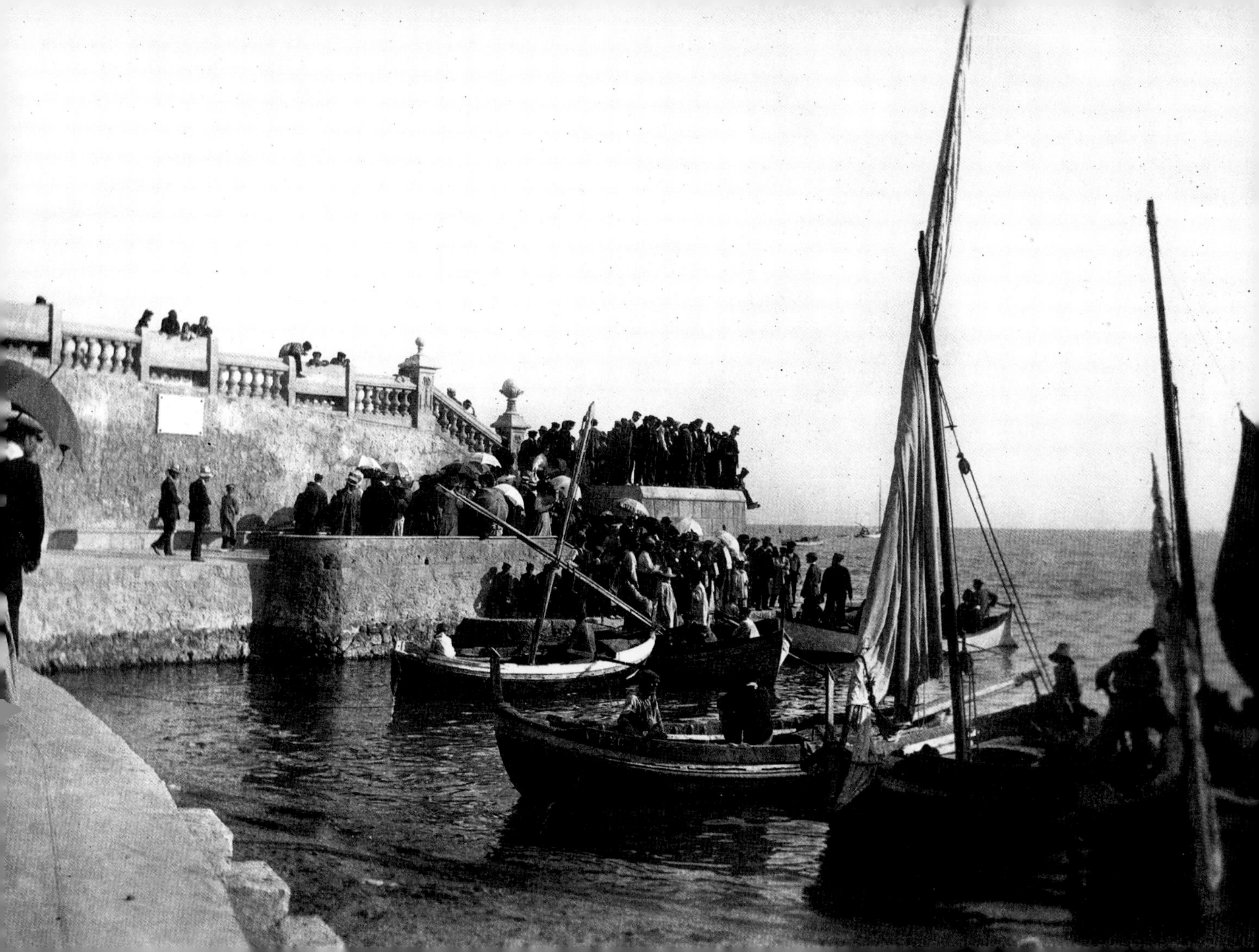

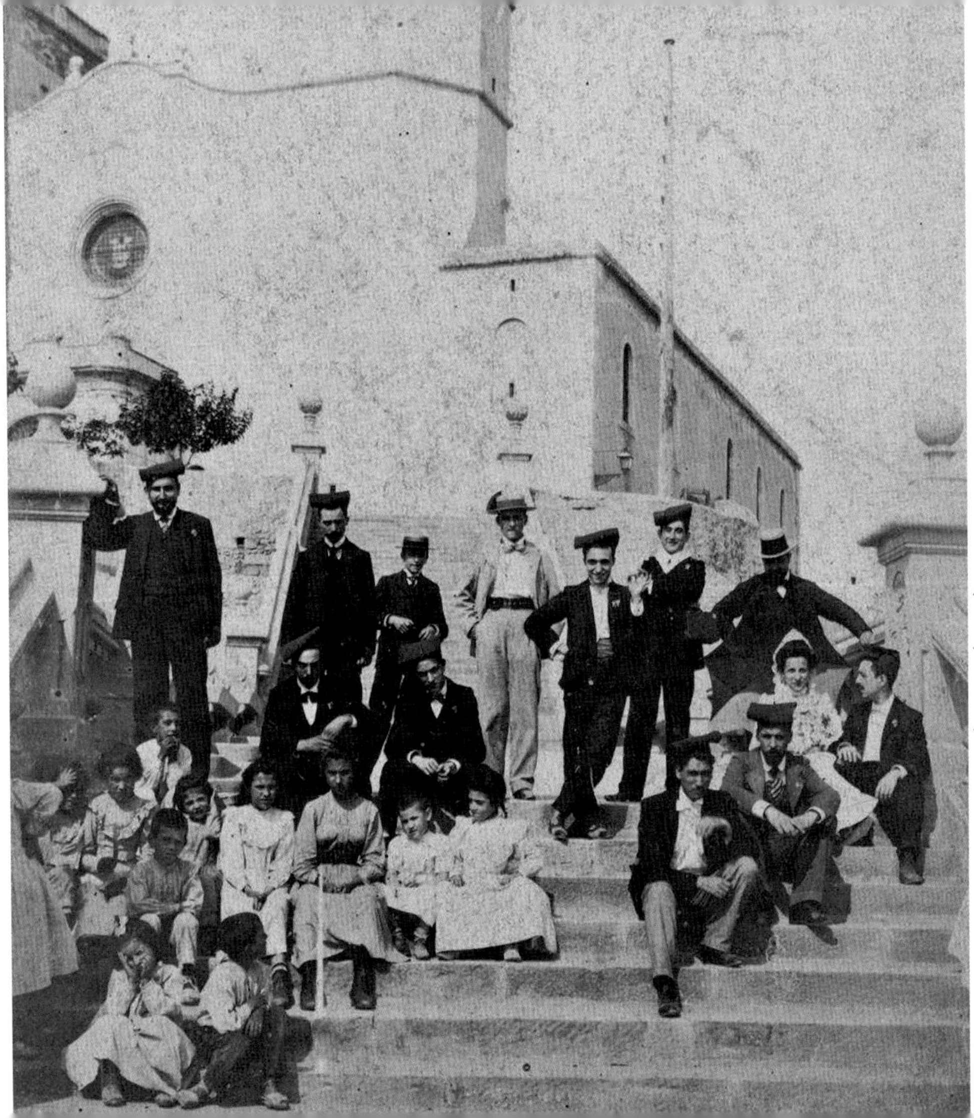

F. ESCOFET / CENTRE DE DOCUMENTACIÓ DE L'ORFEÓ CATALÀ

## ORFEONISTES

-----

Al llarg del temps, col·lectius de tota mena s'han fotografiat a l'escalinata de la Punta com a record del seu pas per Sitges. El 4 d'agost del 1901 –data de la imatge d'aquesta pàgina– ho feren diversos membres de l'Orfeó Català, que vingué a la vila per oferir un concert de música coral al teatre Prado.

## RACÓ DE LA FRAGATA

-----

A les primeres dècades del segle XX, com es veu a la pàgina del costat, les cases de la Fragata eren a tocar de la platja. Els dies de temporal, aquesta desapareixia i el mar arribava fins a la porta dels edificis. El de la dreta era propietat del doctor Robert i el de l'esquerra, del comerciant Josep Barnet.

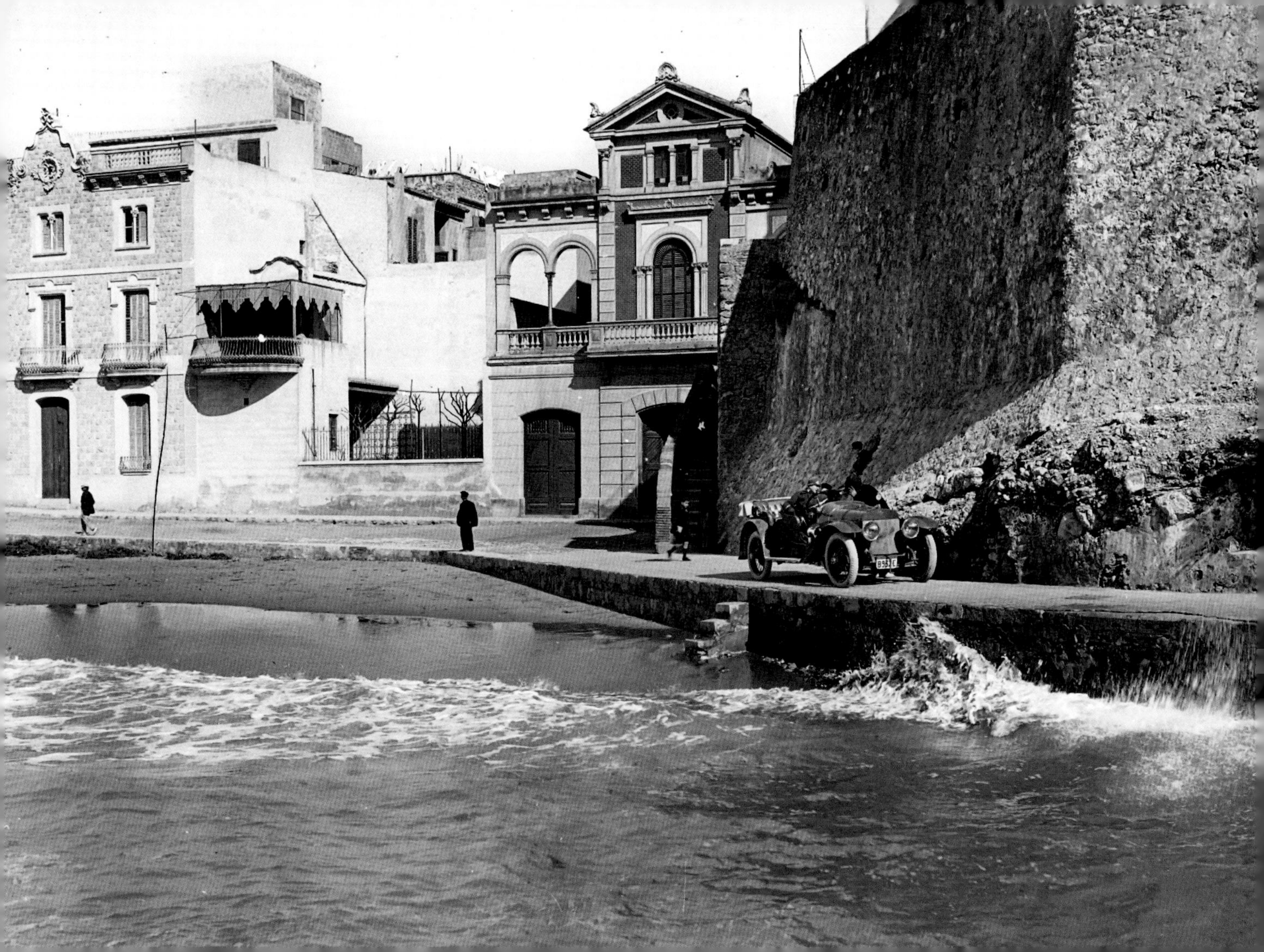

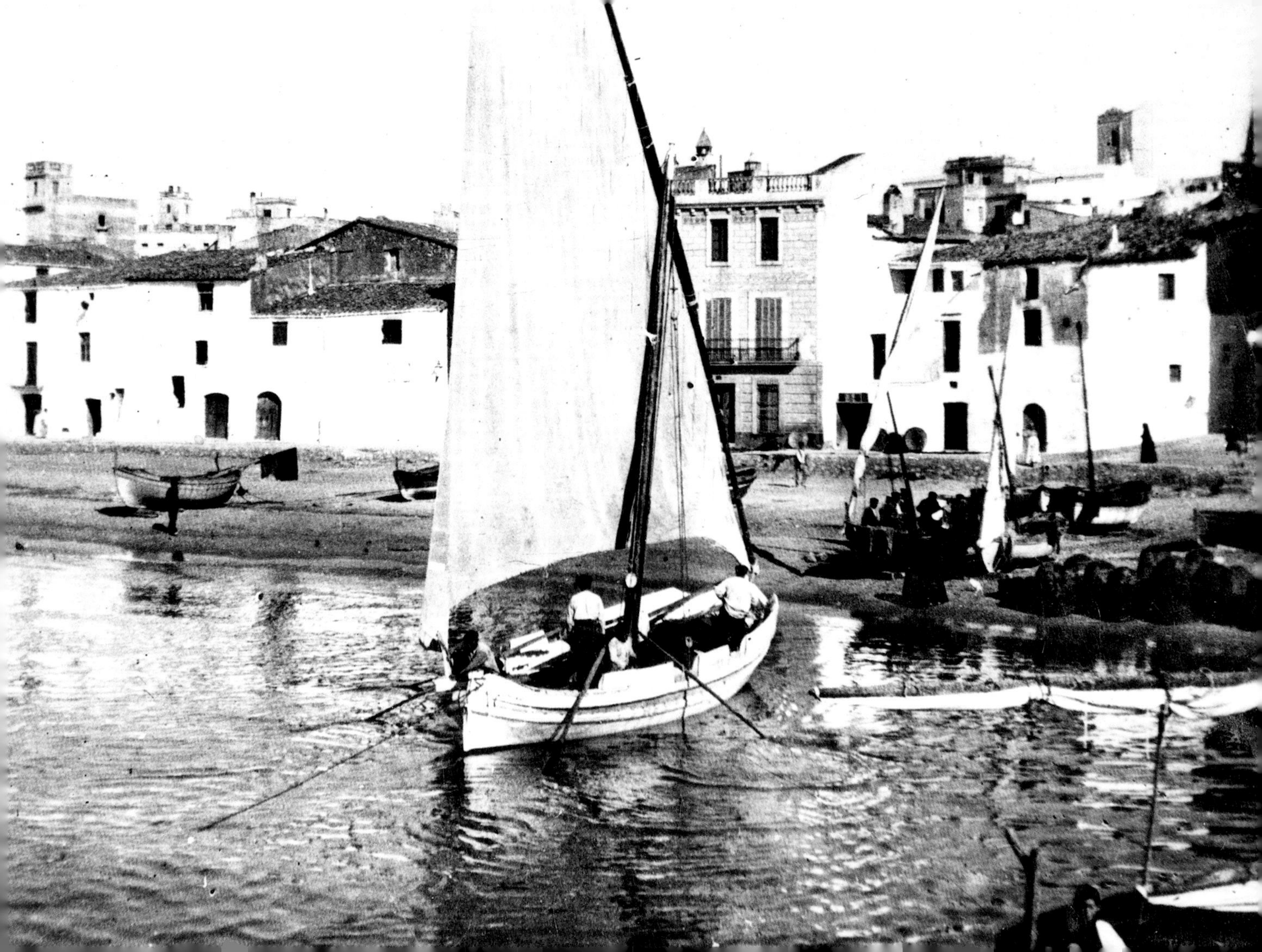

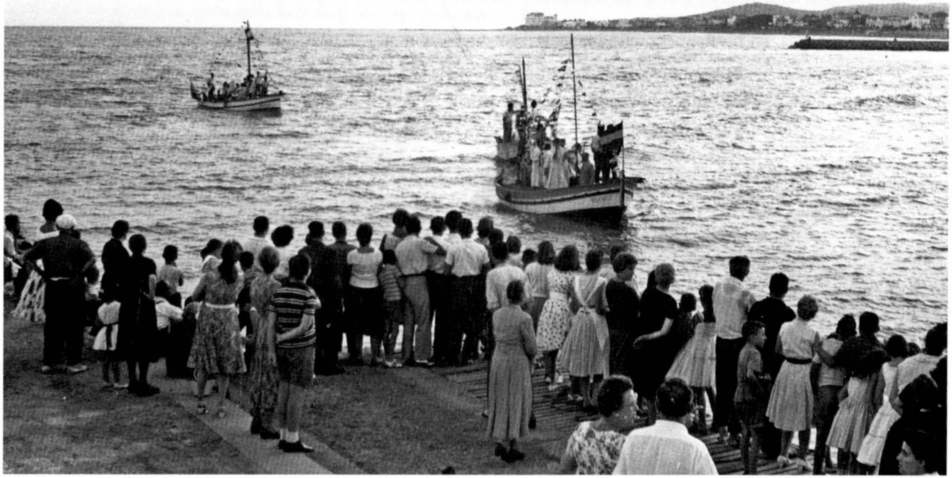

AUTOR DESCONEGUT / Fons MONTSERRAT FERRET CARBONELL

## SISTEMES DE PESCA

-----

Els homes de mar sitgetans usaven diversos ormeigs. Foren molt comunes les pesques al bou i a la vaca, en què es recollia tota mena de peix. No menys tradicionals eren la pesca de sardinals i amb palangre. A la pàgina del costat, una barca s'acosta a la platja arrossegant les xarxes a finals del segle XIX.

## PROCESSÓ MARÍTIMA

-----

En aquesta pàgina, festa de la Mare de Déu del Carme als anys cinquanta. A l'espigó de la Punta, un grup de persones observen el retorn de la processó de les barques de Terramar. El costum s'instaurà acabada la Guerra Civil i continua vigent, tot i que ara se surt des del port d'Aiguadolç.

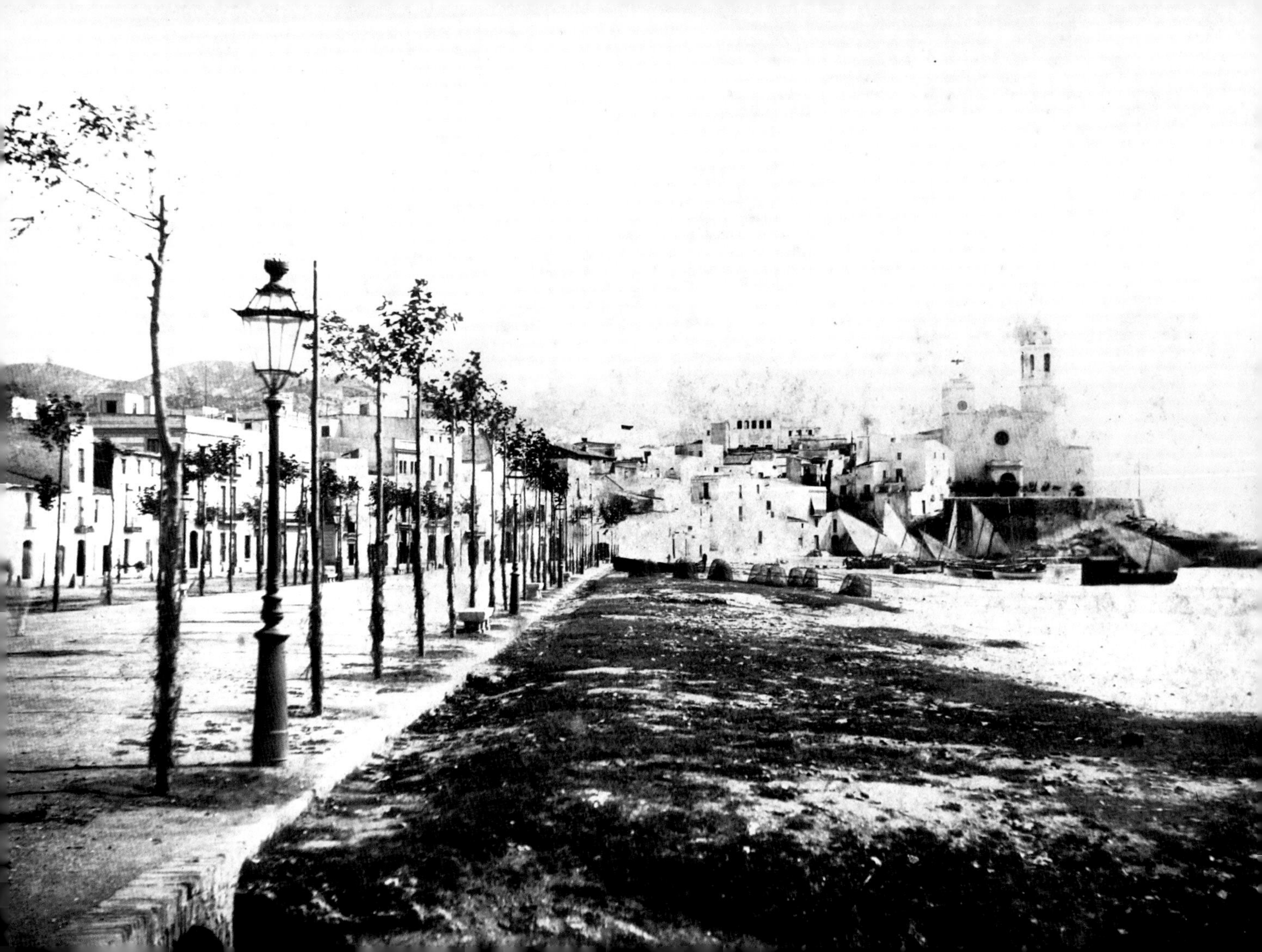

## PASSEIG DE LA RIBERA

-----

Al costat, el passeig de la Ribera pels voltants del 1890. Pocs anys abans s'hi havien fet un conjunt de millores que són ben visibles a la fotografia: la col·locació de bancs, la plantació d'arbres i la il·luminació de gas. Al fons, sota el Baluard, es distingeix l'antic magatzem de la Fragata.

## 'CASES BLANQUES I SENSE NEU'

-----

En un sopar, Rusiñol parlà dels encants que l'havien fet deturar-se a Sitges. L'artista lloà les cases de la vila, dient que eren «blanques i sense neu». Com les de la imatge del costat –del 1903–, situades entre els carrers de la Carreta i d'en Tacó. La porta d'entremig era la taverna d'en Peret.

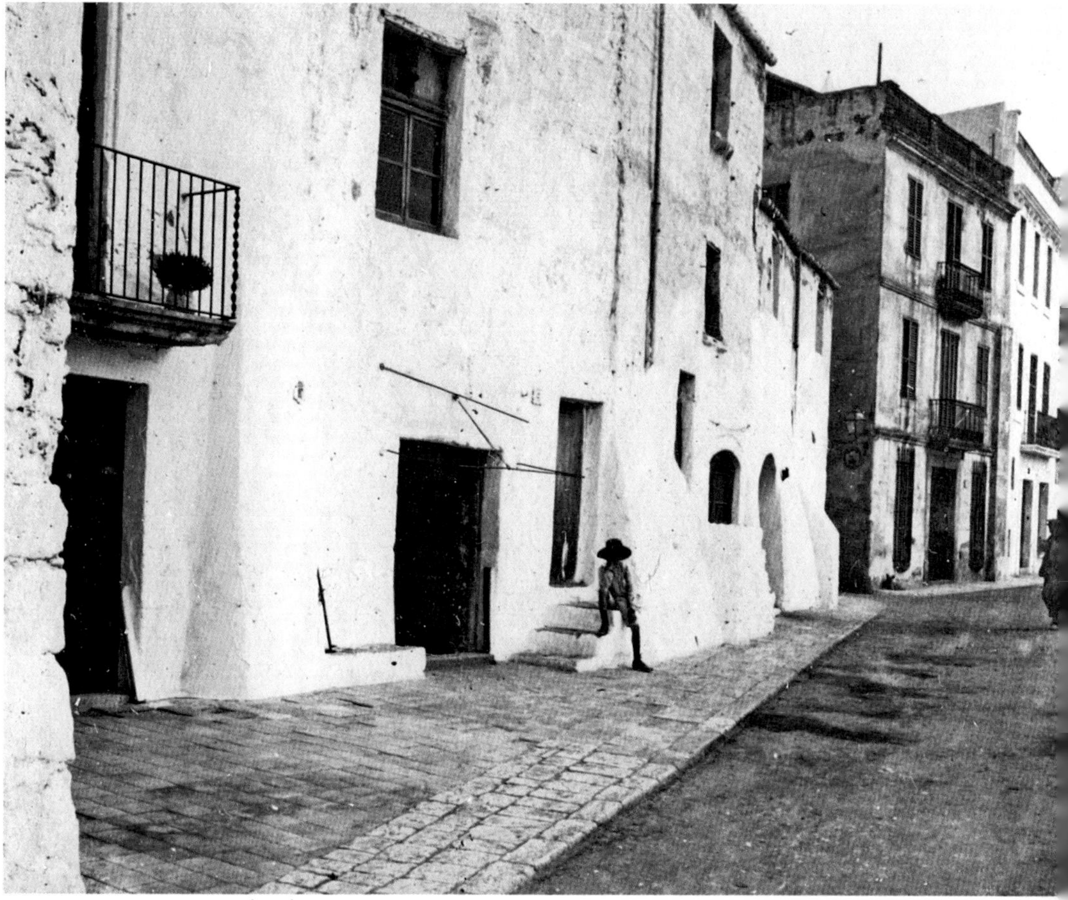

AUTOR DESCONEGUT / Fons SEBASTIÀ GIMÉNEZ MIRABENT

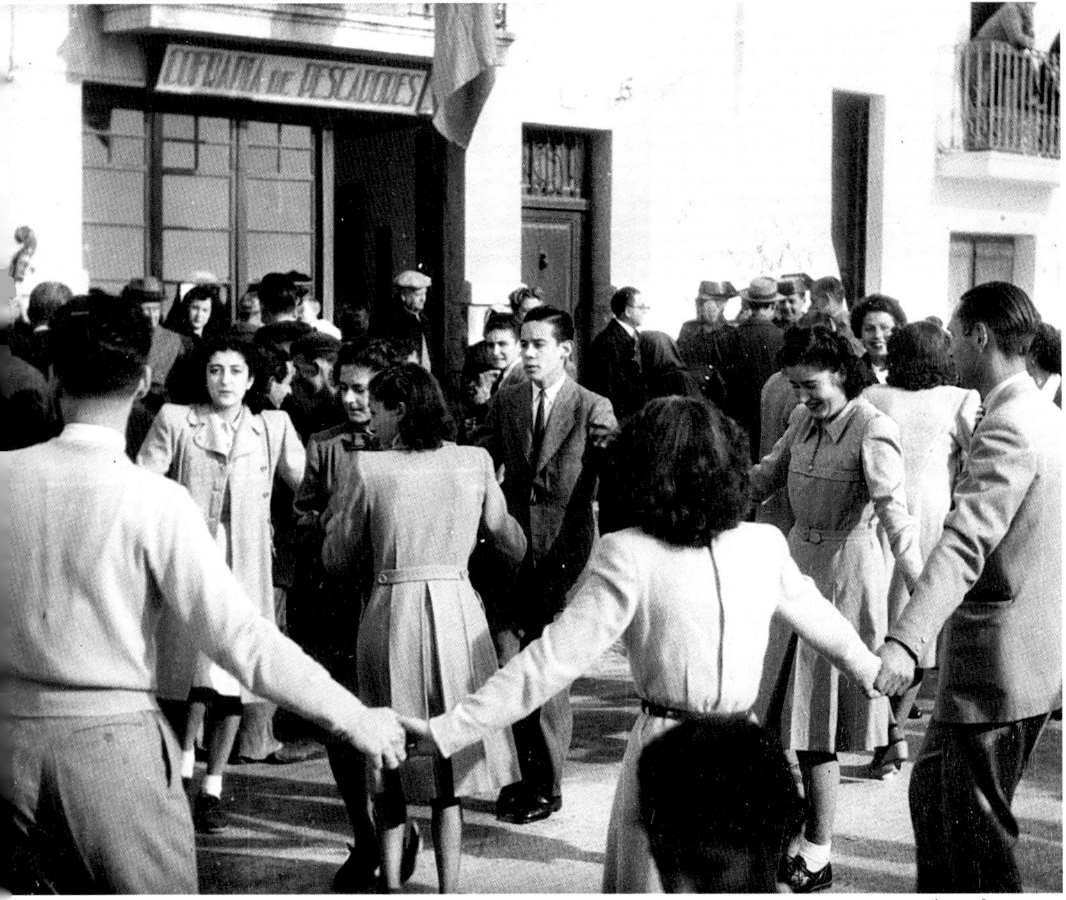

AUTOR DESCONEGUT / Fons FAMÍLIA PAÑELLA-COLL

## CONFRARIA DE PESCADORS

-----

En aquesta pàgina, imatge de finals dels anys quaranta feta al mateix emplaçament de la pàgina anterior. Correspon a una ballada de sardanes davant la Confraria de Pescadors en el decurs d'una festa d'Homenatge a la Vellesa del Mariner. A la dècada del 1970, la Confraria es traslladà al carrer de la Carreta.

## PLATJA DE LA FRAGATA

-----

Al costat, uns pescadors varen la barca a la platja cap a la dècada del 1890. La imatge mostra l'operació inversa a la de treure la barca de l'aigua. De fet, era molt menys laboriosa, ja que només calia empènyer l'embarcació cap al mar fent-la lliscar sobre els pals de treure, sense necessitat de la corda.

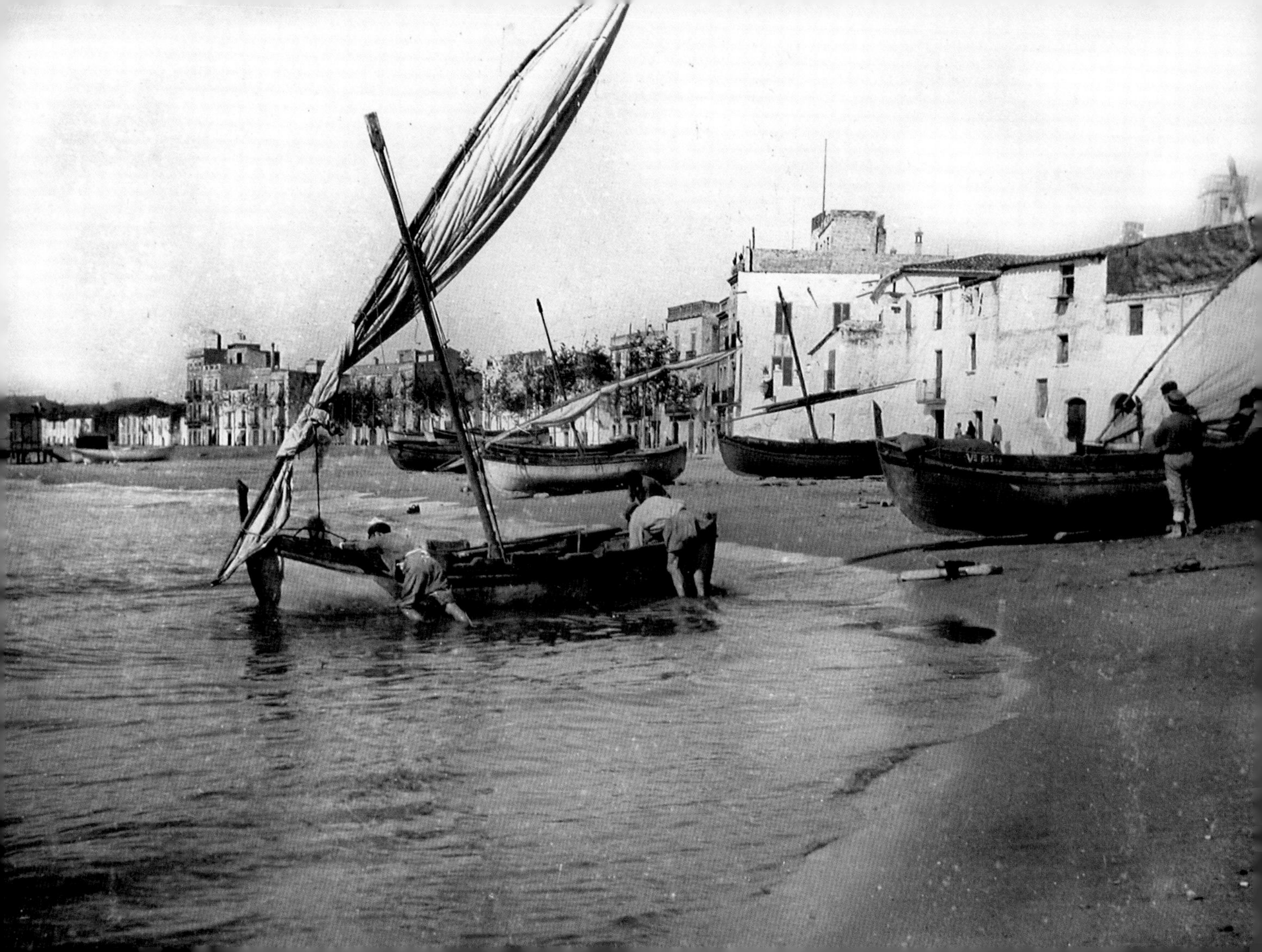

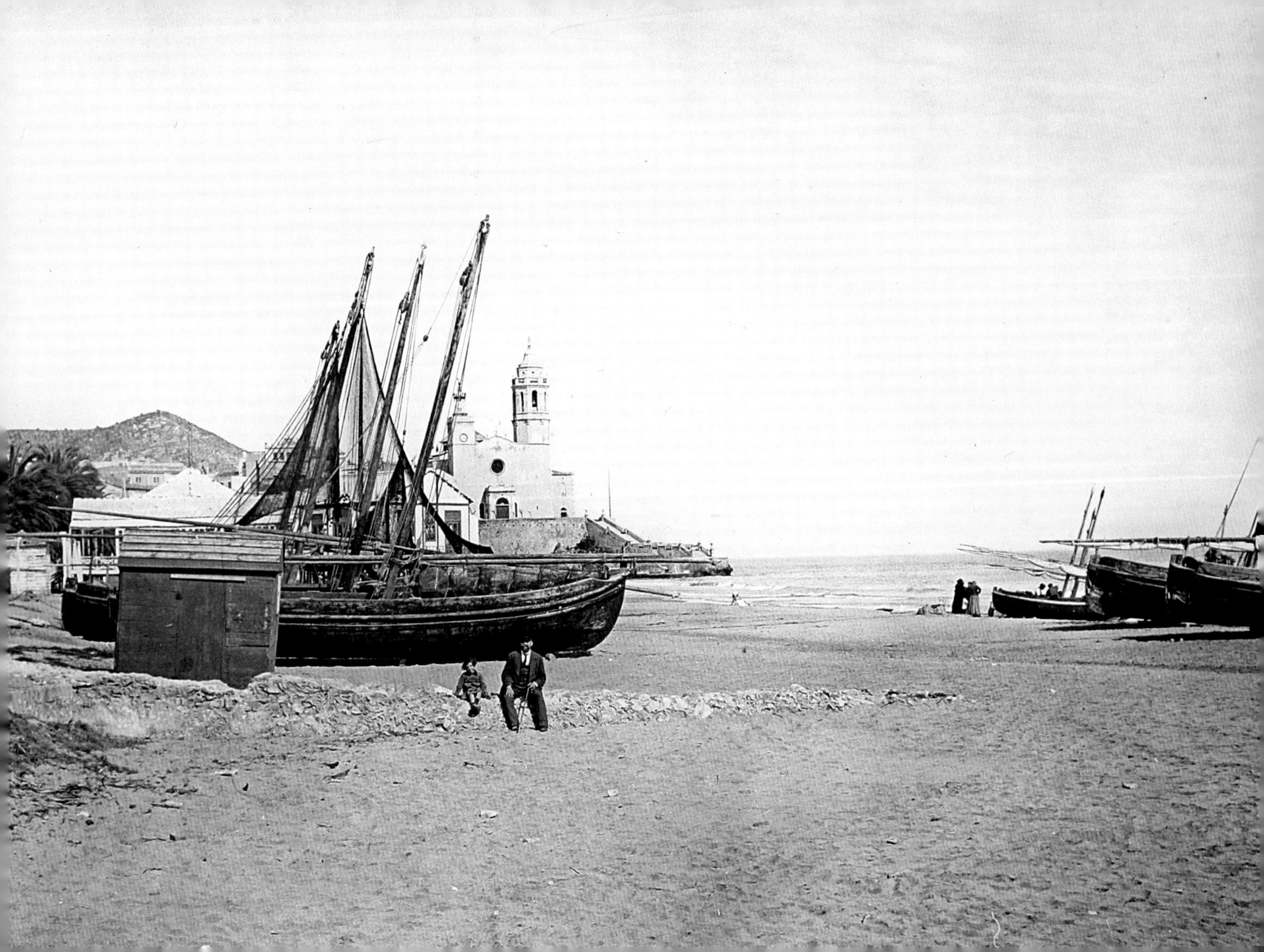

## BARQUES A LA SORRA

La representació d'unes barques reposant damunt la sorra –com bèsties de fusta que es recuperen després d'una lluita titànica amb el mar– ha estat constant en la pintura contemporània. També els primers fotògrafs catalans se sentiren captivats per la temàtica quan retrataren el litoral de la vila. Molts d'ells potser eren conscients que el progrés i la modernitat farien desaparèixer més aviat que tard –com així fou– aquests paisatges poètics i silenciosos. Al costat, la platja vers l'any 1905. En aquesta pàgina, un grup de barques el juny del 1936. Al fons, un pescador sembla lligar la vela a l'antena.

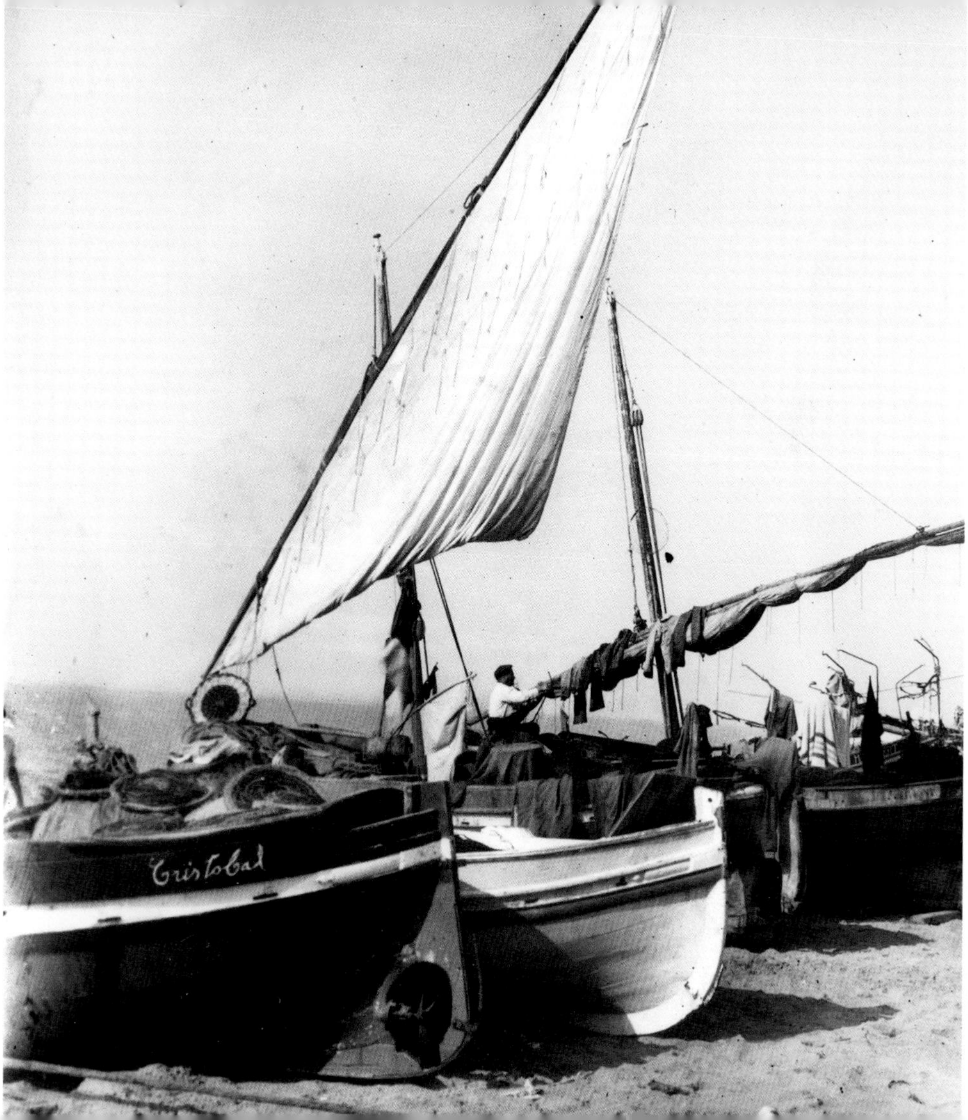


MARIANO CAMPS / Fons MARIANO CAMPS PLANAS

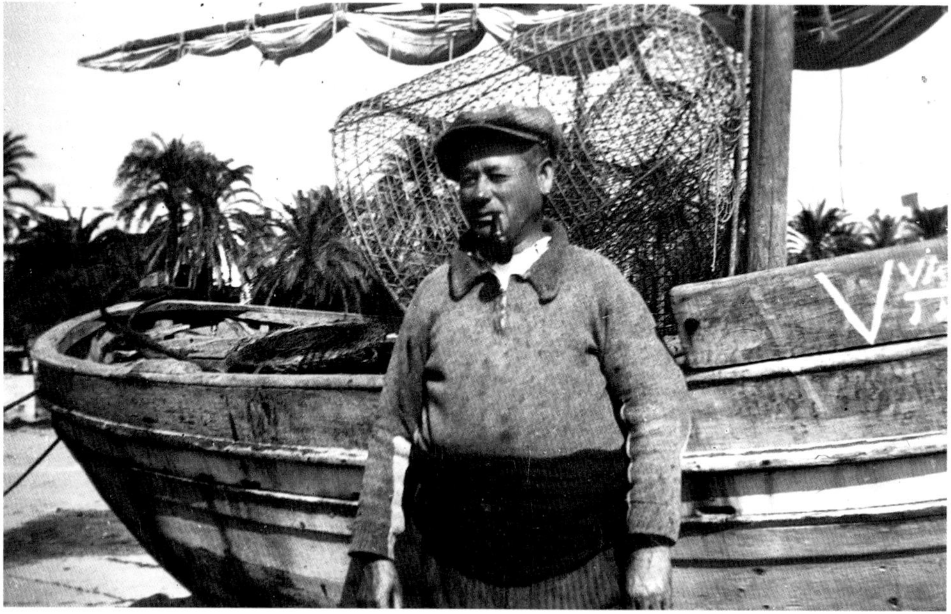

AUTOR DESCONEGUT / Fons PILAR SENTÍS MARQUÈS

## MARINERS I PESCADORS

Al darrer terç del segle XVIII, quatre de cada deu habitants eren patrons, mariners o pescadors. A mesura que avançava el vuit-cents, la població marinera anà minvant, malgrat que es mantingué en el segle XX. Als anys vint, la flota pesquera del poble constava d'unes trenta embarcacions que eren comandades per una desena de patrons. La gent de la vila coneixia els pescadors i mariners no tant pels seus noms com pels motius. Sobre aquestes línies, Artur Sentís, *el Valent*, el 1934. Al costat, uns pescadors confraternitzen amb un grup de turistes a finals dels anys cinquanta.

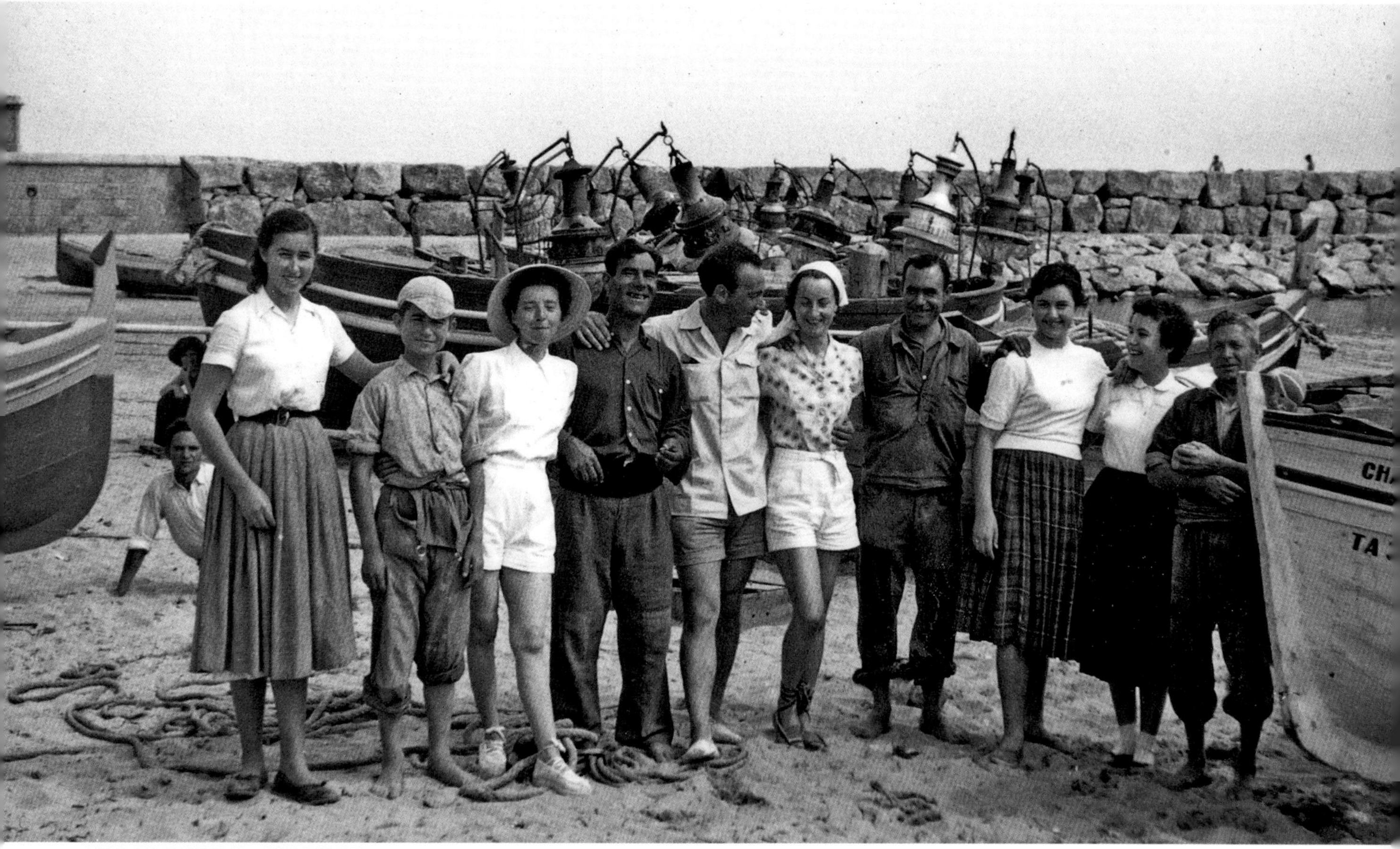

AUTOR DESCONEGUT / Fons ROSA OYONARTE

## CANVI DE PARADIGMA

-----

Imatge enregistrada cap al 1908. En el tombant entre els segles XIX i XX, la façana de Baix a Mar sofrí una notable metamorfosi. Fou l'època en la qual la Ribera deixà de ser un projecte de passeig i esdevingué una autèntica avinguda marítima. El 1894 es plantà el pinar davant del carrer de Sant Salvador i, només dos anys després, un centenar de palmeres que, en dues fileres, s'arrengleraven entre el carrer de Sant Pau i l'actual avinguda Sofia. La transformació de la zona s'acabaria de completar amb l'aixecament del monument al Greco, la reforma del pont d'en Domènech i la construcció del Pavelló de Mar.

AUTOR DESCONEGUT / Fons ROLAND SIERRA FARRERAS

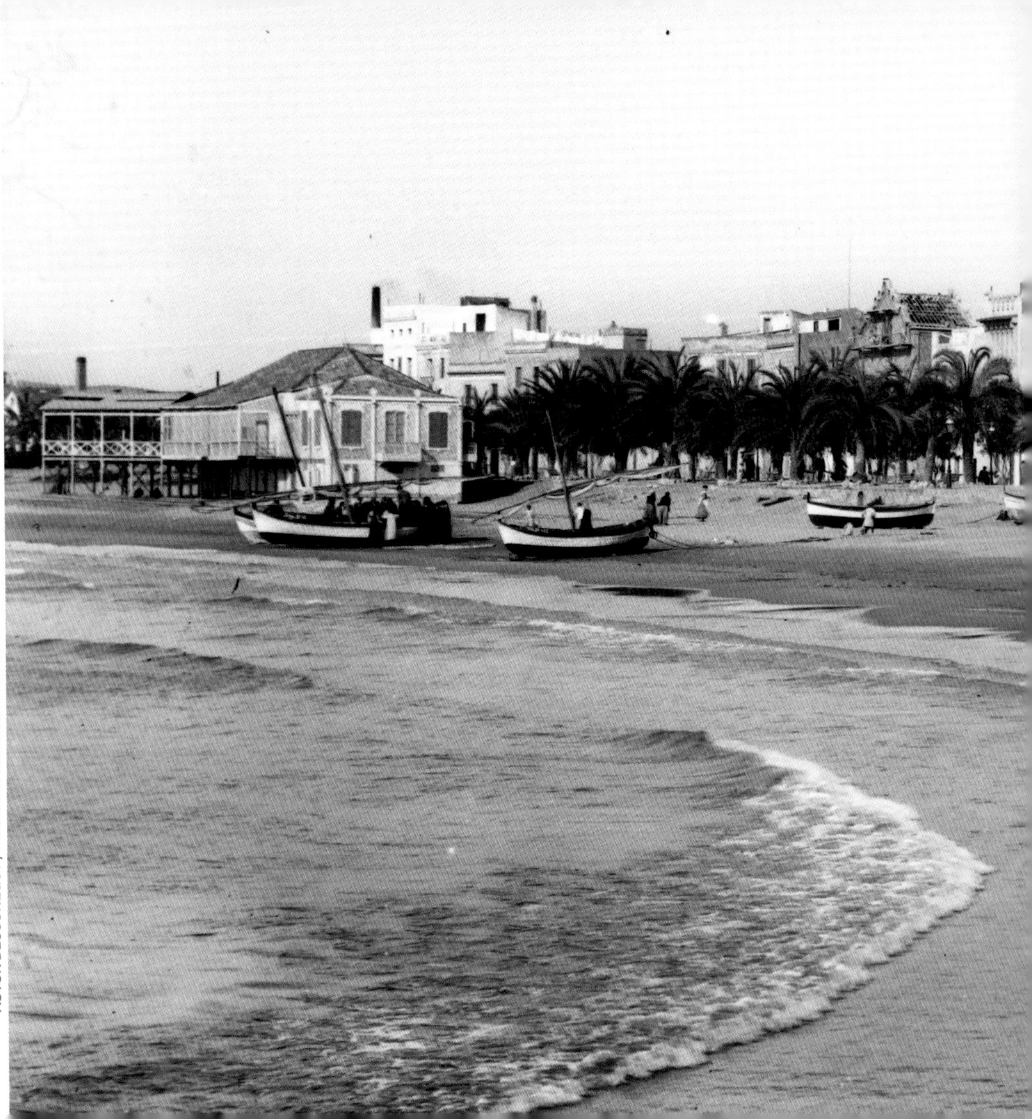

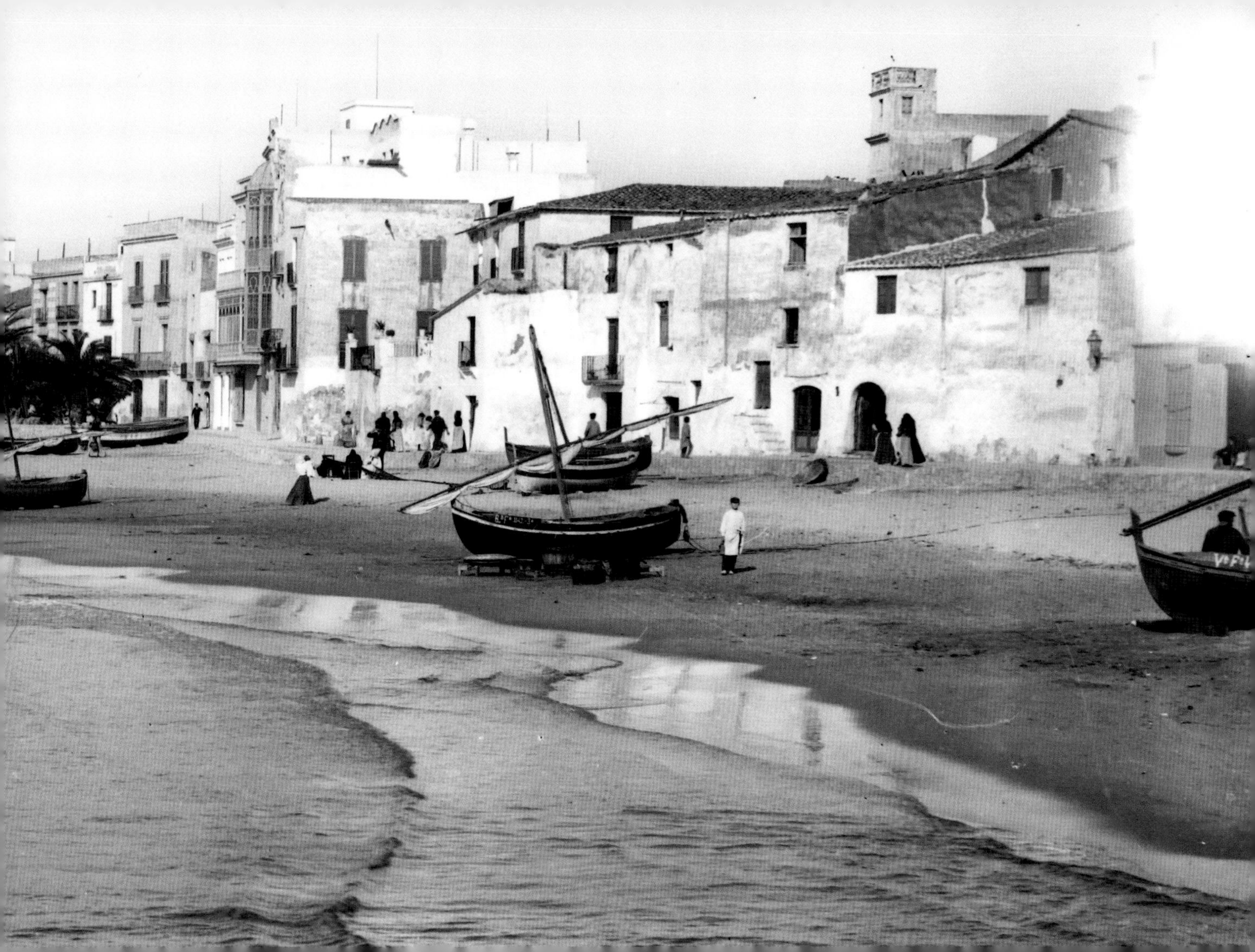

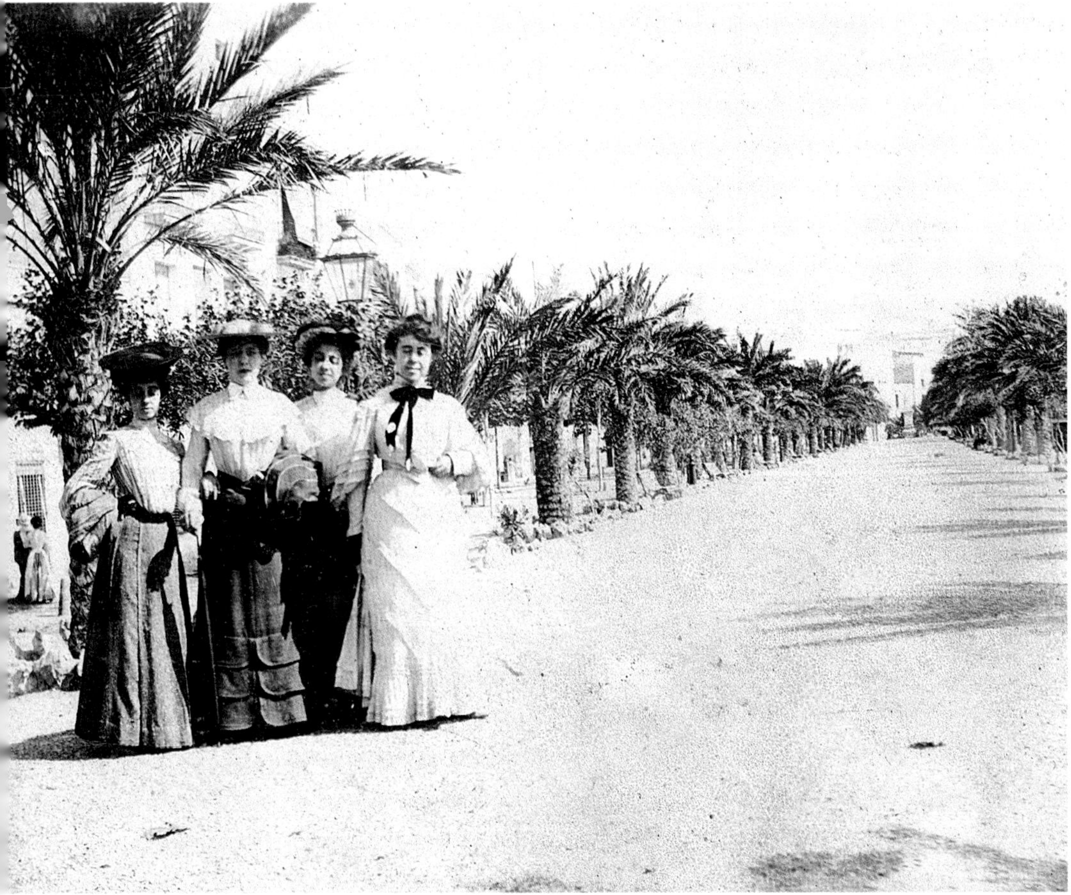

AUTOR DESCONEGUT / Fons FREDERIC MALAGELADA BENAPRÈS

## PALMERES

-----

En aquesta pàgina, Rita Benaprès –primera de la dreta– i unes amigues a la Ribera, prop del pont d'en Domènech, vers el 1900, poc després d'haver-se col·locat les palmeres al passeig. Les palmeres procedien d'Elx i arribaren amb el pailebot *Iris* en dues remeses entre el juny i el setembre de l'any 1896.

## MONUMENT AL GRECO

-----

La idea d'erigir un monument al pintor cretenc sorgí de Rusiñol, que aconseguí que fos sufragat per subscripció popular, malgrat que pocs sitgetans de l'època coneixien el personatge. En total es recolliren més de 8.000 pessetes i l'estàtua s'inaugurà el 1898. Al costat, imatge dels volts del 1912.

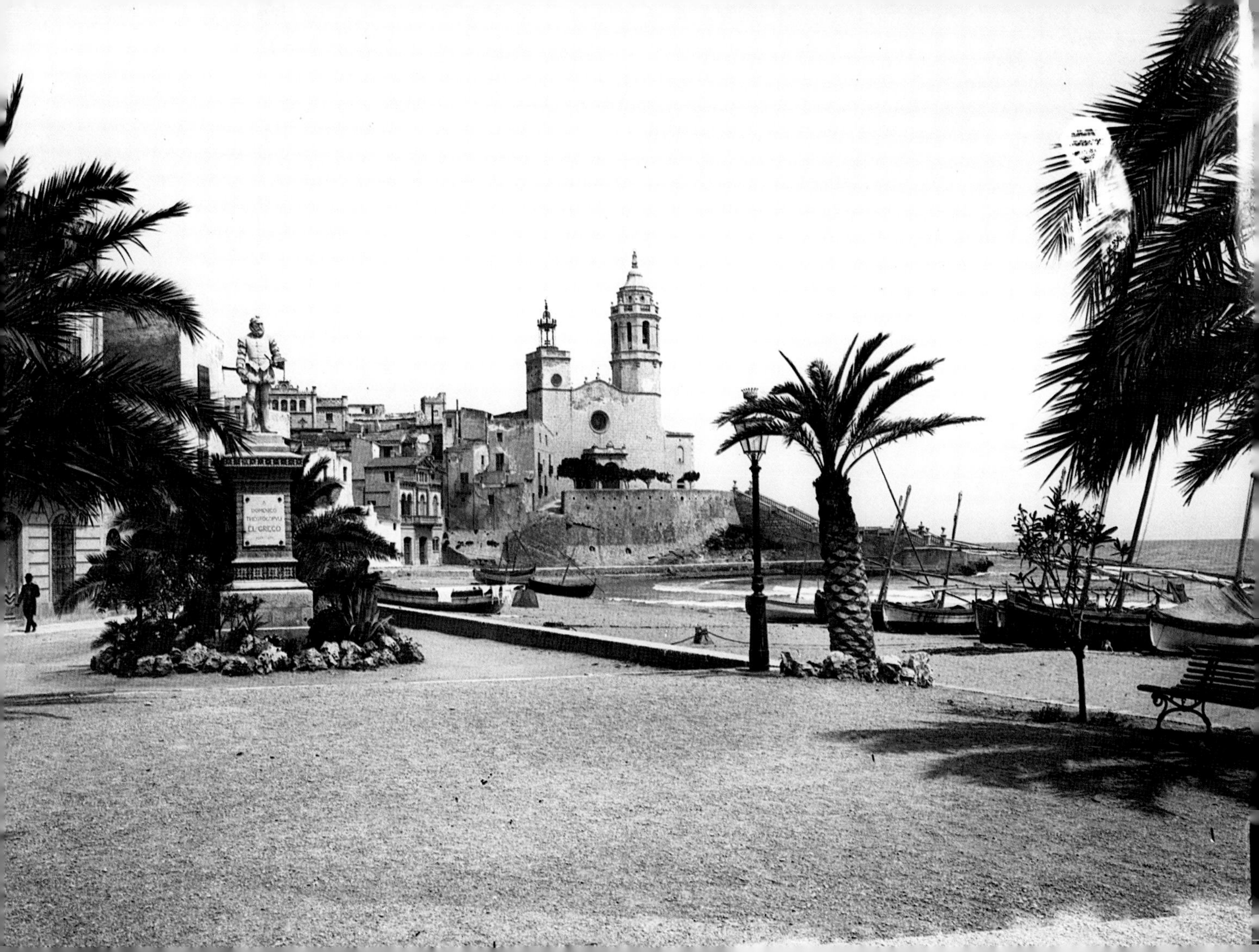
A
DOMENICO
EL GRECO

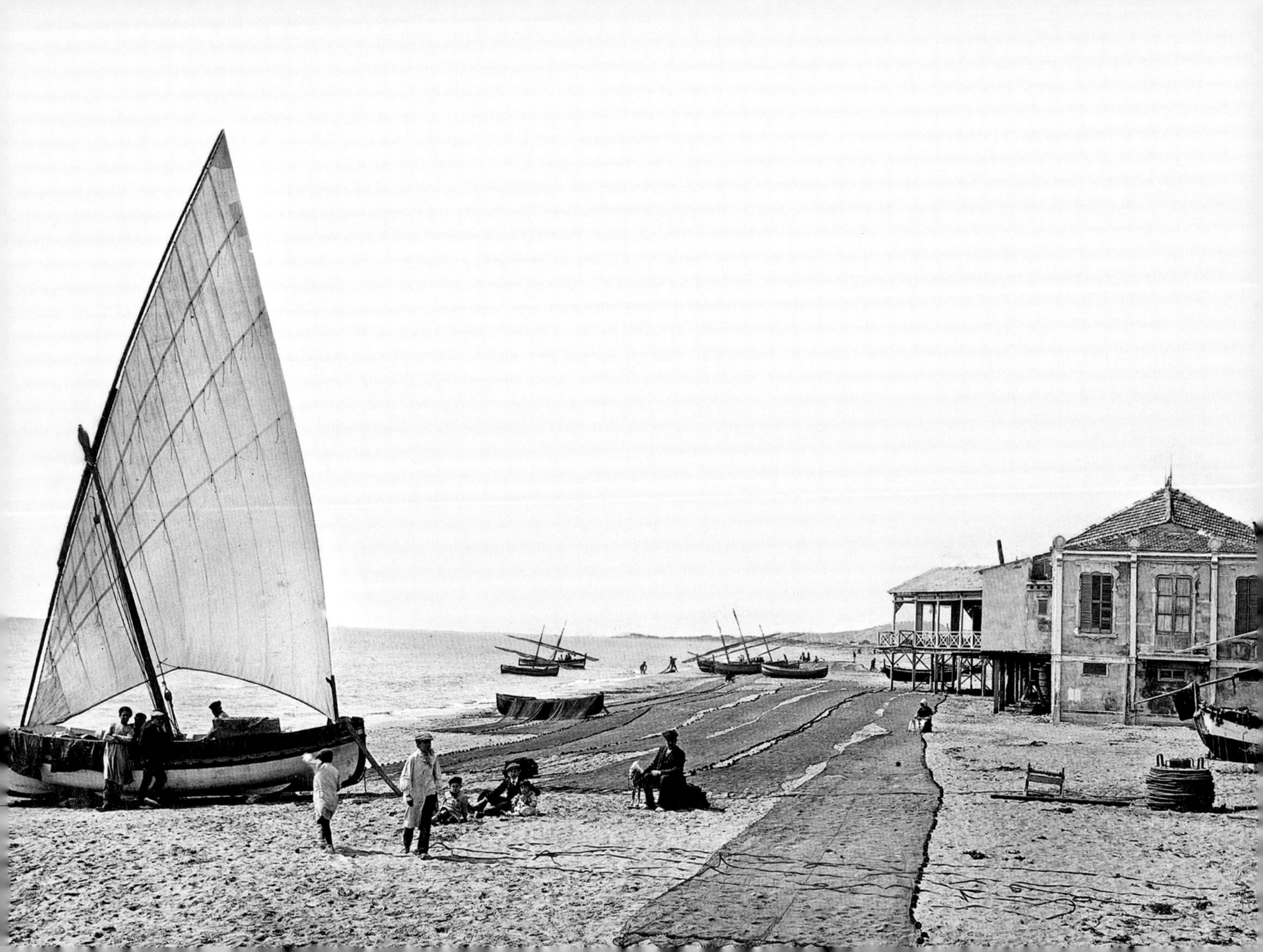

## PAVELLÓ DE MAR

-----

Cap al 1890, Antoni Cartró Escala muntà a la platja unes casetes de bany. En les temporades següents les anà millorant per oferir cada cop més serveis. El 1901, l'Estat l'autoritzà a construir una instal·lació més espaiosa –popularment coneguda com *el Kiosco*– i no gaire més tard obtingué el permís per tenir-la oberta permanentment. Aquest fou l'origen del Pavelló de Mar, inaugurat el 1903, i que durant els anys deu i vint seria el punt de reunió predilecte de la colònia estiuejant. Al costat, imatge entorn del 1910. En aquesta pàgina, parroquians asseguts a la terrassa a la segona dècada del segle xx.

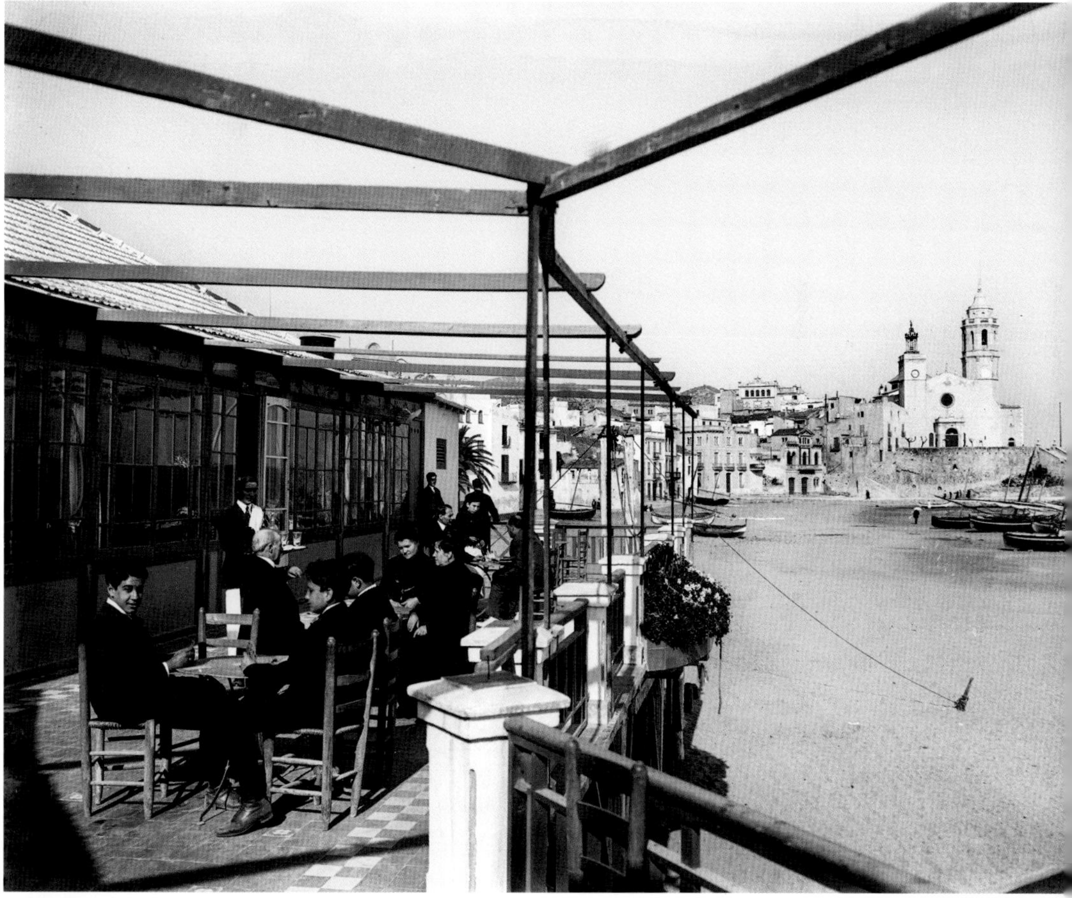

AUTOR DESCONEGUT / IEFC - Col·lecció ROISIN

## BANYS DE MAR

A les últimes dècades del segle XIX, una bona part de la costa catalana començà a veure's freqüentada per grups de persones que anaven a prendre banys de mar, els quals eren recomanats pels metges higienistes com a remei per a certes malalties. Prendre banys de mar no volia dir, però, haver de prendre el sol, perquè la pell blanca era sinònim de bellesa, i, per tant, les dones acudien a la platja vestides i amb para-sol. En aquesta pàgina, uns banyistes gaudeixen d'un dia de solaç als anys deu. Al costat, cinc noies abillades amb banyadors de mànigues i el cap cobert es remullen dins el mar pels volts del 1915.

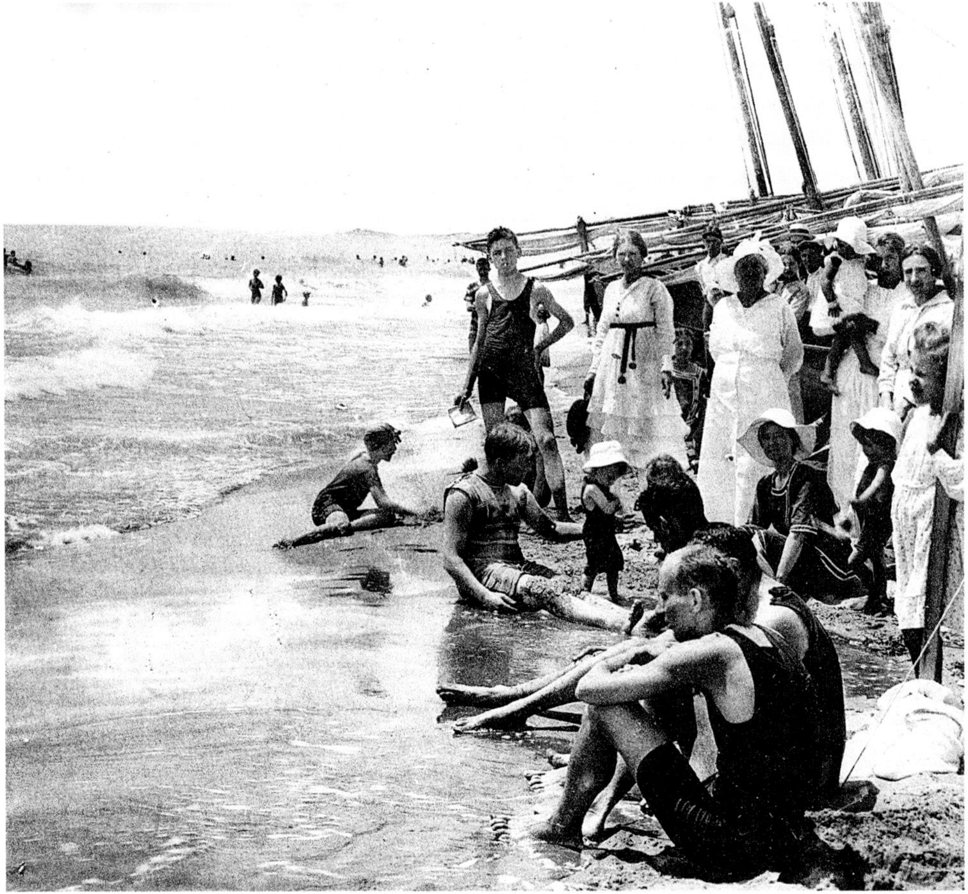

L. ROISIN (ED.) / Fons M. ÀNGELS BARTÉS BUSOM

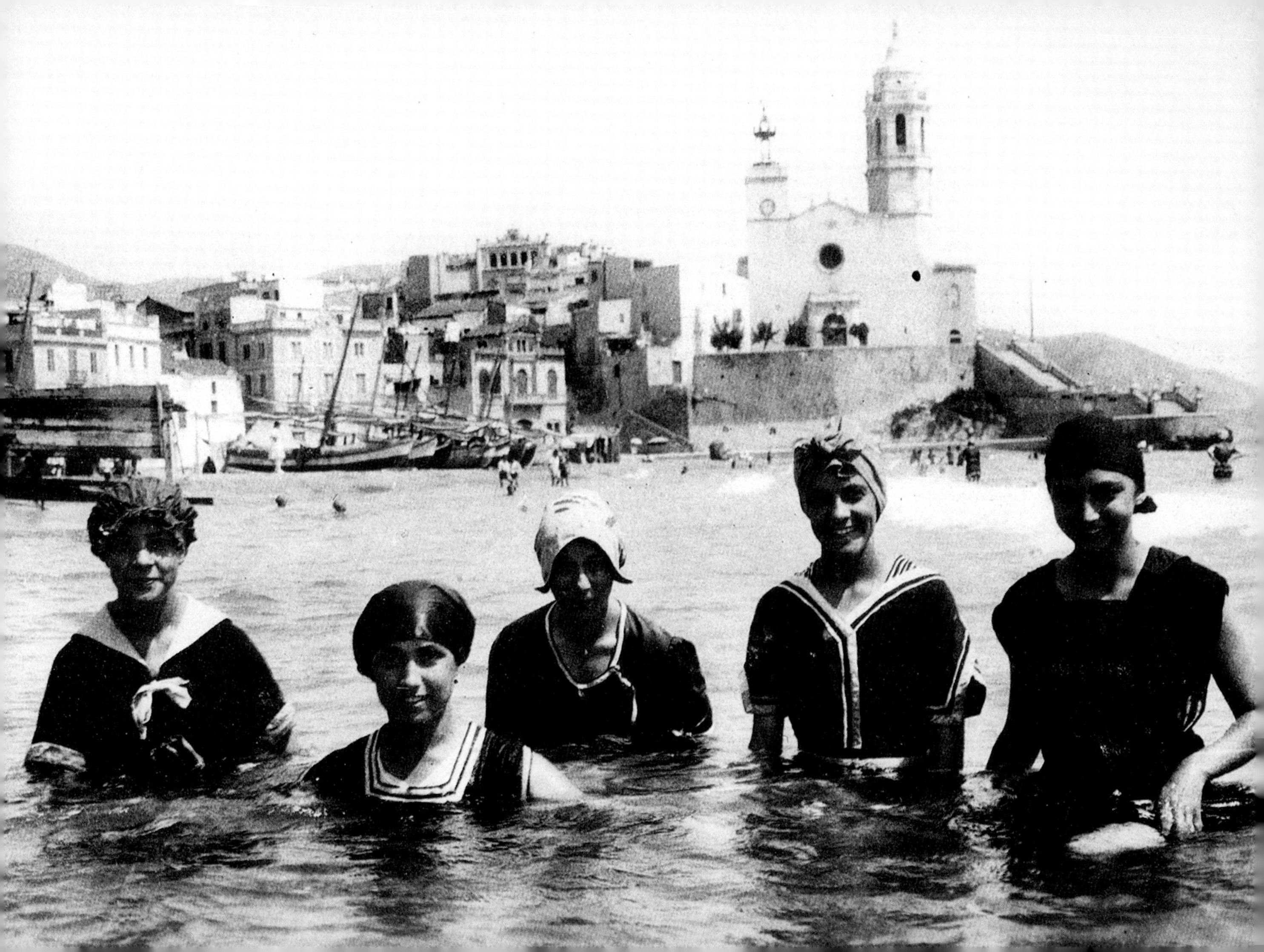

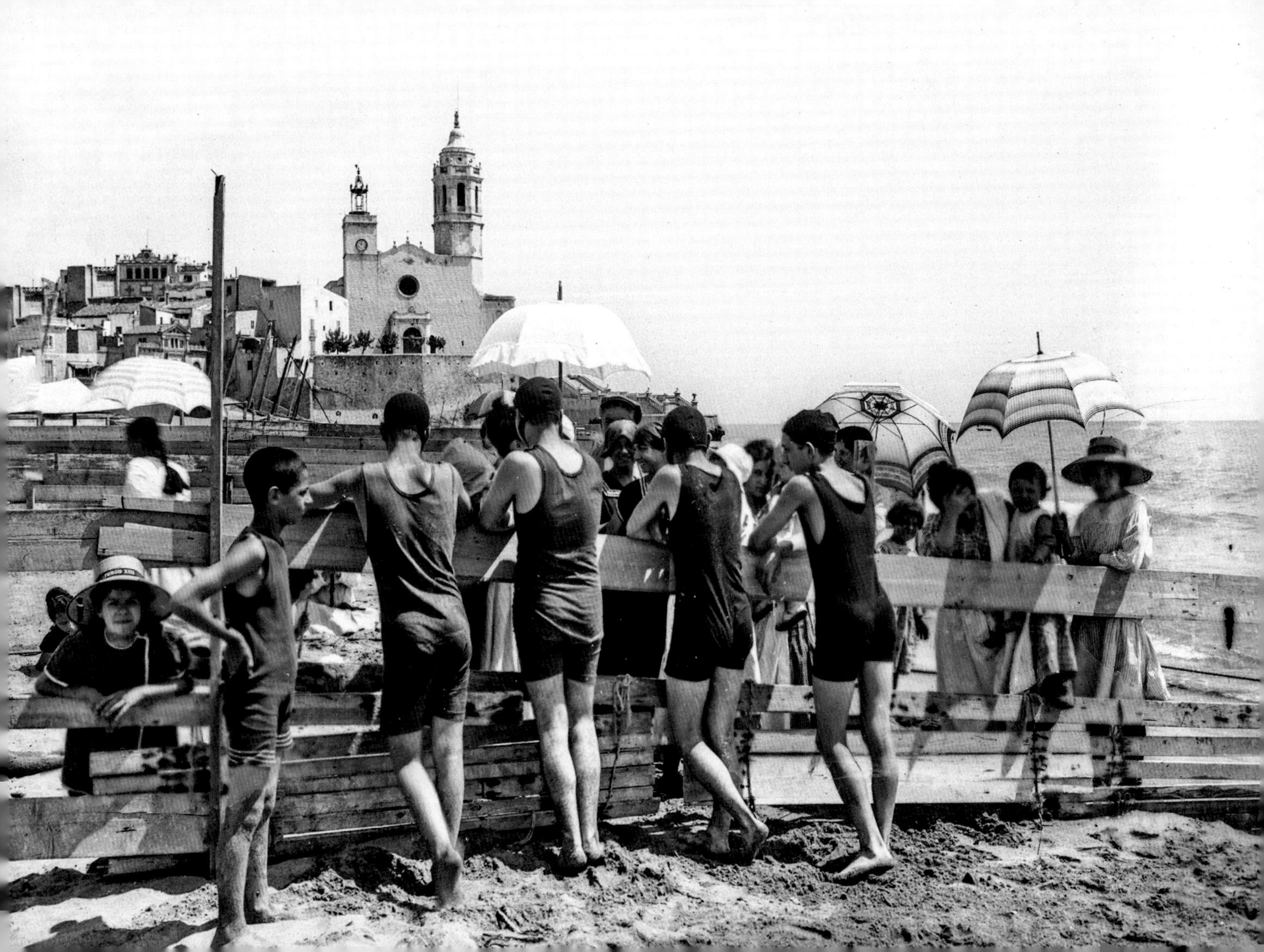

## UN ESPAI EN EVOLUCIÓ

-----

La progressiva transformació dels banys de mar en un passatemps popular obligà les autoritats municipals a dictar un reglament que era publicat cada any en arribar les calors estivals. Entre d'altres coses, el reglament establia tres zones de bany diferenciades: una només per a dones, l'altra per a les famílies i una tercera per a homes sols. Per tal de vetllar per la moral hi havia unes tanques que separaven els sectors i que s'endinsaven uns quants metres en el mar. Al costat, uns joves *pelen la pava* a través d'una tanca. En aquesta pàgina, una noia practica el piragüisme. Ambdues imatges són dels anys deu.

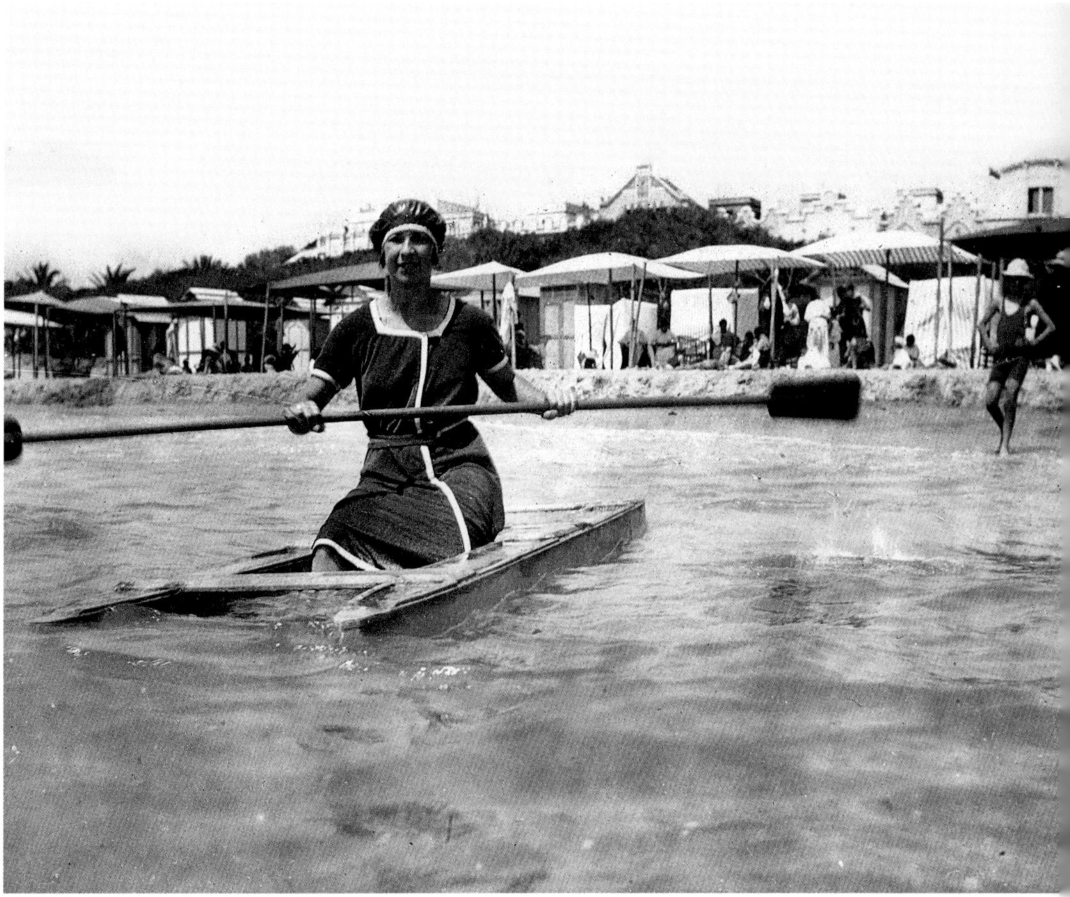

**AUTOR DESCONEGUT** / Fons FAMÍLIA BERGNES TERRÉS-CAMALÓ

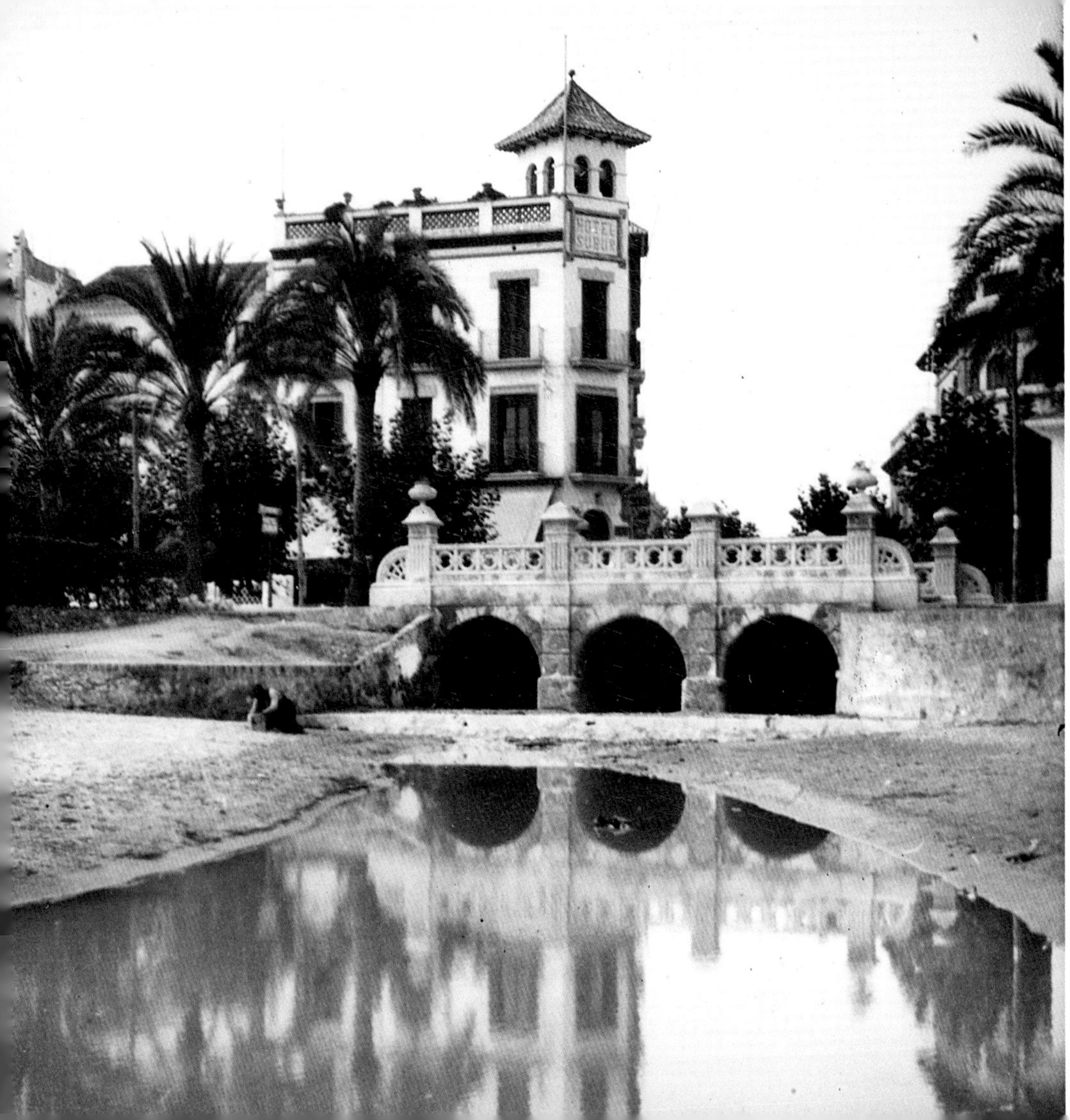

MARIANO CAMPS / Fons MARIANO CAMPS PLANAS

## PONT D'EN DOMÈNECH

-----

Dues perspectives diferents del pont d'en Domènech. En aquesta pàgina, el pont i l'hotel Subur vistos des de la platja el 1932. A la del costat, una família transita pel passeig de la Ribera al començament del segle XX. Bastit cap al 1877 sobre la desembocadura del torrent de la Bassa-rodona, fou pagat per l'*americano* Pere Domènech. En els anys següents sofrí diversos desperfectes a causa de les rierades, però el 1900 es restaurà i s'ornamentà seguint el gust modernista. Amb l'ampliació del passeig a la dècada del 1960, es tragueren les baranes i els bancs de la banda de mar. El 2014 fou reconstruït.

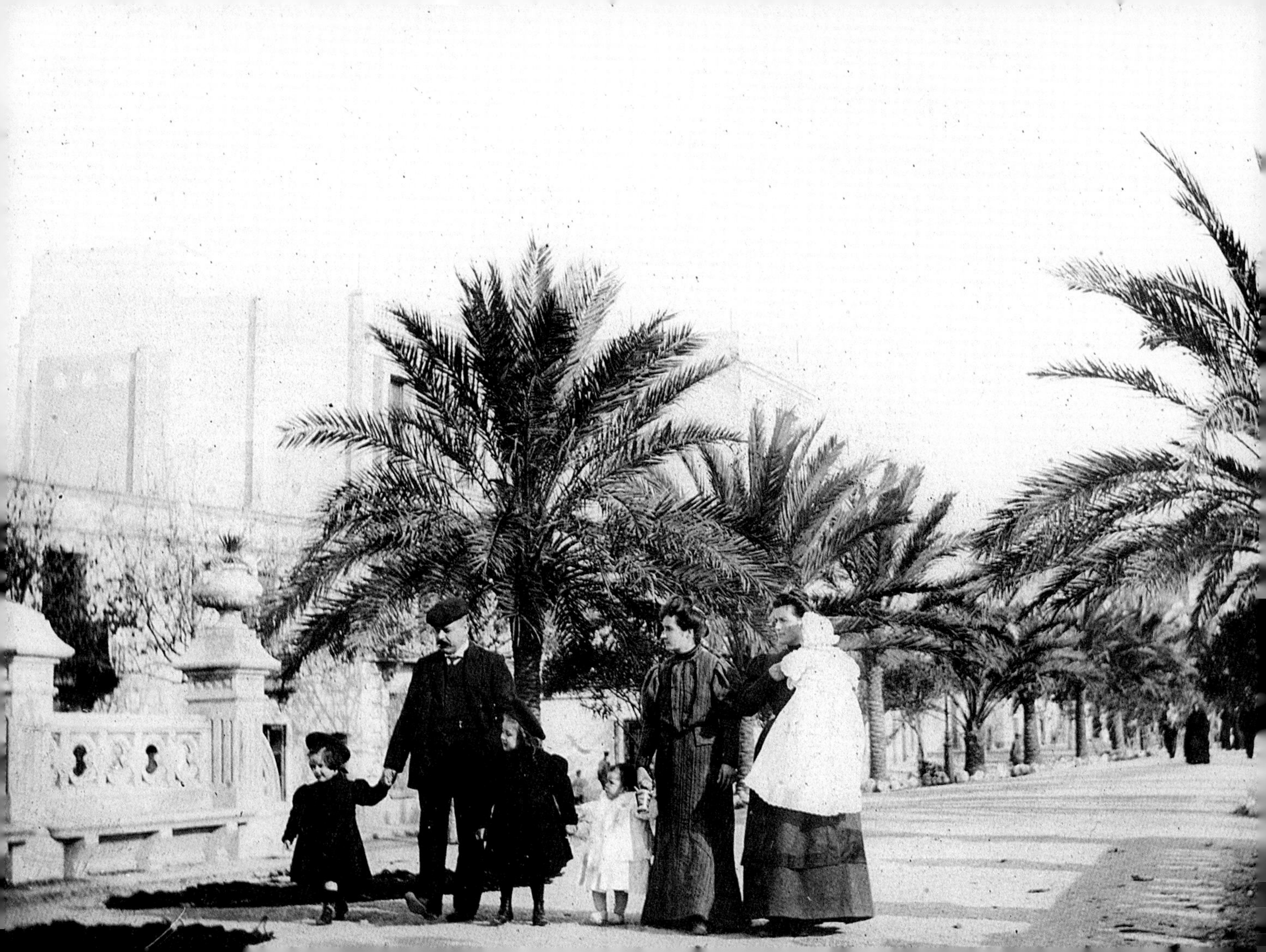

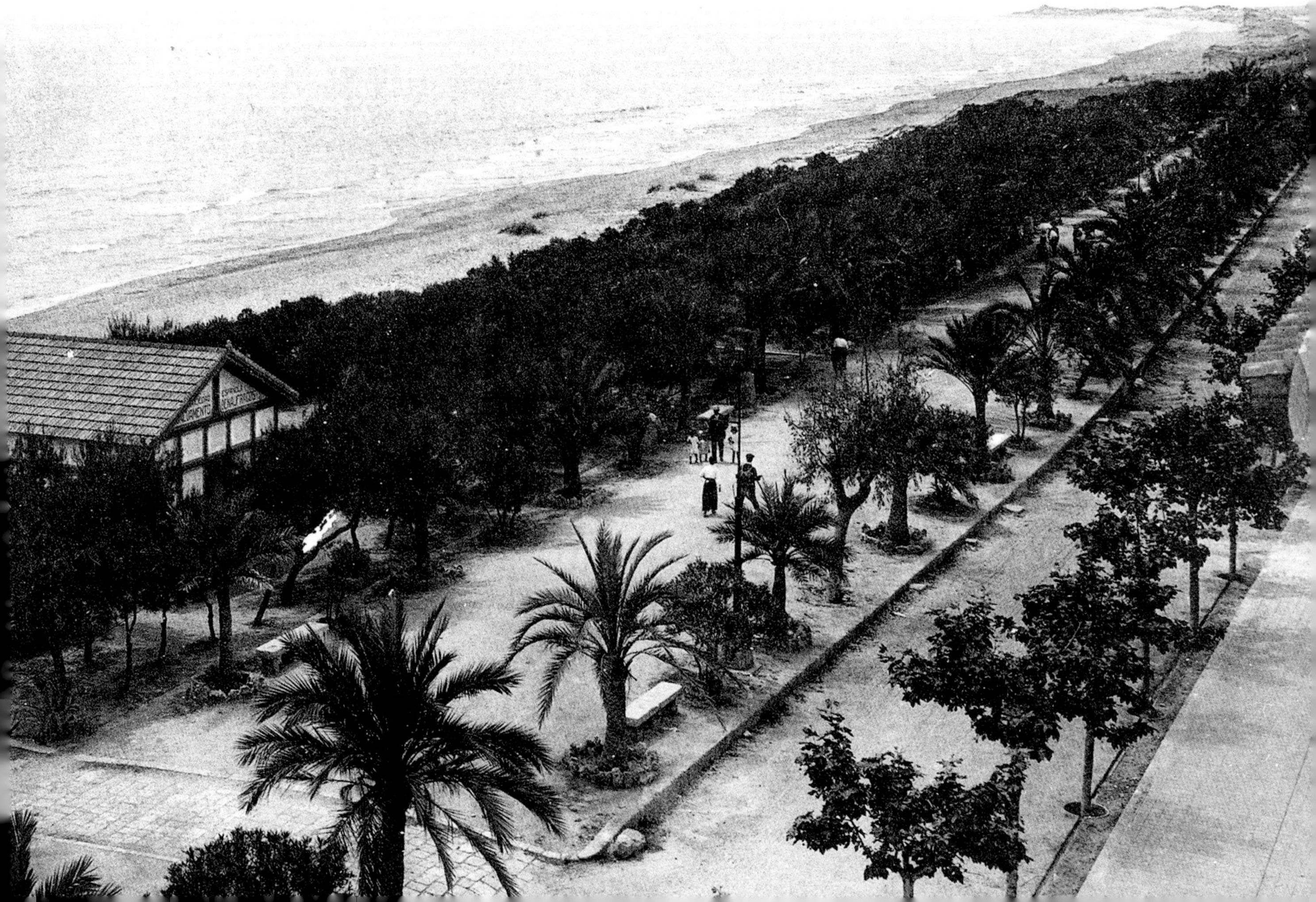

## EL PINAR

Al costat, el pinar a la dècada del 1910. Ubicat al passeig de la Ribera, entre el carrer de la Bassa-rodona i l'avinguda Sofia, fou plantat el 1894. Acabada la Guerra Civil, davant del pinar es muntava la fira d'estiu. En primer terme hi ha el cobert on es guardava el bot de salvament de nàufrags.

## CARRER DE SANT SALVADOR

Des del segle XVIII, a l'extrem més occidental de la Ribera hi havia el carrer de Sant Salvador, conegut també com *el barri dels Boters*, perquè s'hi concentrava la majoria d'artesans que es guanyaven la vida amb aquest ofici. En aquesta pàgina, membres de la família Julià a la porta de casa seva cap al 1900.

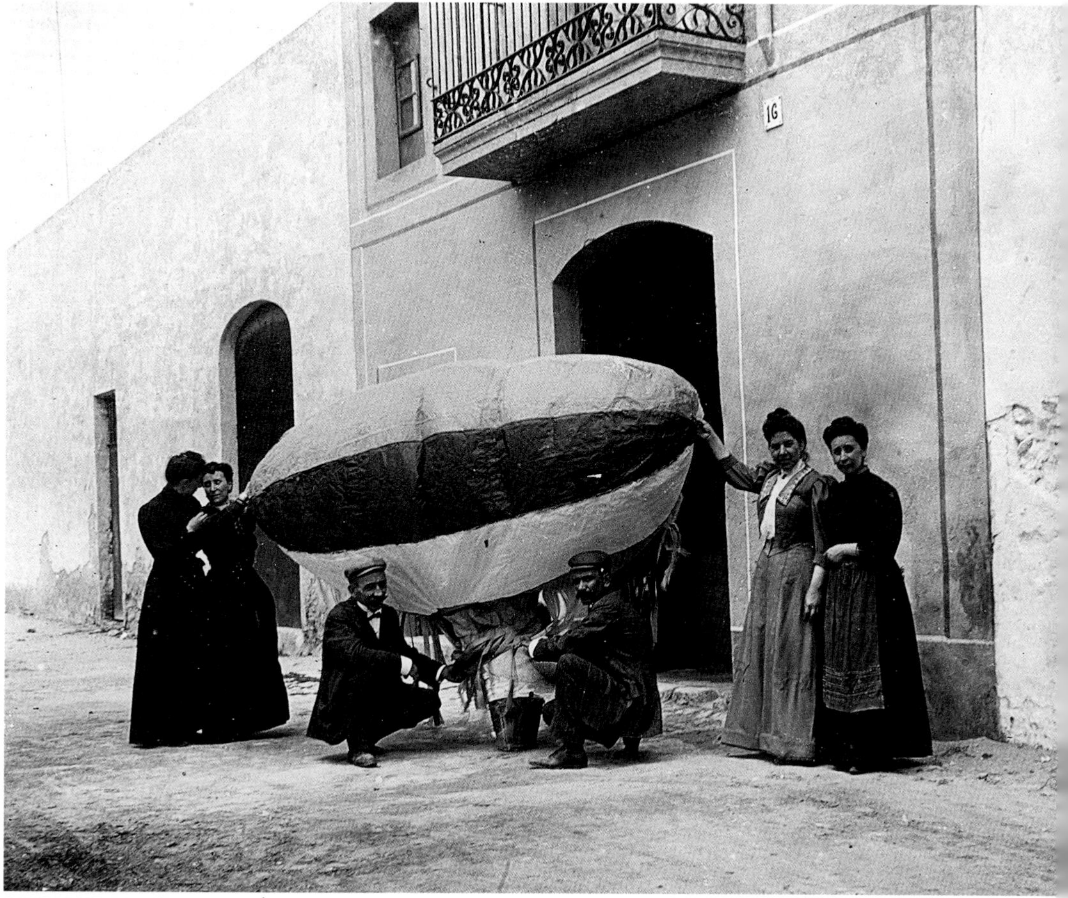


**AUTOR DESCONEGUT** / Fons PEPA JULIÀ RIBAS

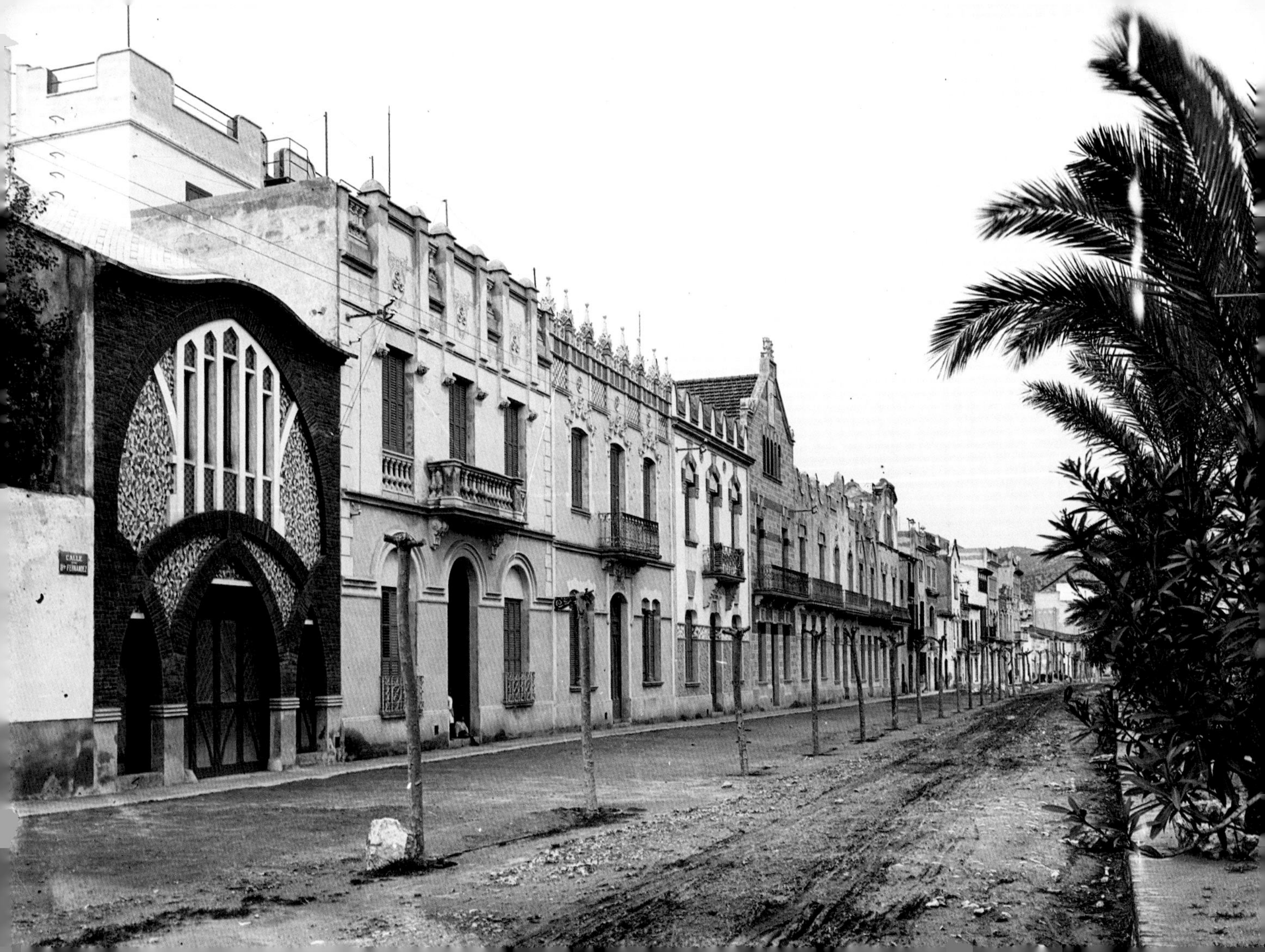
CALLE

## XALETS D'EN FERNÁNDEZ

-----

Avui dia, el carrer de Sant Salvador porta el nom de *passeig de Bernardo Fernández*. Així es deia el promotor asturià que, a partir del 1908, feu allí un conjunt de moderns xalets destinats a hostatjar famílies estiuejants. Al costat, imatge de les cases vers el 1912 amb el garatge en primer terme.

## TEMPORALS

-----

A finals dels anys quaranta, un seguit de temporals de llevant destrossaren el sector de Sant Sebastià, la Ribera i el passeig Marítim, i provocaren la desaparició del pinar i la destrucció de la caseta del bot salvavides, del Chiringuito –en aquesta pàgina– i d'una part dels equipaments de la piscina.

AUTOR DESCONEGUT / Fons M. ÀNGELS BARTÉS BUSOM

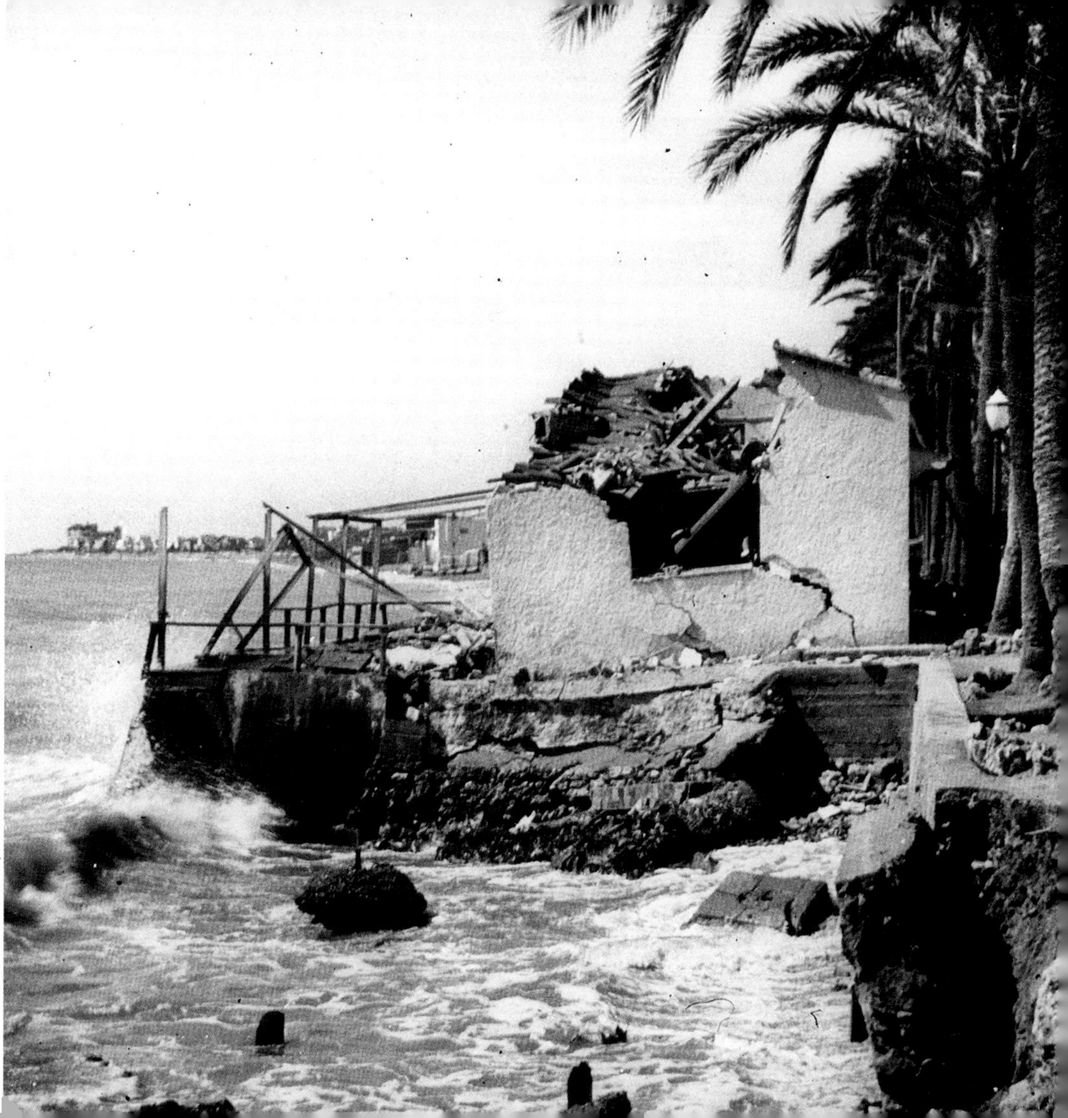

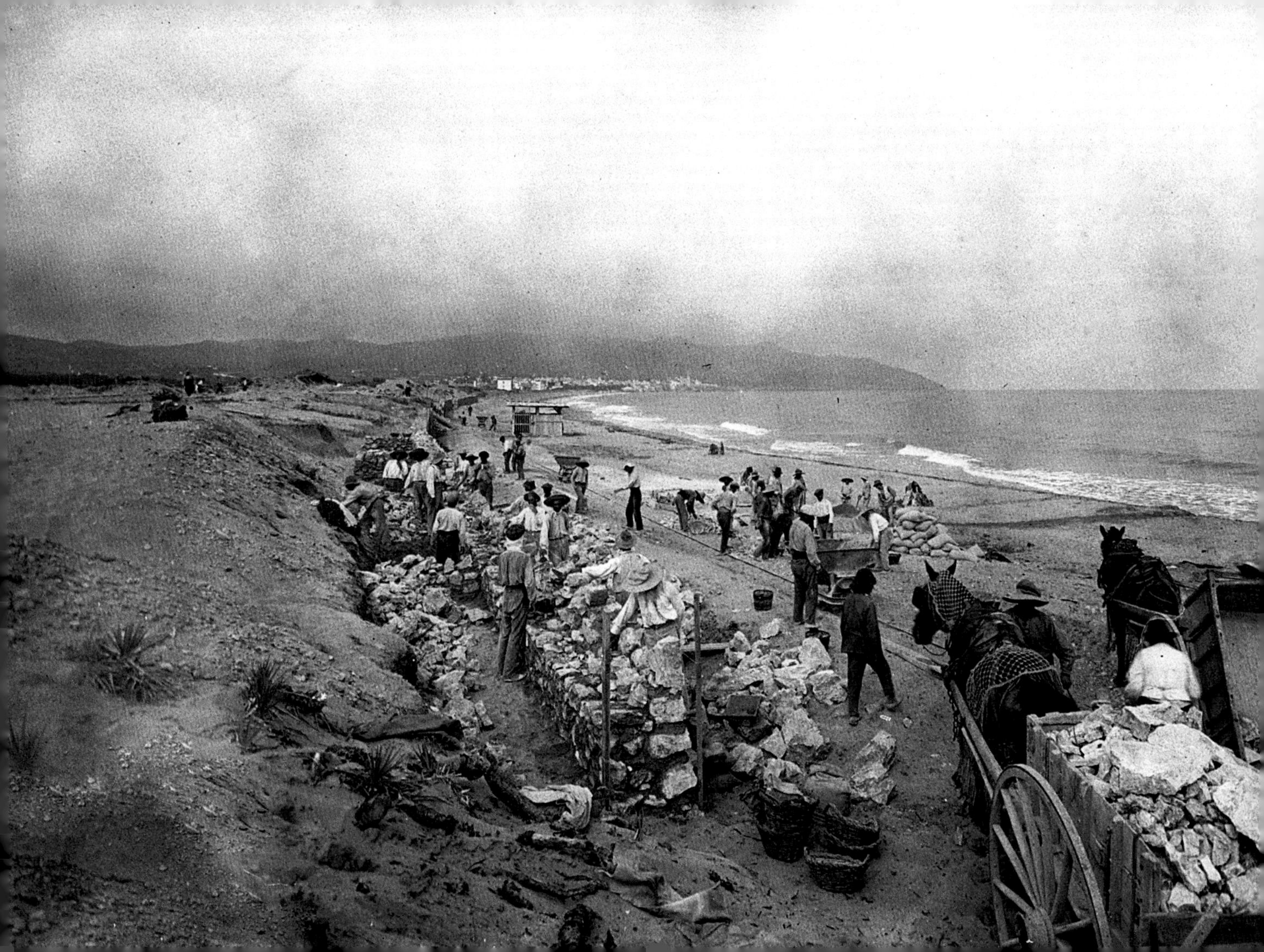

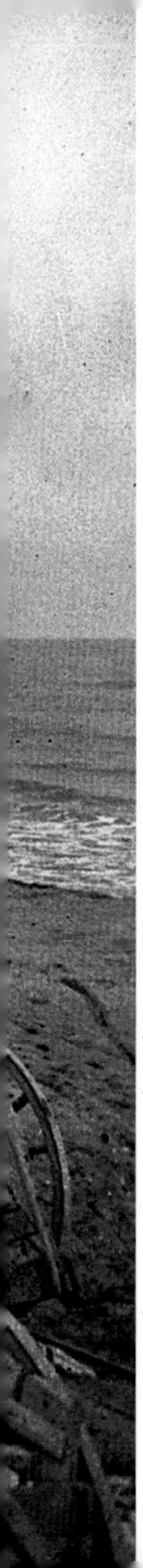

BRANGULÍ / ANC - Fons BRANGULÍ (FOTÒGRAFS)

AUTOR DESCONEGUT/ Fons FREDERIC MALAGELADA BENAPRÈS

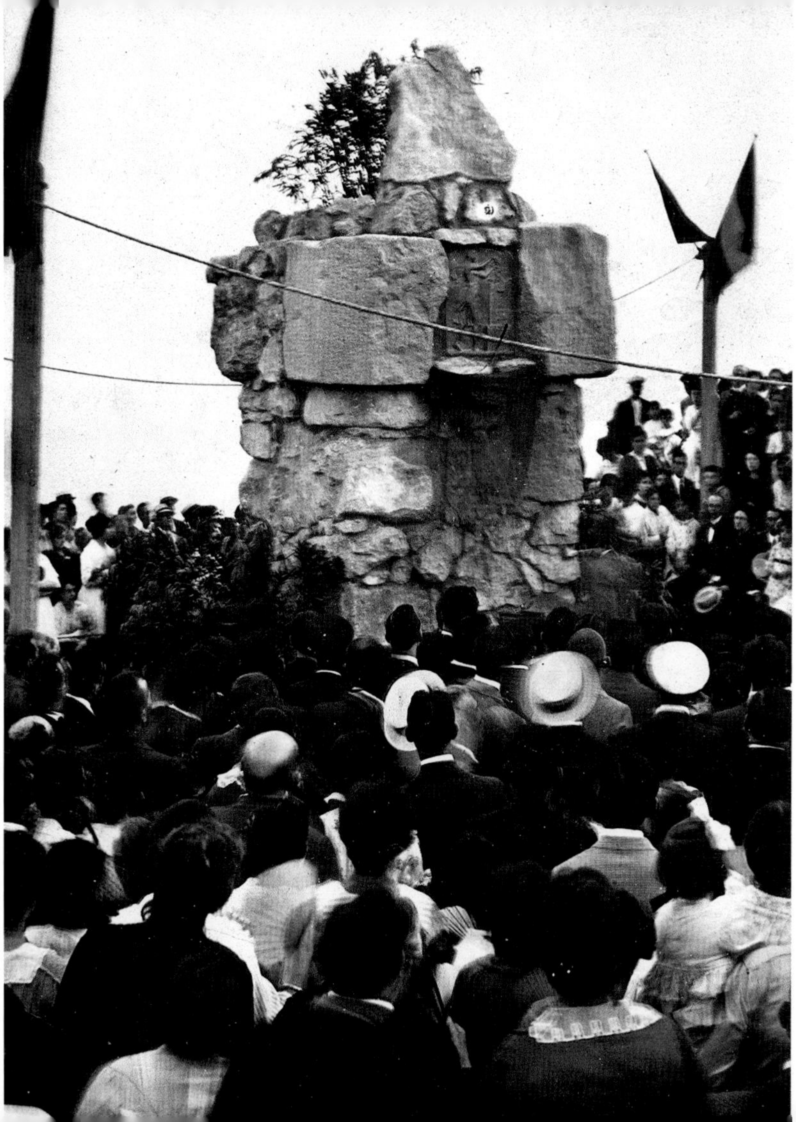

## PASSEIG MARÍTIM

-----

La tardor del 1918, alhora que aprovava el projecte d'urbanització de Terramar, el consistori endegà els tràmits per obtenir la concessió d'un passeig marítim que, vorejant la franja costanera, fos la prolongació del de la Ribera i arribés fins a les Anquines. A partir del passeig del Doctor Gaietà Benaprès, la zona era plena de dunes de sorra, al límit de les quals, dos anys abans, s'havia aixecat un monument en memòria del metge sitgetà. A la pàgina del costat, imatge entorn del 1919 que mostra les obres preliminars d'urbanització del passeig. En aquesta pàgina, inauguració del monument l'any 1916.

## TERRAMAR

-----

Panoràmica del passeig Marítim i del sector de Terramar cap a mitjan anys trenta. L'impulsor de crear una ciutat jardí al sector més occidental de Sitges fou l'industrial sabadellenc Francesc Armengol, que, juntament amb altres capitalistes, constituí una societat inversora per portar a cap el projecte. La intenció era convertir Terramar en un lloc d'esbarjo i repòs que disposés de tota mena d'equipaments, alguns de luxe. La crisi que sacsejà l'economia catalana als anys vint obligà a rebaixar les expectatives inicials, però, malgrat tot, es construïren dos hotels, un parc i una vintena de xalets.

AUTOR DESCONEGUT / IEFC - Col·lecció ROISIN

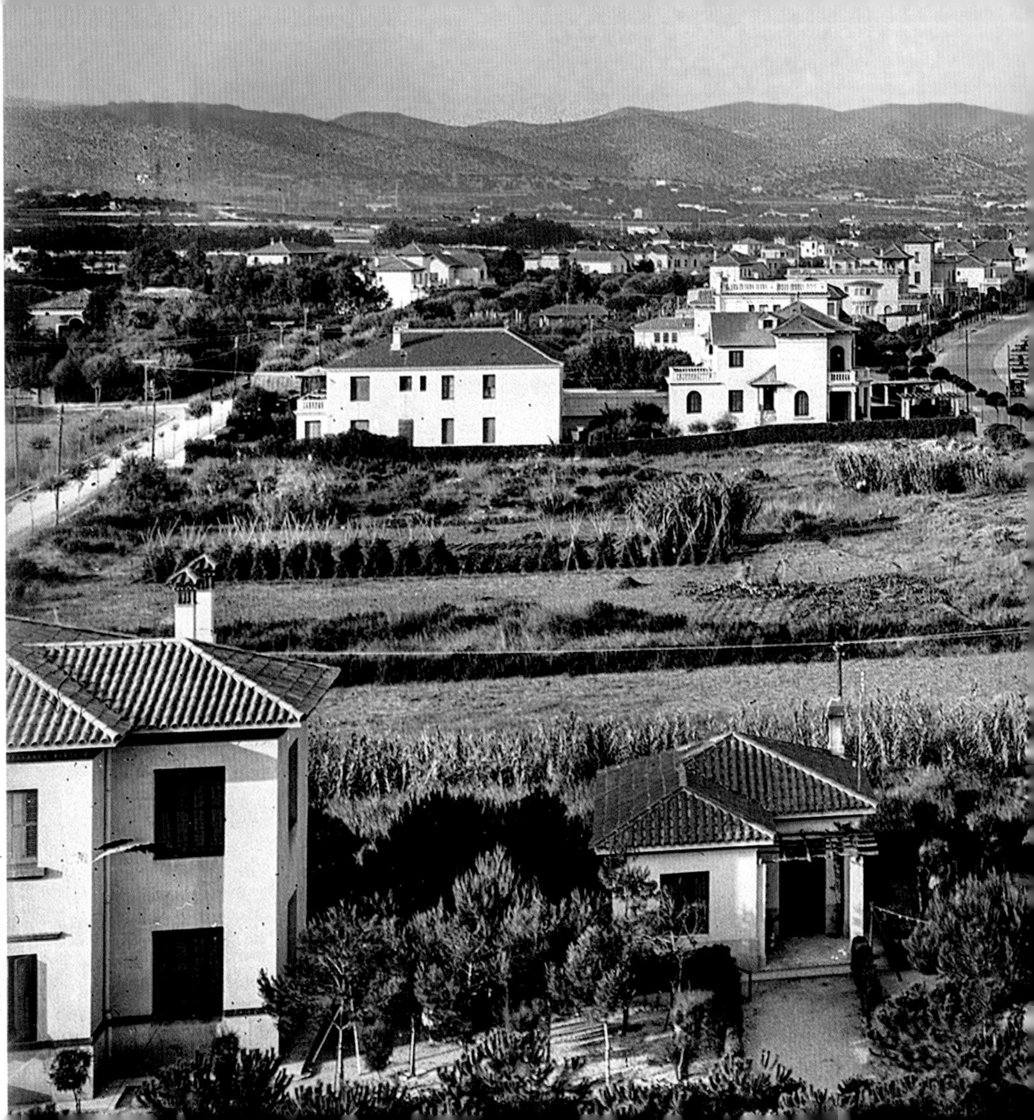

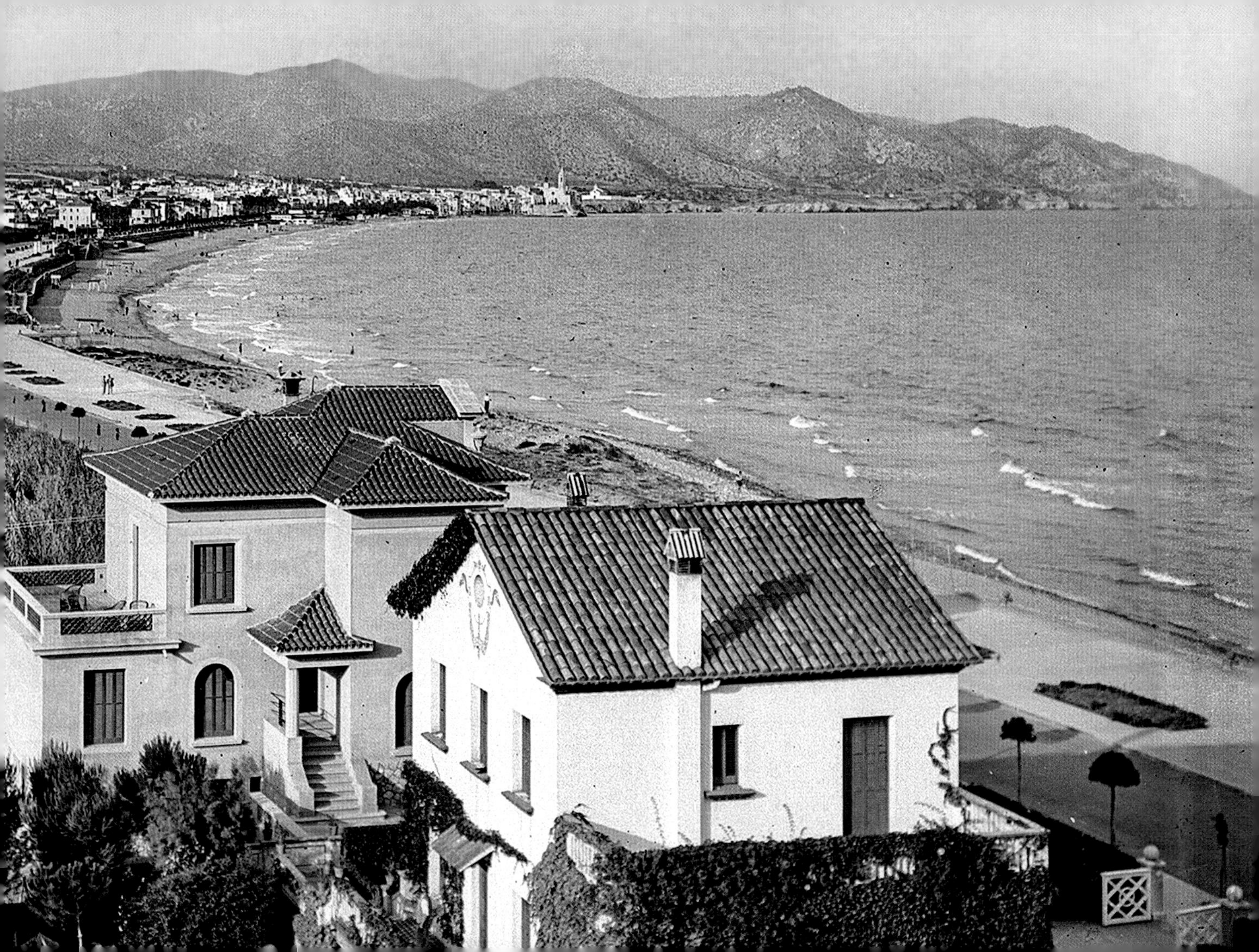

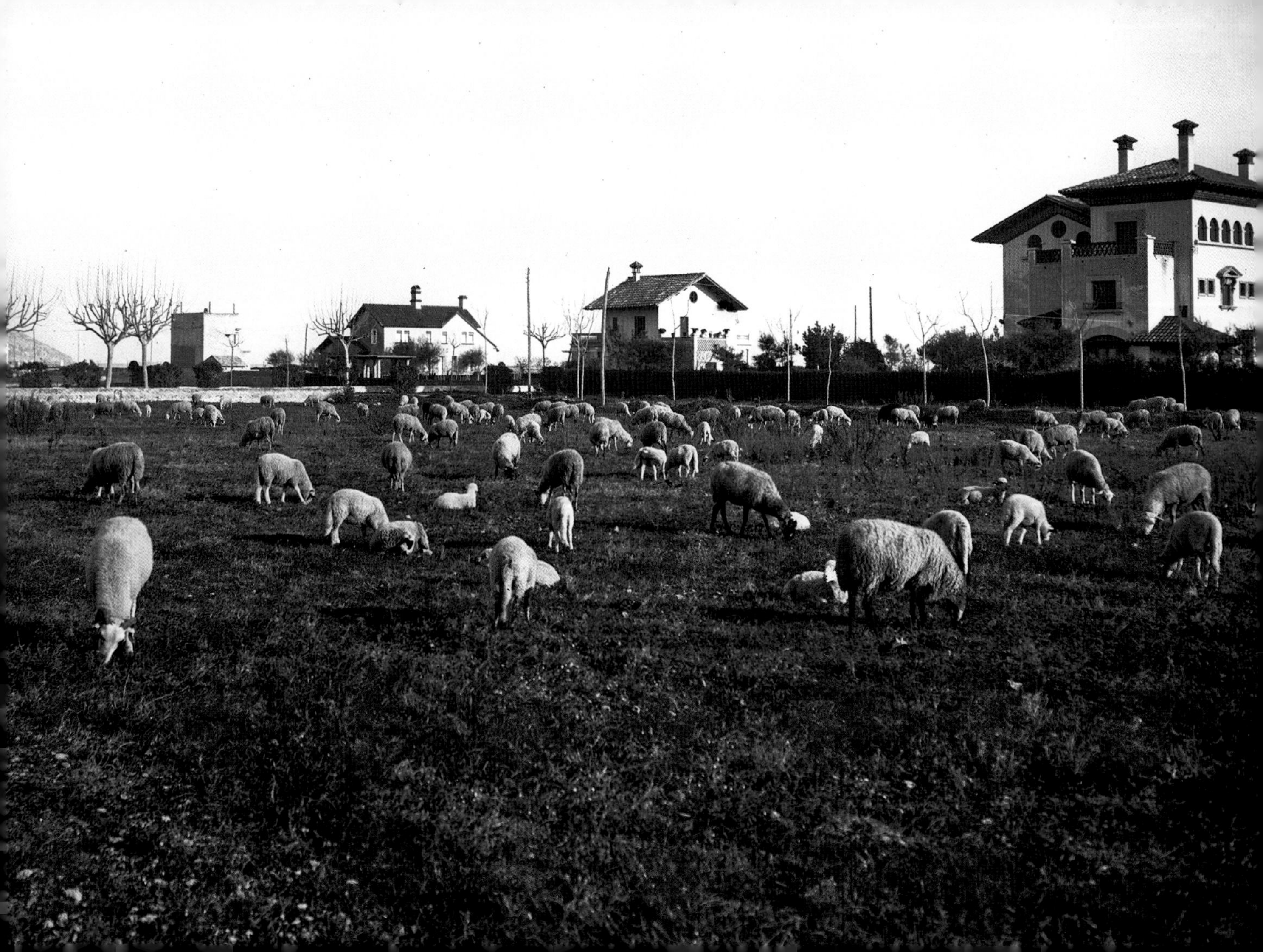

## TRADICIÓ I MODERNITAT

-----

Al costat, fotografia dels anys vint que palesa el contrast de l'època entre el Sitges tradicional i el modern. Unes ovelles pasturen en un solar de segona línia de mar –entre el passeig de Gaietà Benaprès i l'actual carrer de Josep Carbonell i Gener–, rere la casa Petit, edificada no feia gaire.

## CAMP DE FUTBOL

-----

Des que el 1911 es creà el primer equip de futbol sitgetà, l'esport de la pilota es practicà en diversos terrenys de joc, alguns de propietat municipal. Als anys vint, data de la imatge d'aquesta pàgina, el Club Deportiu Sitgetà –amb samarreta blanca– tenia el seu camp just darrere del xalet Vilella.

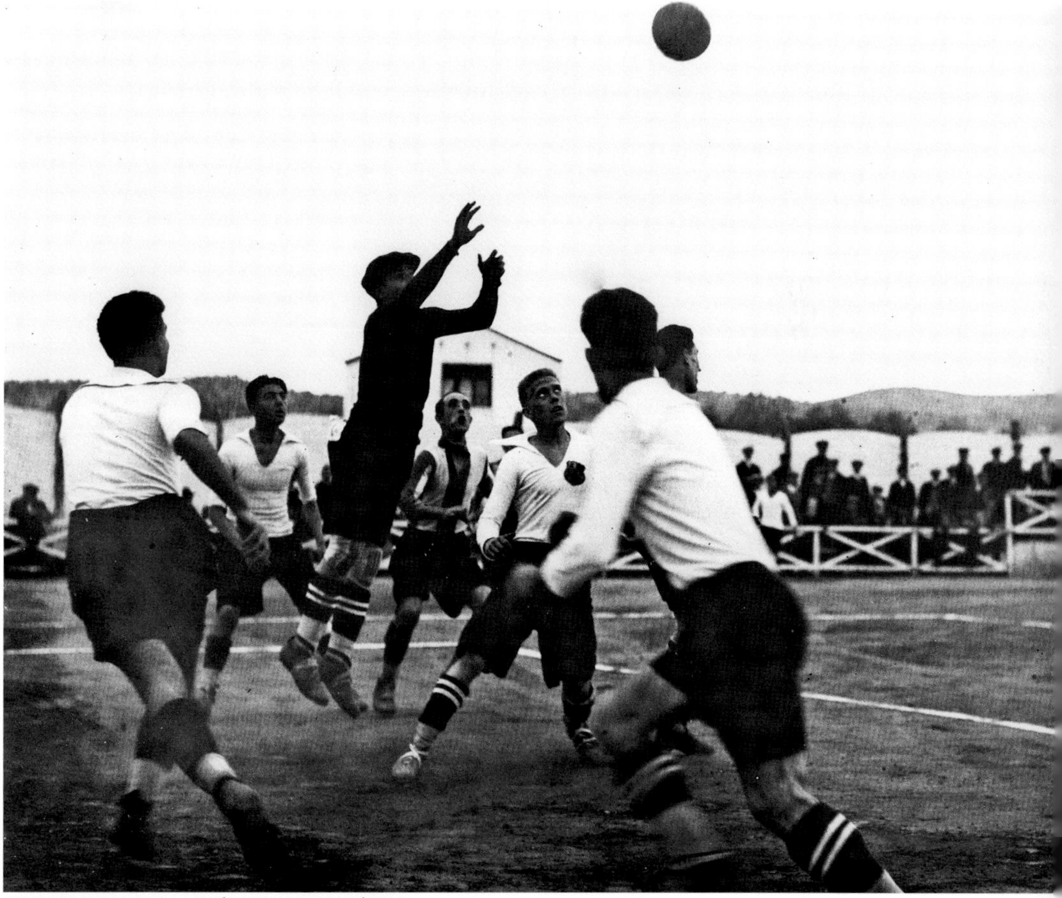

**AUTOR DESCONEGUT** / Fons FAMÍLIA MELLADO-HERNÁNDEZ

## PISCINA

-----

En aquesta pàgina, la piscina en una imatge del 1935. Emplaçada al costat mateix del Casino Platja d'Or, ambdós establiments s'inauguraren l'estiu del 1932 i de seguida esdevingueren el màxim exponent del cosmopolitisme que caracteritzà la vila en els anys anteriors a l'esclat de la Guerra Civil.

## HOTEL TERRAMAR PALACE

-----

Al costat, l'hotel Terramar Palace pels volts del 1934. Ubicat al final del passeig Marítim, obrí portes una dècada després d'haver-se'n iniciat les obres de construcció, les quals s'aturaren en diverses ocasions per problemes econòmics i contratemps tècnics causats per la proximitat del mar.

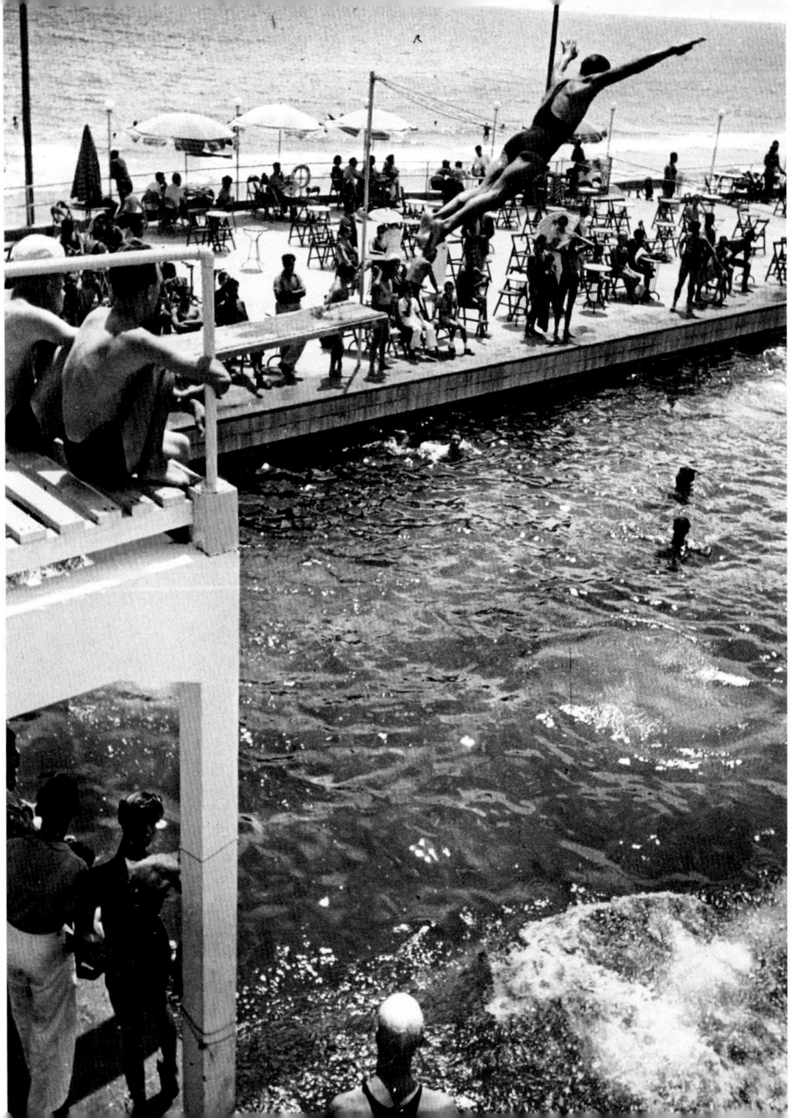

WERNER CONITZ / Fons ROLAND SIERRA FARRERAS

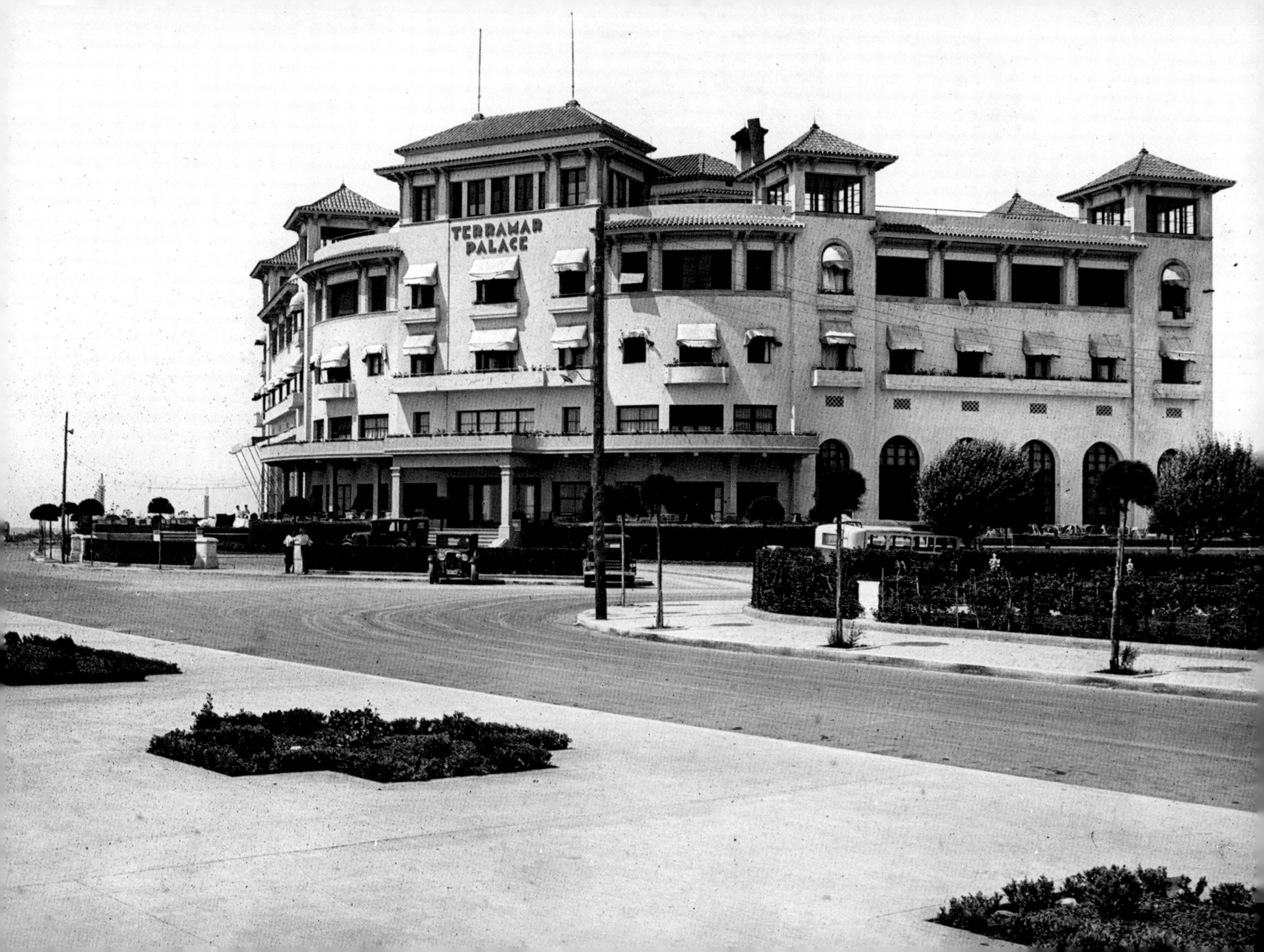
TERRAMAR
PALACE

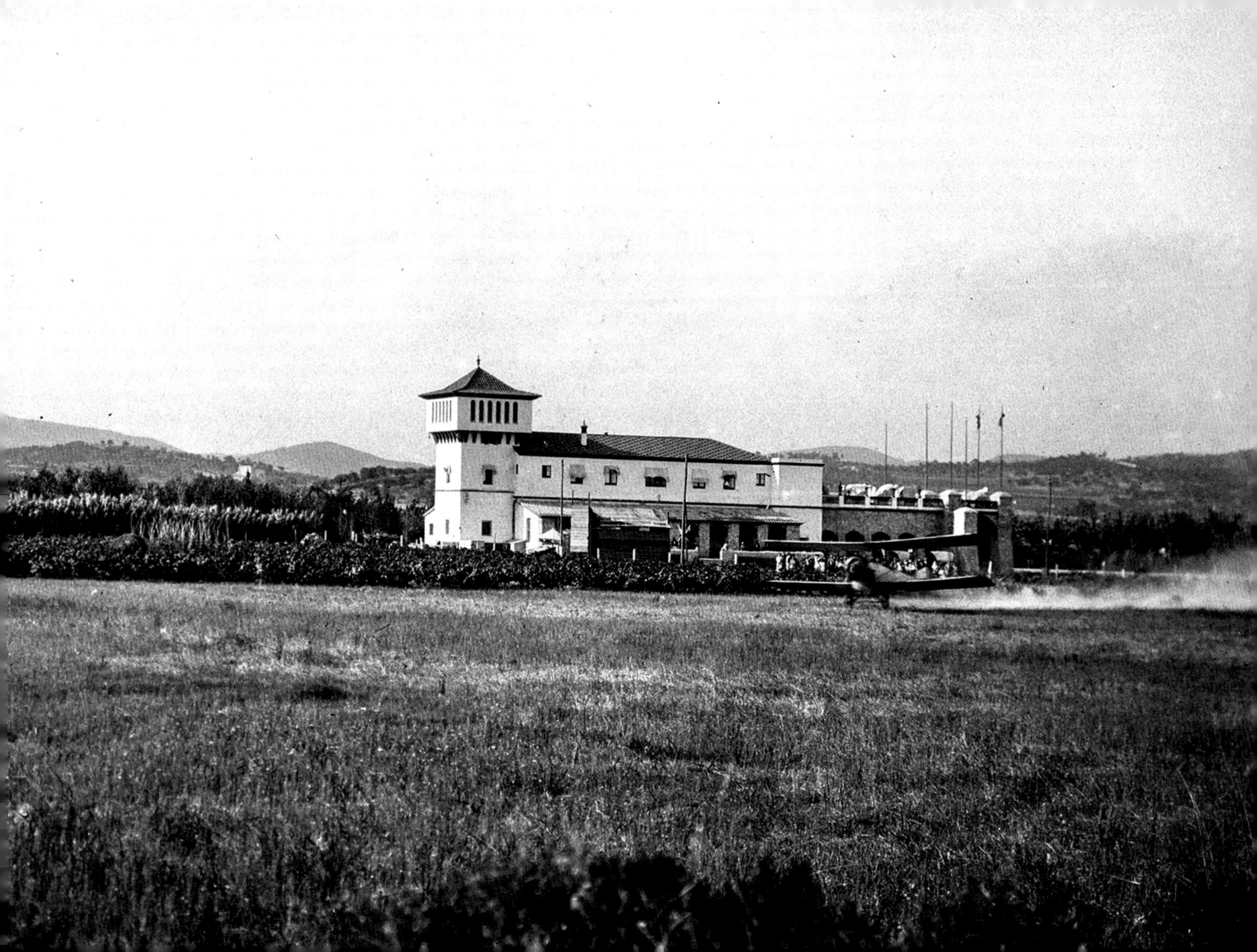

## PARC DE TERRAMAR

-----

Projectat al sud-oest de la ciutat jardí i dissenyat per Miquel Utrillo, el parc fou concebut com un lloc de gaudi per als futurs estadants del Terramar Palace, tot i que restà obert a qualsevol persona que hi volgués passejar. Aquesta llibertat propicià que, en els anys vint i trenta, molts sitgetans s'arribessin fins als jardins les tardes de diumenge i dies festius. Al costat, un aeroplà aterra a l'esplanada del Terramar Park-Hotel a mitjan anys vint. Al darrere es distingeixen els jardins. En aquesta pàgina, Panxo Bartés i Eulàlia Marsal contemplen el llac que hi havia enmig del parc el 1924.

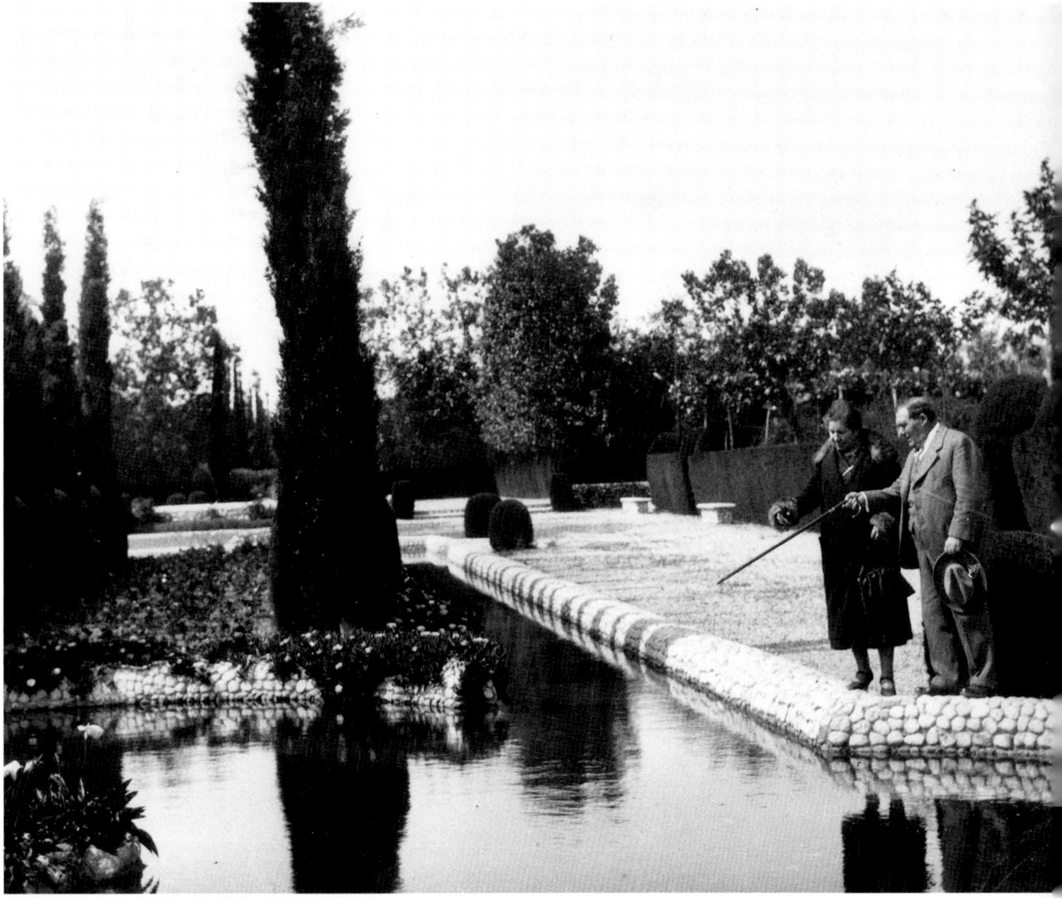

**AUTOR DESCONEGUT** / Fons M. ÀNGELS BARTÉS BUSOM

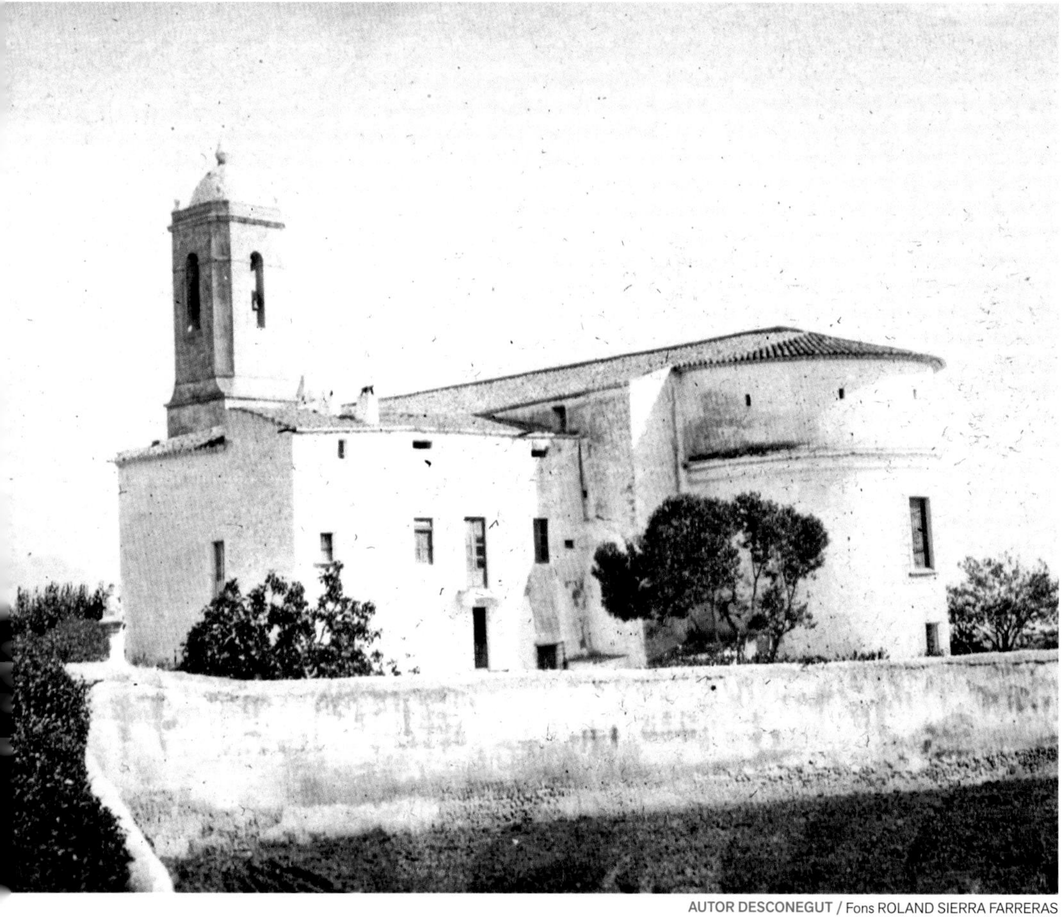

AUTOR DESCONEGUT / Fons ROLAND SIERRA FARRERAS

## ERMITA DEL VINYET

-----

El Vinyet en sengles imatges de la primera dècada del segle xx. En aquesta pàgina, vista posterior del santuari, amb l'absis i el mur que tanca l'hort, l'any 1905. Al costat, instantània de la cursa de *voiturettes* disputada el 28 de maig del 1908 –fou la primera cursa de cotxes de competició que se celebrà a Espanya–. El punt de sortida i d'arribada estava situat davant del Vinyet. Al costat de l'ermita es col·locaren les tribunes de les autoritats i de la premsa, i a través d'un pont de fusta elevat es podia travessar a l'altra banda de la carretera, on hi havia les llotges dels espectadors.

AUTOR DESCONEGUT / Fons JORDI MIRABENT CASTIEL

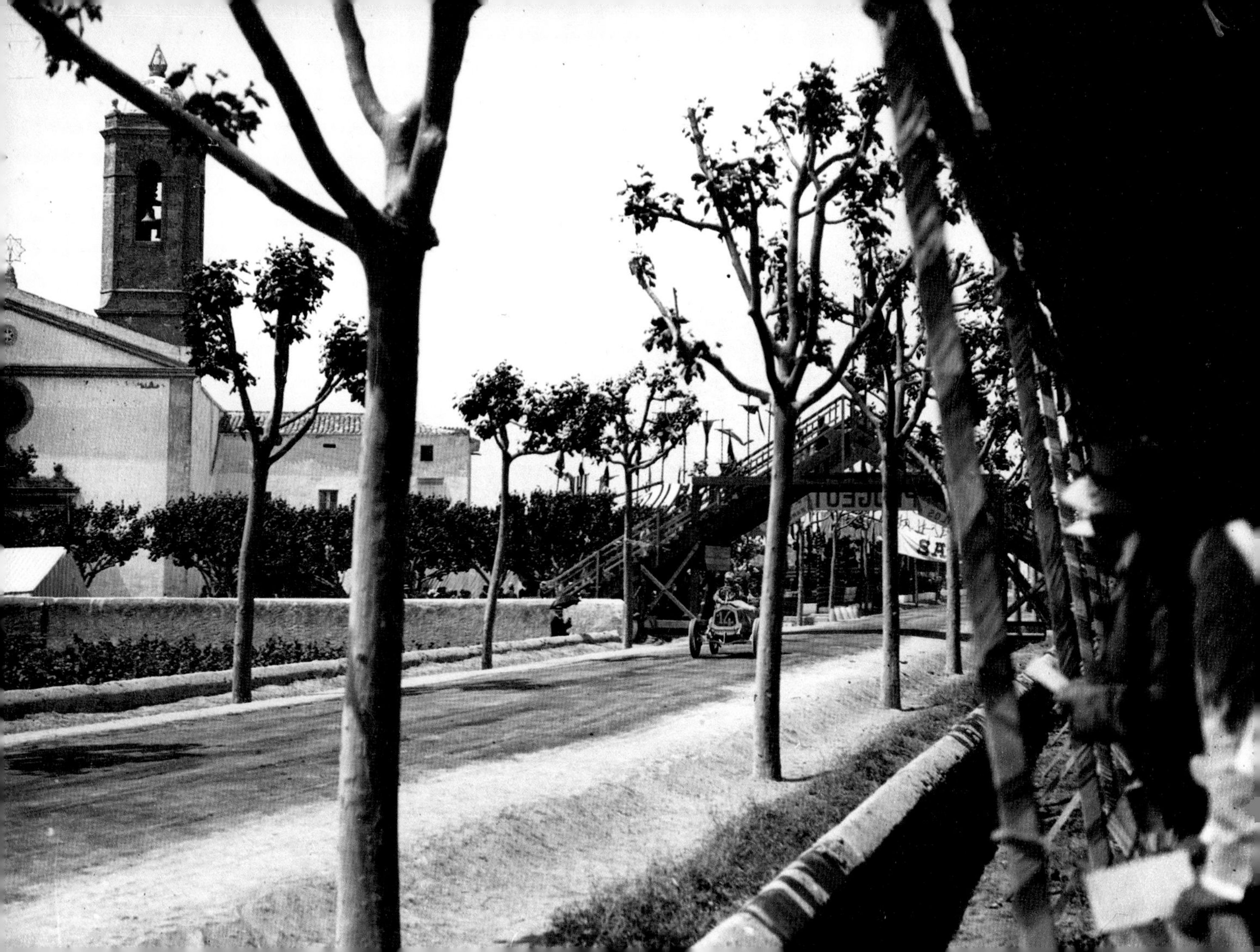
14
SA

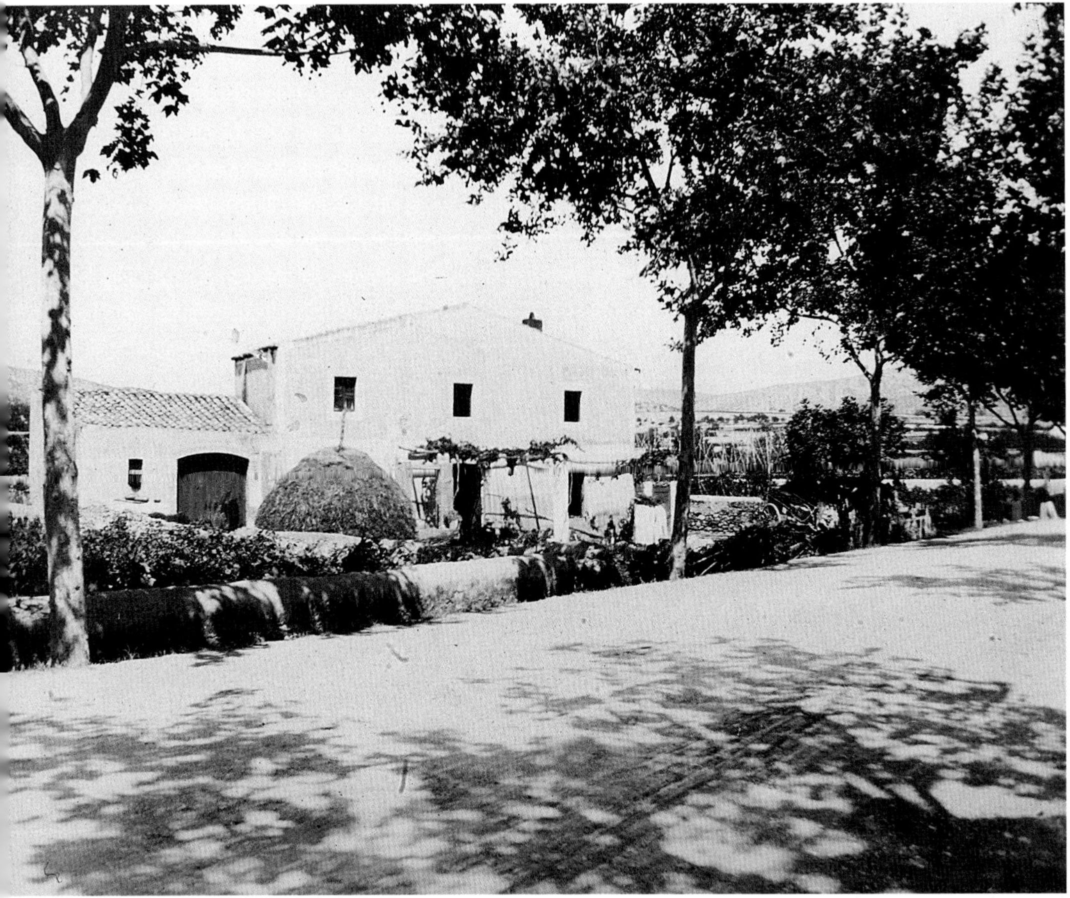

AUTOR DESCONEGUT / Fons FAMÍLIA BERGNES TERRÉS-CAMALÓ

## SÍNIES I MASIES

-----

Des de l'inici del segle XIX, moltes sitgetanes porten el nom de Vinyet en honor de la Mare de Déu de la vila. Segons el diccionari, el mot s'utilitza per designar un terreny extens plantat de vinyes. I això és el que es podia veure antigament pels encontorns del santuari: ufanosos ceps carregats de raïm. A la zona, però, també hi havia masos i sínies on es conreaven productes de secà i de regadiu. En aquesta pàgina, can Valldosera, que avui dia és el restaurant La Masia. A la pàgina del costat, la sínia del Bord, encara dempeus tot i que modificada. Les dues imatges són de la primeria del segle XX.

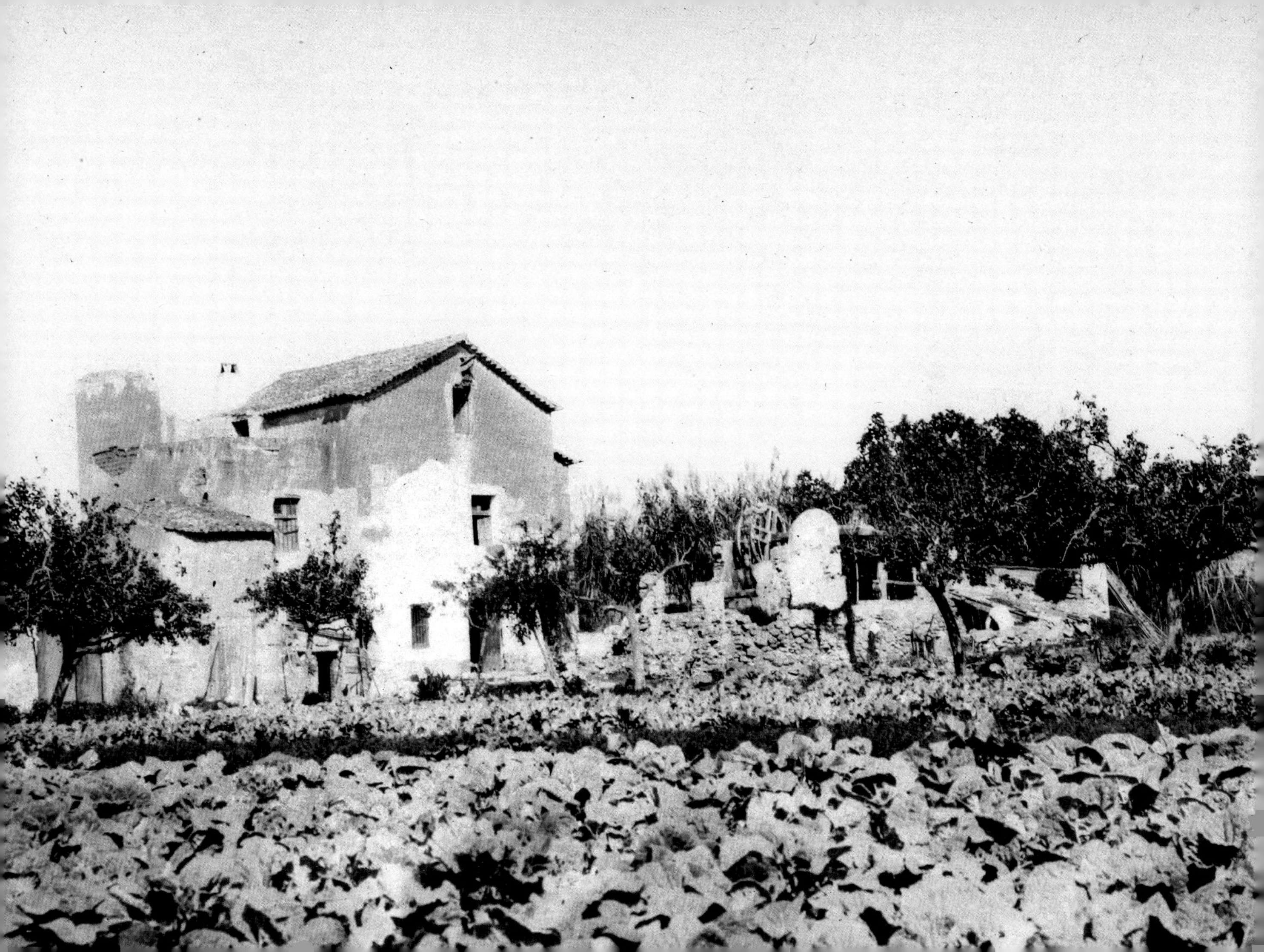

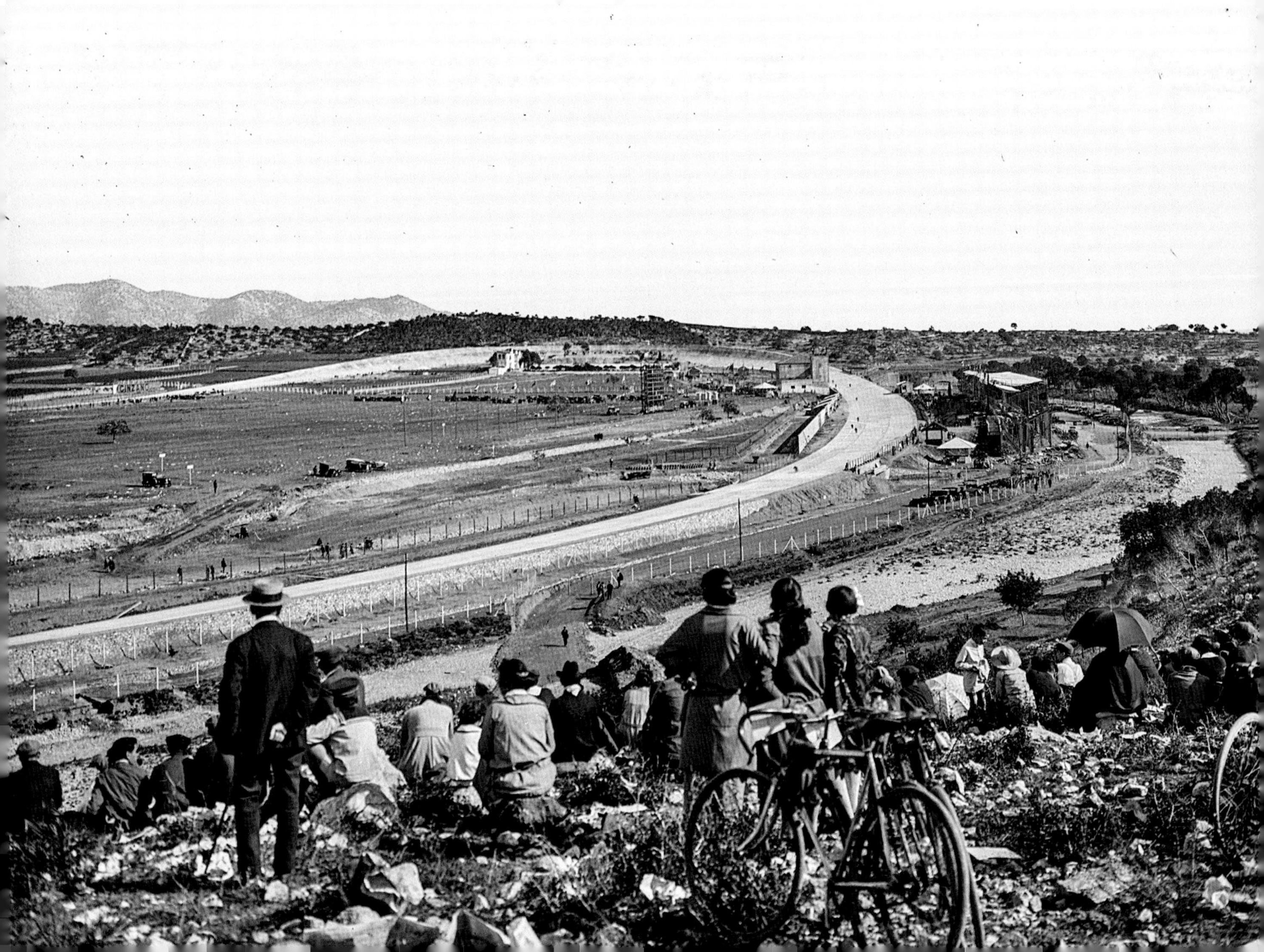
CINZANO

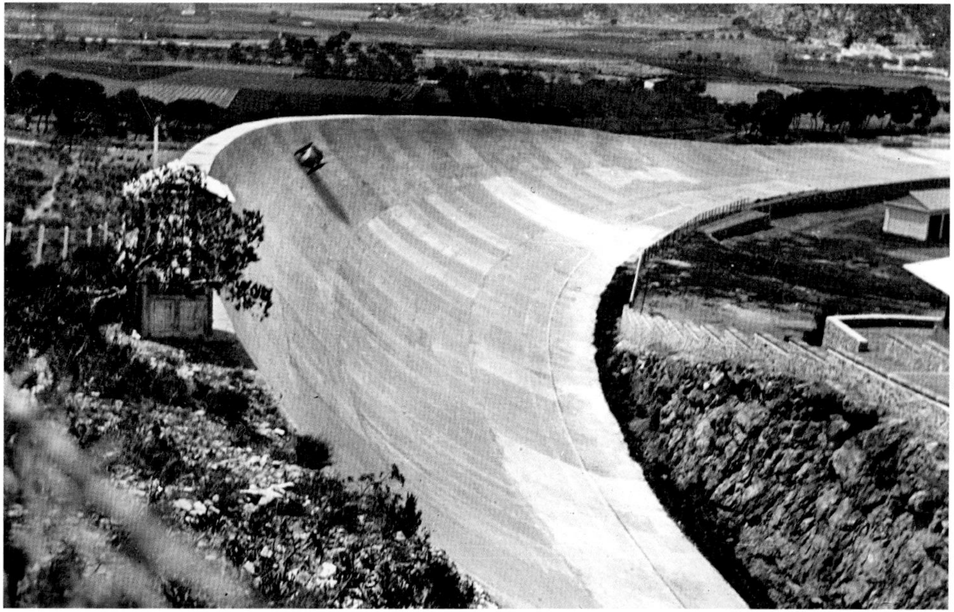

AUTOR DESCONEGUT / Fons FAMÍLIA HILL-LLORENS

## AUTÒDROM

-----

Malgrat pertànyer al terme de Ribes, l'Autòdrom ha anat sempre vinculat al nom de Sitges. Promogut per Francesc Armengol, en la seva construcció es feren servir 3.500 tones de ciment i formigó. El cost total de les obres pujà a 4.000.000 pessetes i la instal·lació s'inaugurà la tardor del 1923. Econòmicament fou un autèntic fracàs, ja que la societat promotora no pogué saldar els seus deutes i l'Estat acabà embargant l'Autòdrom. Al costat, panoràmica de la pista. Sobre aquestes línies, un cotxe en plena cursa agafa un dels revolts peraltats. Ambdues fotografies daten dels anys vint.

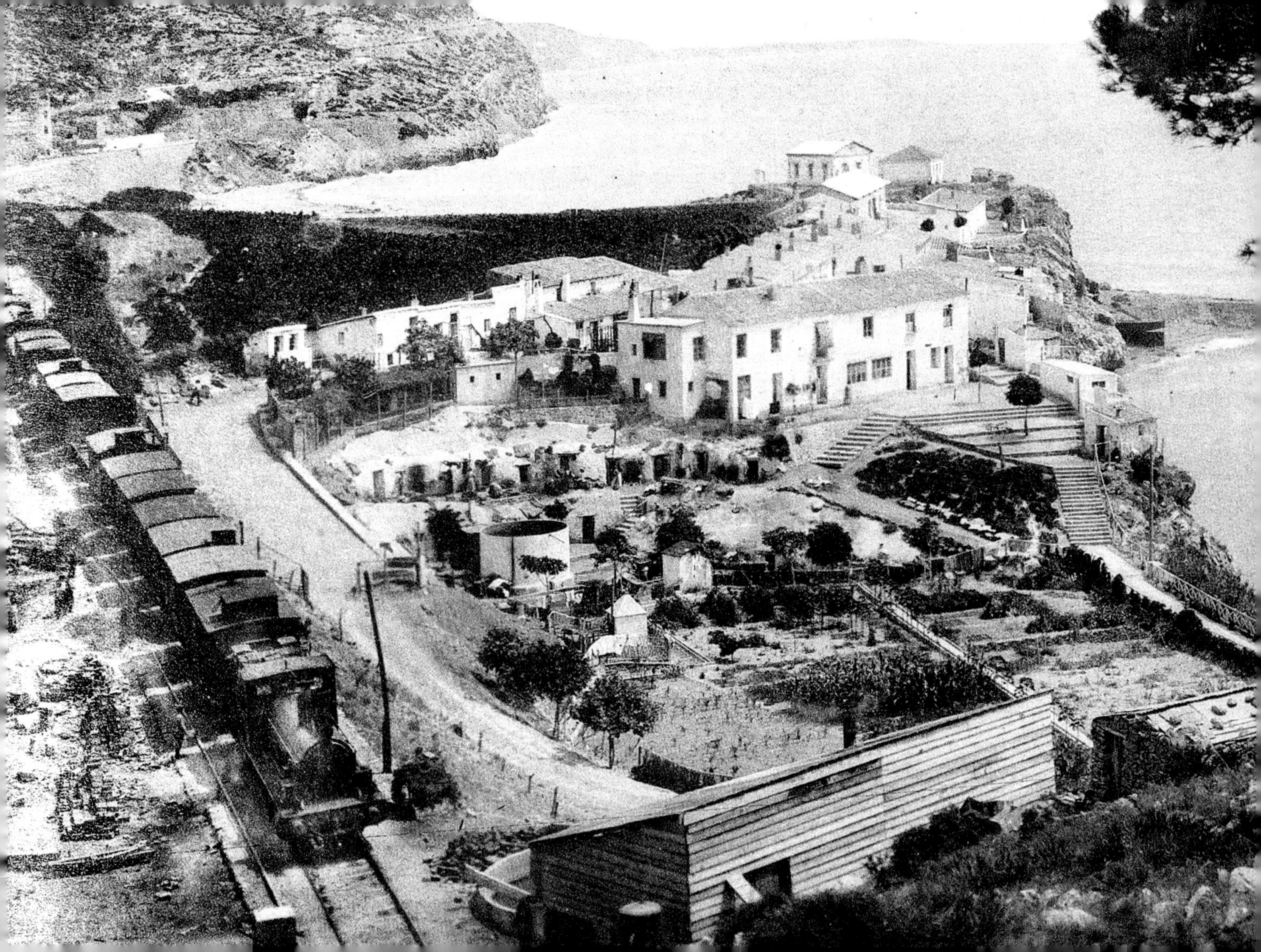

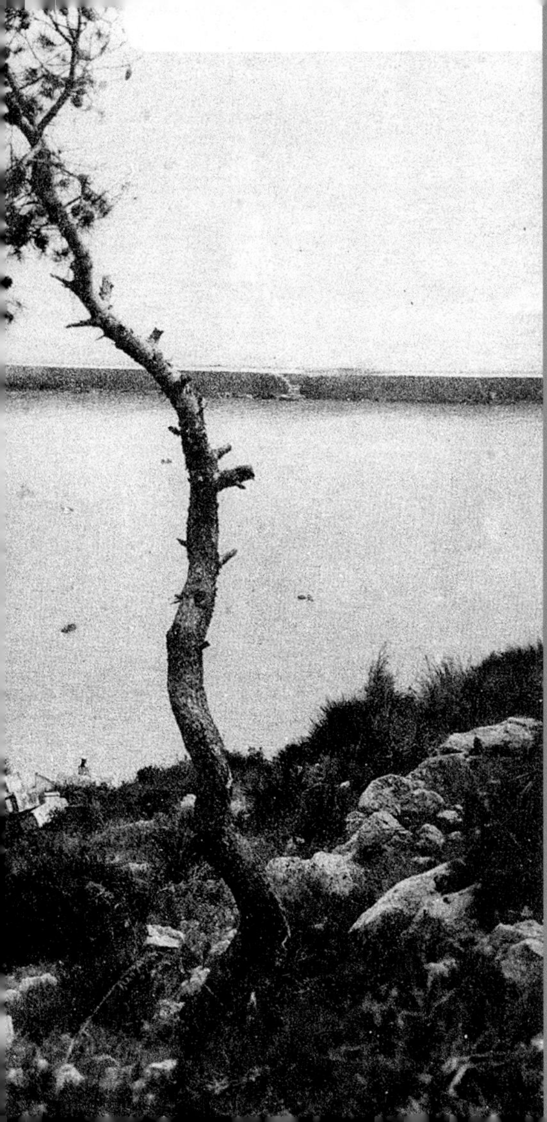

L. ROISIN (ED.) / Fons M. ÀNGELS BARTÉS BUSOM

EL GARRAF

# Activitat humana a recer del massís

Malgrat la seva accidentada orografia, des de temps antic el massís del Garraf ha servit de recer a l'ésser humà. Tanmateix, fou a partir del segle XVIII quan, amb l'expansió del conreu de la vinya, la muntanya visqué un notable impuls geogràfic.

Abans que la fil·loxera malmetés les vinyes, el massís era ple de xermades que, desafiant la natura, sorgien orgulloses arreu en forma de feixes llargues i estretes, delimitades per artesanals marges de pedra seca. Les xermades pertanyien als principals terratinents de la vila, però eren conreades pels xermataires, veritables proletaris de l'agricultura.

A través de les Costes de Garraf, el terme municipal de Sitges es prolonga cap a llevant fins a la platja de les Botigues. Per la carretera de les Costes –oberta el 1879– s'arriba a Vallcarca i al nucli de Garraf. El primer és avui un paratge fantasmal, però cap al 1950 hi vivien més de 5.000 persones. El segon va créixer a l'escalf de l'explotació de la pedrera de la Falconera a principis del segle XX.

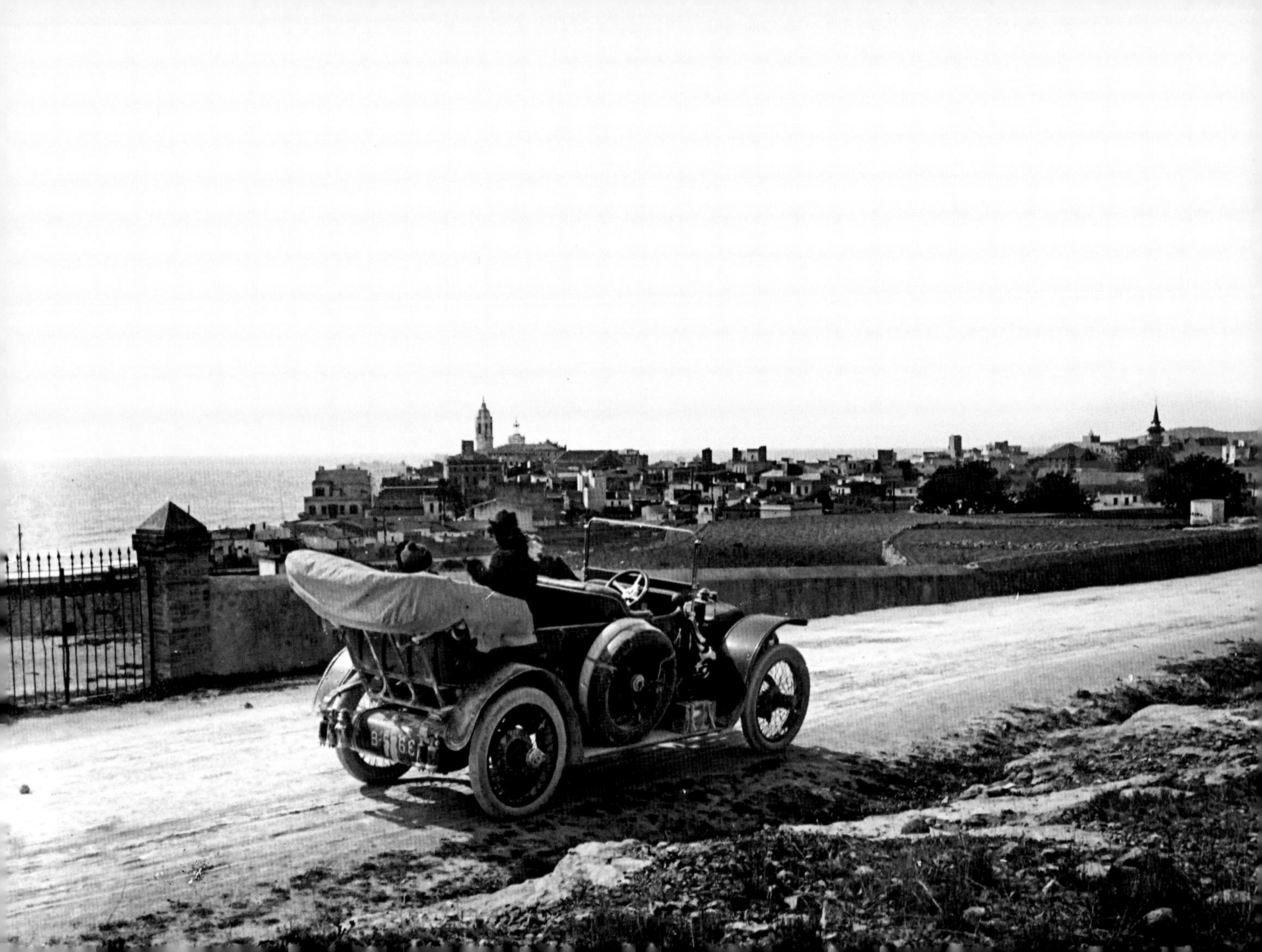

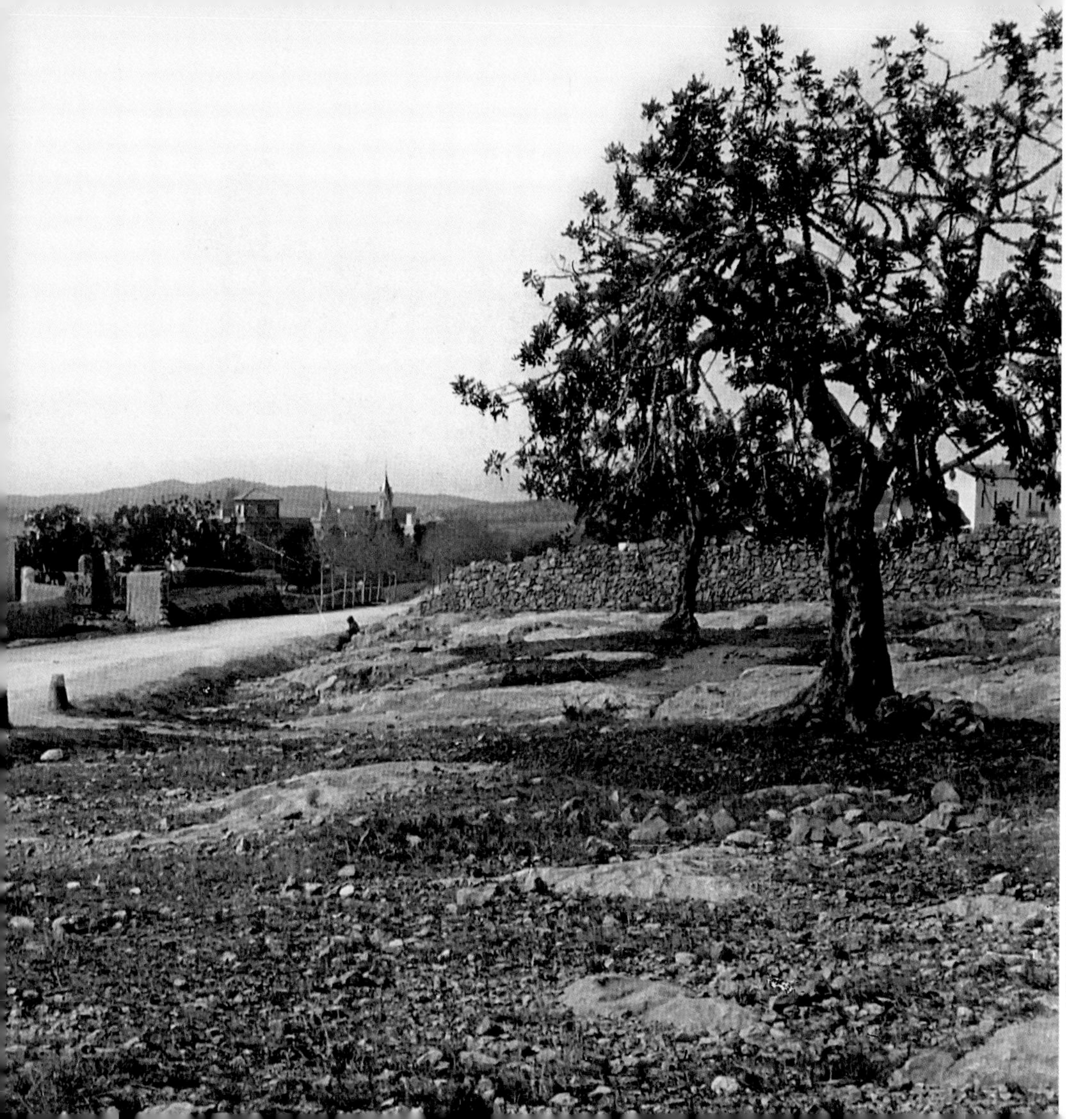

AUTOR DESCONEGUT / Fons ROLAND SIERRA FARRERAS

## ENTRADA A SITGES

A la pàgina anterior, vista general del poblat de Garraf pels volts del 1910. En aquesta pàgina, imatge dels anys deu en què s'observa un cotxe aturat a l'entrada de Sitges, segurament després d'haver travessat la sempre perillosa carretera de les Costes de Garraf. Enregistrada a l'altura d'on avui es troba la benzinera del Molino, la fotografia mostra, a la llunyania, la silueta urbana de la vila. S'hi aprecien, entre d'altres elements, el baluard de la Torreta, l'inconfusible perfil de l'església parroquial –amb el campanar i el comunidor–, la torre d'en Severiano i els xalets Llopart i Planàs.

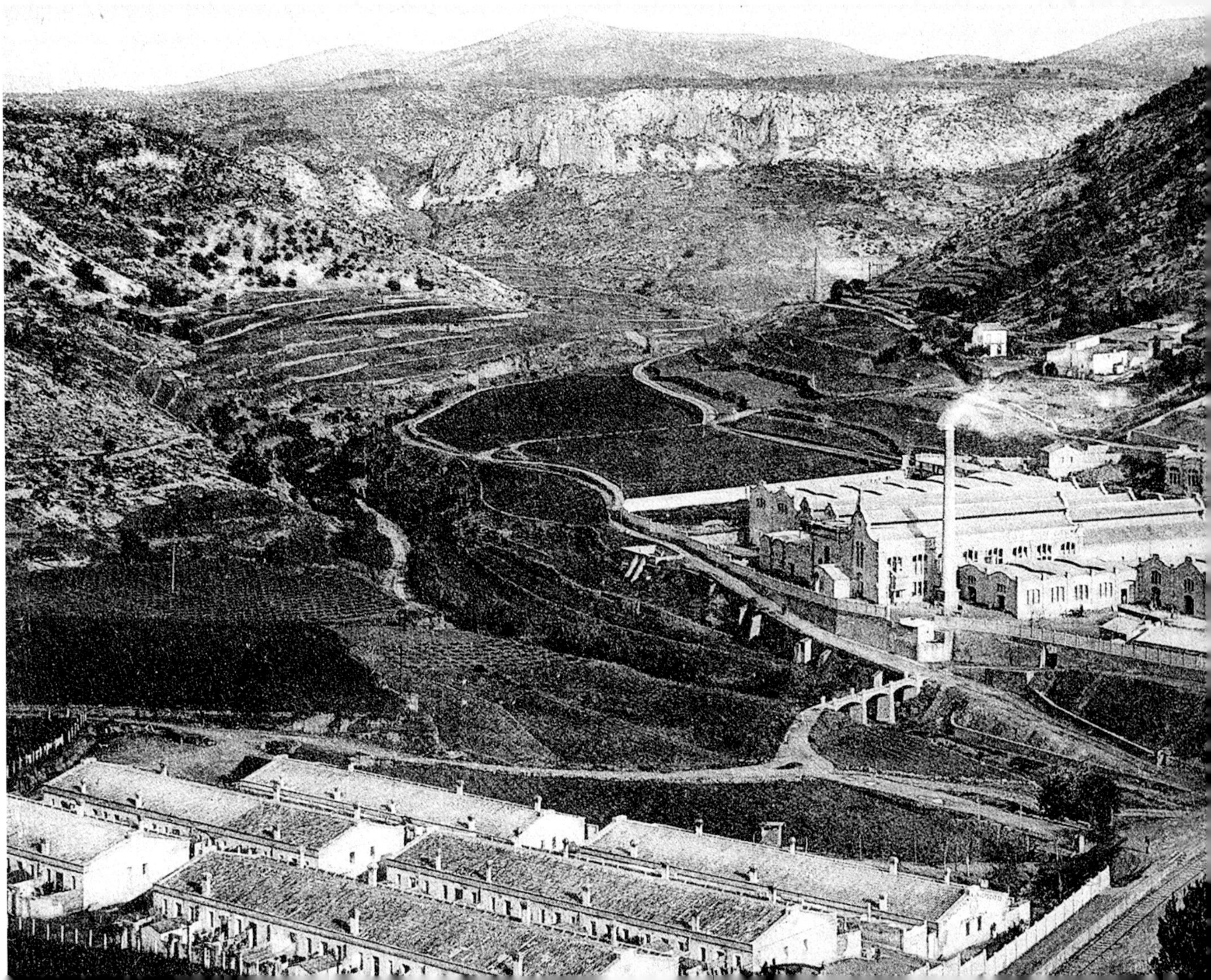

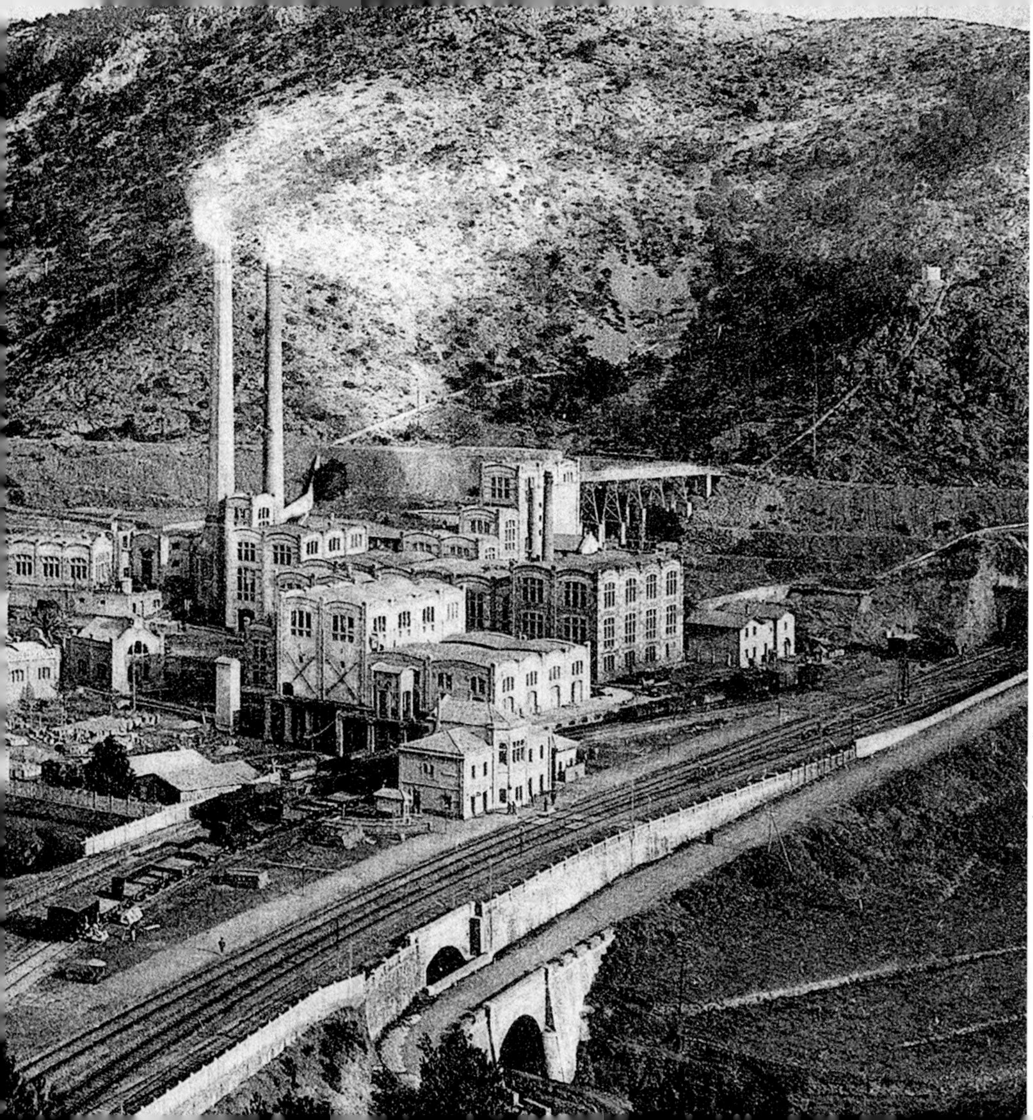

AUTOR DESCONEGUT / Fons ÀNGEL LLINÀS CROUSEILLES

## VALLCARCA

-----

Panoràmica de la vall de Vallcarca, la indústria Fradera i Butsems, i la colònia obrera pels volts del 1920. La cimentera començà a funcionar el 1902 amb quatre forns verticals. Fou llavors també quan s'edificaren les primeres cases per als treballadors. Dos anys després, entre les pedreres, els forns i la fàbrica, treballaven a Vallcarca prop de 200 operaris. La producció augmentà ràpidament i això permeté una progressiva modernització de la maquinària. Cap al 1925, l'empresa era capdavantera en el seu sector i la fàbrica –que donava feina a quasi 600 persones–, una de les més modernes d'Europa.

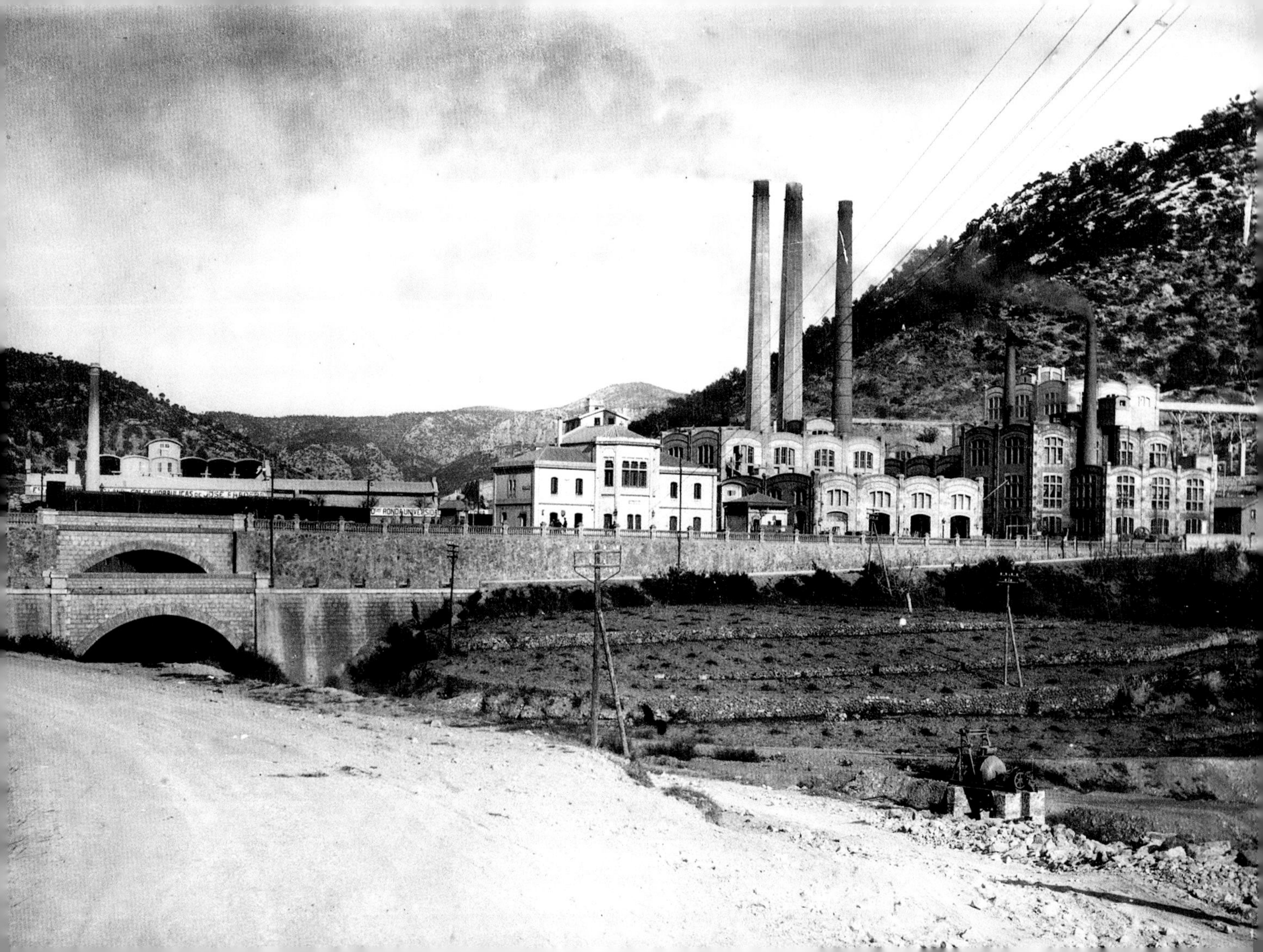

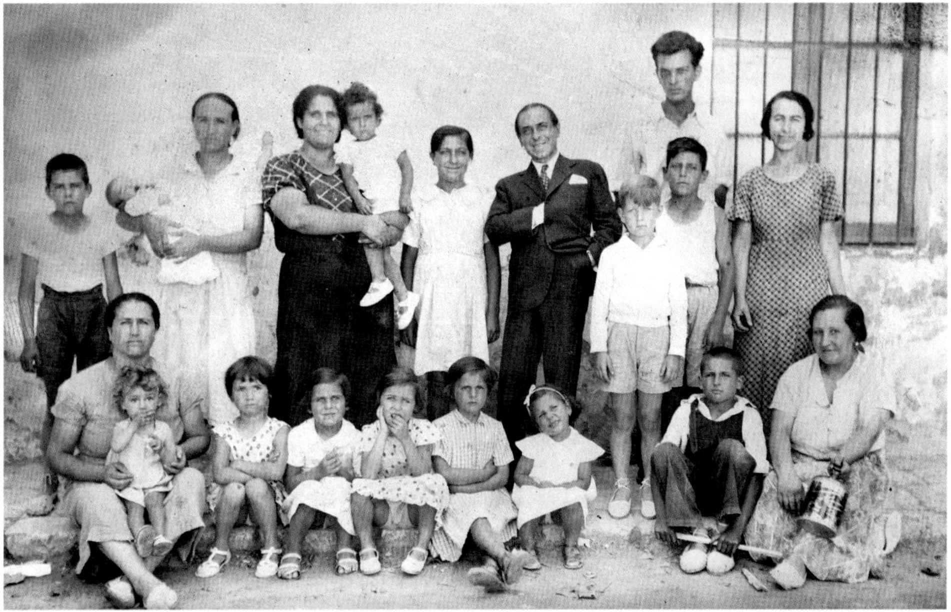

AUTOR DESCONEGUT / Fons FREDERIC MALAGELADA BENAPRÈS

## LA FÀBRICA I ELS SEUS HABITANTS

-----

Al costat, vista de la fàbrica i de l'estació cap al 1915. Les obres de construcció de la doble via fèrria comportaren l'eixamplament del doble viaducte de l'esquerra i alhora tallaren el camí veïnal –en primer terme– que, des de la carretera, portava cap a les masies de la vall i de l'altiplà de Campdàsens.

En aquesta pàgina, dones i nens de la colònia de Vallcarca als anys trenta. Els acompanya el doctor Joan Ramon Benaprès, que apareix amb un posat que li era molt característic. Benaprès fou tota una institució a Sitges i també a Vallcarca, on exercí de metge de la colònia durant més de mig segle.

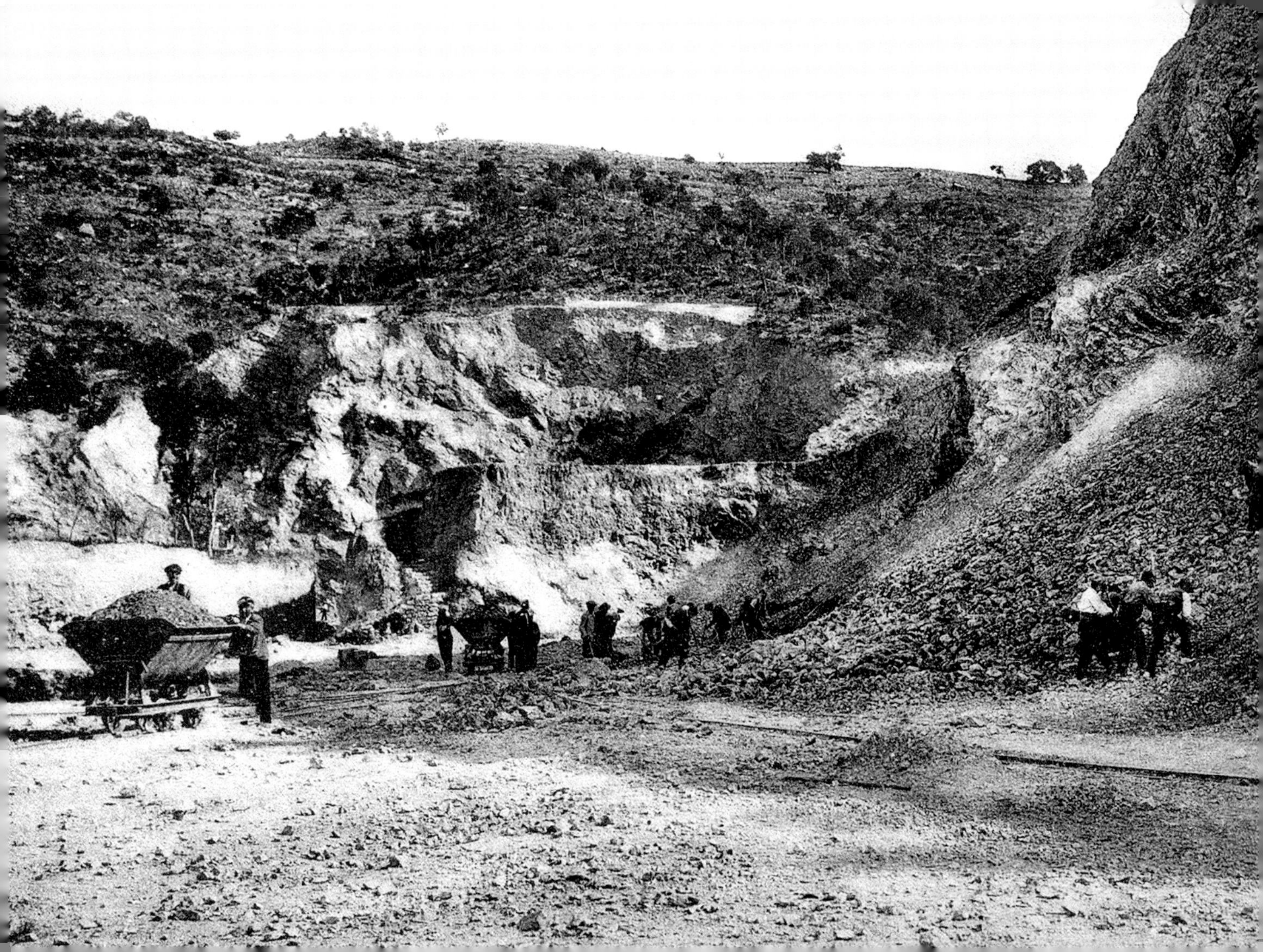

# TREBALL I LLEURE

-----

La feina a les pedreres era molt dura i les condicions laborals, força precàries. Els treballadors estaven exposats contínuament a patir accidents, sovint mortals, per culpa de les barrinades de dinamita o el mal funcionament de les vagonetes. Els obrers recollien la pedra en petits cistells de vímet que després abocaven a les vagonetes. Al costat, la pedrera número 3 en plena activitat a l'inici dels anys vint. En aquesta pàgina, celebració d'una *becerrada* durant la Festa Major del 1948. En aquella època, altres festes destacades del calendari de Vallcarca eren les diades de Reis, de Pasqua i de Corpus.

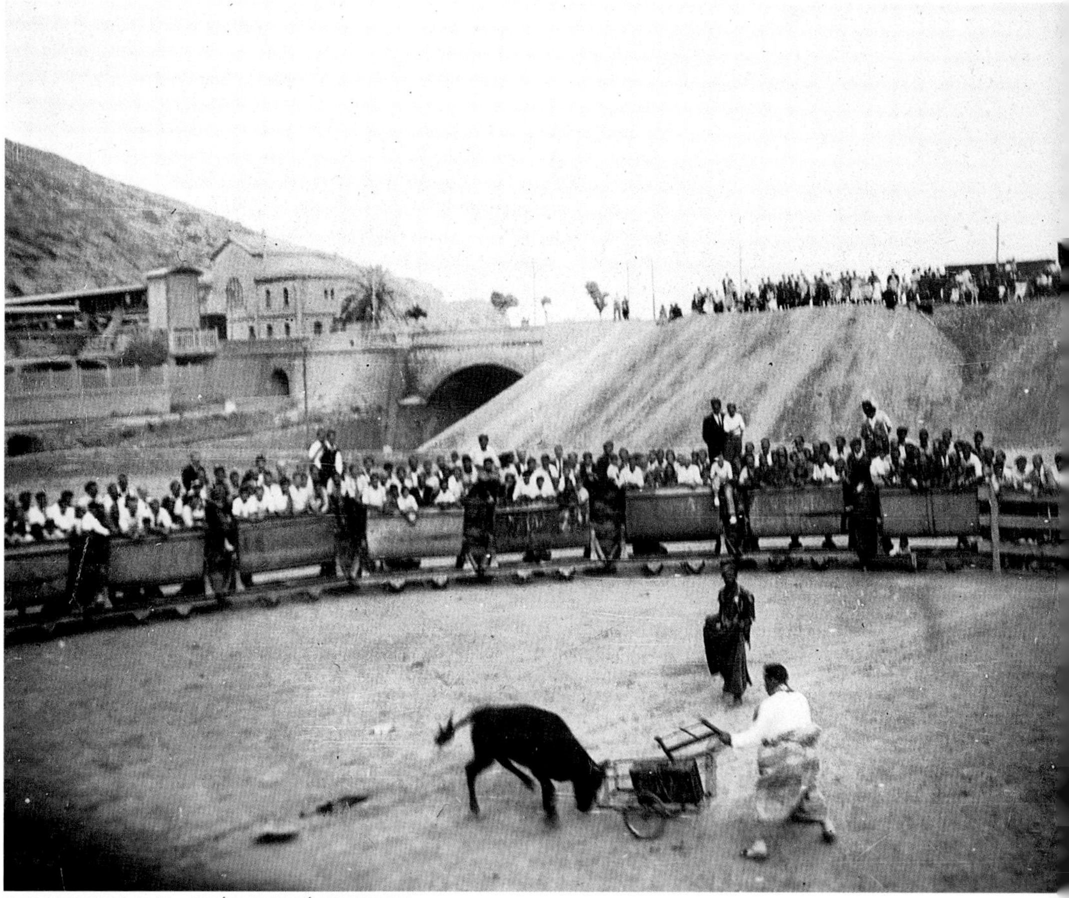

**AUTOR DESCONEGUT** / Fons FAMÍLIA CARRERÓ-MONTSERRAT

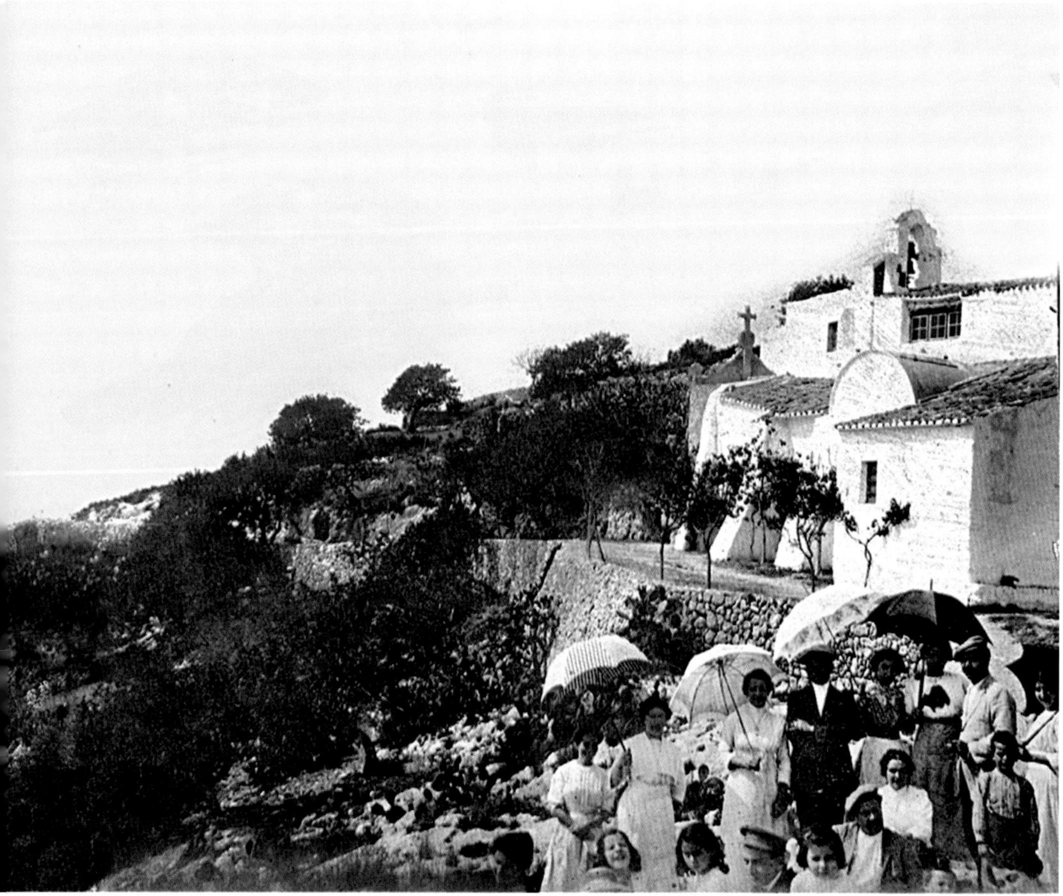

AUTOR DESCONEGUT / Fons L'ECO DE DE SITGES

## ERMITA DE LA TRINITAT

La història de la Trinitat es remunta al segle XIV, quan l'ermità que ja hi vivia rebé el permís per aixecar un habitacle i un oratori on viure perpètuament ell i els que el succeïssin. Amb la desamortització, l'ermita passà a les mans de l'Estat, que el 1882 la cedí a la parròquia de Sitges. En aquesta pàgina, la Trinitat i els seus environs pels volts del 1915. La façana i el porxo de pedra rústega que avui dia donen personalitat a la capella no foren fets fins al 1910. Anteriorment a aquesta data, el seu aspecte era molt més modest, com mostra la fotografia de la pàgina del costat, de l'any 1897.

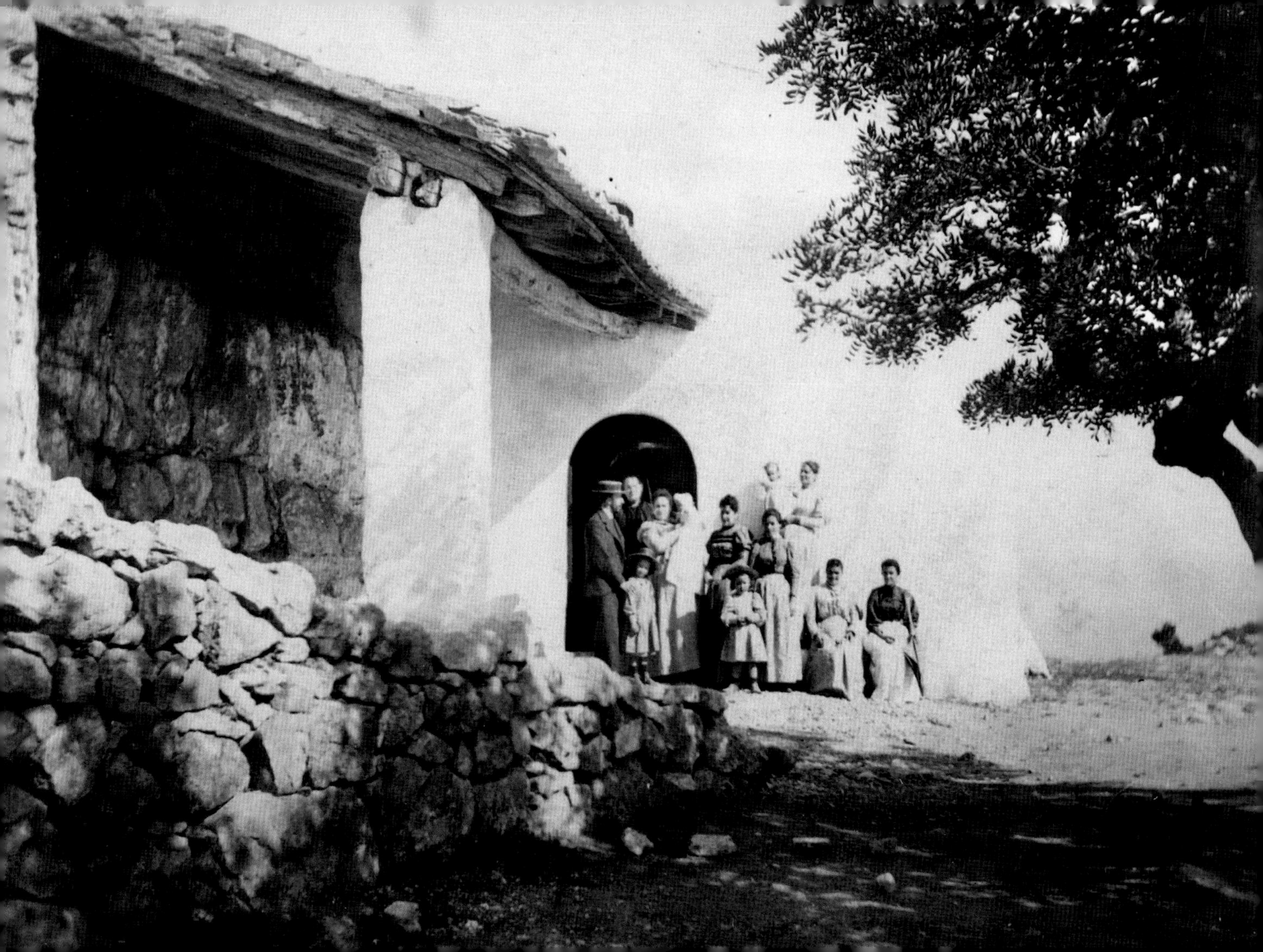

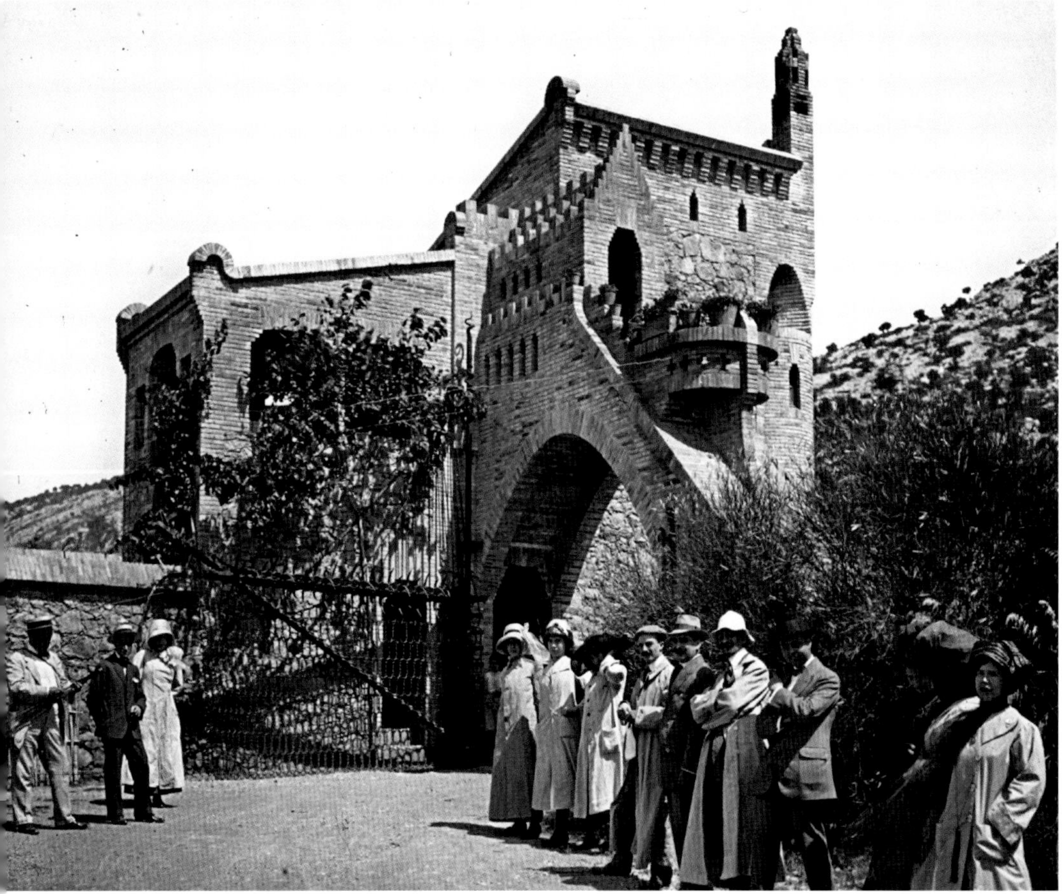

AUTOR DESCONEGUT / Fons ROLAND SIERRA FARRERAS

## CELLER GÜELL

-----

Des de la seva edificació a finals del segle XIX, el Celler Güell es convertí en un dels principals atractius de Garraf. El seu autor fou Francesc Berenguer, fidel col·laborador de Gaudí. En aquesta pàgina, excursionistes a l'entrada del celler, davant de la Casa del Guardià, pels volts del 1915.

## PLATJA DE GARRAF

-----

L'altre gran reclam de Garraf fou la seva platja, descoberta pels primers banyistes tot just encetat el segle XX. A les dècades següents s'ompliria de tendals i de petites cabanes de fusta, precedent de les casetes actuals. Al costat, un *merendero* arran del mar a l'estiu del 1927.

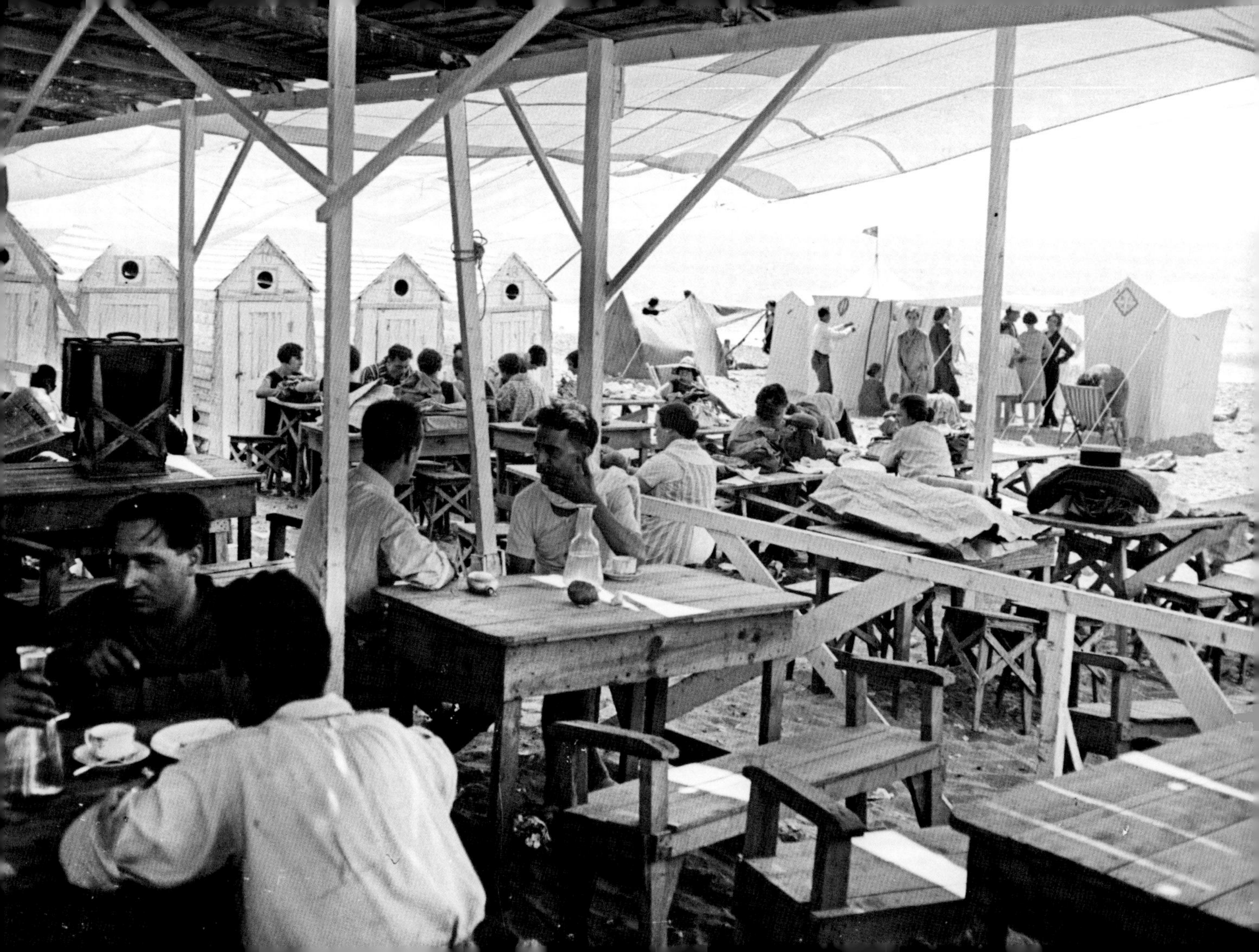

# Índex alfabètic